우리는 일상 속에서 그 본연의 목적을
충분히 달성함으로써 인생의 의미를 풍요롭게 하고
시작과 끝을 선명하게 구분할 수 있는
어떤 경험들을 하곤 한다.

이처럼 우리의 삶에 필수적인 요소로서 "그거 참
좋은 경험이었어" 하고 자연스럽게 회상할 수 있는
바로 그 경험이 '진정한 경험'이다.

존 듀이John Dewey
『경험으로서의 예술Art as Experience』에서

경험 디자인

Design for Experience

2014년 12월 5일 초판 발행 · 2021년 7월 9일 4쇄 발행 · **지은이** 김진우 · **펴낸이** 안미르
주간 문지숙 · **편집** 강지은 · **일러스트레이션** 강준모 정연지 · **디자인** 안마노
영업관리 황아리 · **인쇄** 스크린그래픽 · **종이** 그린라이트 80g/m², 백상지 120g/m²,
아르떼 UW 230g/m² · **글꼴** Sabon LT, SM3 신신명조, 아리따 돋움

안그라픽스
주소 우 10881 경기도 파주시 회동길 125-15 · **전화** 031.955.7755 · **팩스** 031.955.7744
이메일 agbook@ag.co.kr · **웹사이트** www.agbook.co.kr · **등록번호** 제2-236(1975.7.7)

Korean Language Edition
Design for Experience by Jinwoo Kim
© 2014 Jinwoo Kim
Published by Ahn Graphics Ltd.

English Language Edition
Design for Experience by Jinwoo Kim
© 2015 Jinwoo Kim
Published by Springer International Publishing AG (is a part of Springer Science + Business Media).

이 책은 2010년 정부(교육과학기술부)의 재원으로 한국연구재단의 지원을 받아 수행된 연구입니다.
NRF-2010-342-B00009

ISBN 978.89.7059.776.8(03000)

경험 디자인
DESIGN FOR EXPERIENCE

잡스, 철학자 듀이를 만나다

김진우 지음

안그라픽스

추천의 글

철학과 마주하면 삶과 관련된 여러 질문을 품게 된다. 철학은 삶에 필요한 것인가? 그렇다면 우리 일상 속에서 어떤 역할을 하는가? 철학이 우리에게 희망을 주는가? 실용주의 철학을 집대성한 미국 교육철학자 존 듀이는 1929년에 쓴 『경험과 자연』에서 철학의 일상적 가치에 대한 최선의 검증을 위해 다음과 같이 질문했다.

"철학은 철학의 결론이 일상적인 생활경험과 그것의 곤경으로 조회될 때 그것이 우리에게 더욱 의미 있고, 더욱 빛을 발하고, 우리가 그것을 취급함으로써 결실을 맺을 수 있는 그러한 결론으로 귀착하는가? 그렇지 않으면 일상적인 생활경험의 대상이 이전보다 더욱 모호하고 이전에 갖고 있던 중요성조차 '현실성'을 갖지 못하게 하면서 끝나는가? 철학이 자연과학의 결과가 일상생활에 응용될 때 일상적인 대상의 힘을 풍부하게 증진시키는가? 그렇지 않으면 일상적인 대상이 지금 있는 그대로 있어야 하는 하나의 신비가 되는가? 그리고 철학적 개념이 그 자체의 전문 영역 속에 격리되어 있는 건 아닌가?"

존 듀이는 철학이 일상적 생활경험에 유용성을 가져올 때 비로소 그 가치를 인정받을 수 있다고 대담하게 주장했다. 철학은 일상적 생활경험의 씨줄과 날줄에 그대로 적용되어 삶을 풍요롭게 할 뿐 아니라 시간과 공간적 차원 속에서 우리를 행복한 삶으로 이끌어야 한다. 이 책 『경험 디자인』은 이와 같은 철학의 가치를 우리의 일상 속에서 훌륭하게 실현시킨 보기 드물게 탁월한 책이다. 존 듀이는 고대의 경험론과 근대의 경험론을 변증법적으로 완성한 경험철학으로도 잘 알려져 있는데, 한때 자신의 경험철학이 많은 오해를 불러일으키자 '실험주의'로 부를 것을 바라기도 했다. HCI 분야에서는 실험적이게도 존 듀이가 경험철학에서 밝힌 3대 원리, 즉 '상호작용의 원리' '연속성의 원리' '변화의 원리'를 적용해 우리로 하여금 질적으로 행복한 삶을 누리도록 제안하고 있다. 이 책은 우리 삶 속에서 공간적 차원으로 타자와의 상호작용적 경험을 극명하게 보여줄 뿐 아니라 시간적 차원으로 이전 경험과 이후 경험의 연속적 통합을 실감 나게 보여주며 인간과 사회의 '성장'이라는 커다란 변화의 실마리를 여실하게 밝히고 있다.

박준영 | 교육철학자, 경성대학교 교육학과 명예교수

"인간 중심의 패러다임으로 경험을 디자인하라!" 이 말은 지난 10년간 산업 현장에서 햅틱, 갤럭시, 갤럭시 기어에 이르기까지 모바일계의 지배적 디자인을 추구해온 나의 좌우명이다. 인간 중심의 진정한 경험만이 우리를 위한 의미 있는 가치와 경쟁력 있는 제품과 서비스를 만든다. 사실상 우리가 일상에서 허구한 날 하는 것이 경험인지라 전 시대를 통틀어 예술가는 경험을 묘사하고, 학자는 경험을 정의하고, 평범한 사람은 하루하루의 경험을 온몸으로 살아냈다. 그럼에도 21세기 디지털 시대에 들어 가상 경험이 우리를 지배하게 되면서 산학은 경험의 주체가 마치 신기술이나 신제품 혹은 서비스인 듯 한쪽 방향으로 흘러갔던 것도 사실이다. 그러나 결국 한 시대의 지배적 디자인은 우수한 기술이 아니라 사람들의 인식 속에서 인정받은 제품과 서비스에 돌아갈 수밖에 없다.

이러한 맥락 속에서 김진우 교수의 『경험 디자인』은 경험의 주체가 살아 숨쉬는 존재, 즉 인간이며 우리 자신이라는 것을 명확하게 일러준다. 디지털 시대에 왜 우리는 다시 인간의 경험에 주목해야만 하는가? 이 책이 다루는 HCI와 UX라는 이름이 바로 인간과 컴퓨터의 상호작용과 사용자 경험인 점에서 볼 수 있듯이, 상대적으로 산업 시대에는 심각하게 주목하지 않았던 '관계'와 '경험'이 오늘날의 이슈가 되어 주목을 받고 있다. 이것은 인간과 컴퓨터의 관계에서 시작해 경험의 연속성, 성장 개념으로까지 연구되고 있다. 이 책 또한 인간 중심의 진정한 경험을 위해 고민해야 할 생각의 틀을 HCI의 1세대 연구자로서 20년간에 걸쳐 경험한 구체적인 사례로 쉽게 풀어내고 있어 융·복합적 도약의 교과서가 될 것을 기대한다. 특히나 이 책은 새로운 지배적 디자인이 탄생하기 위해서는 경험 혁신이 필요하다고 제안하고 있다. 보이지 않는 환경의 변화, 사용자의 잠재 욕구가 기업의 이상에 영향을 준다는 사실을 경험 혁신과 연결시킨 부분은 지은이가 경험의 본질과 인간에 대한 이해를 놓고 얼마나 오랜 시간을 고민해왔으며, 이를 통해 지배적 디자인의 역할을 얼마나 큰 애정으로 관찰해왔는지 보여주고 있다. 『경험 디자인』은 지은이가 바로 학문적·개인적 경험의 주체임을 손색없이 드러내는 결과물이다. 앞으로 어떤 경험 가치를 만들 것인지, 어떻게 가치를 찾아낼 것인지 근본적인 질문을 던지며 고민하는 독자에게 이 책이 답을 줄 것이다.

장동훈 | 삼성디자인학교(SADI) 학장

최근 사물인터넷에 대한 관심이 매우 뜨겁다. 웨어러블 디바이스나 각종 스마트 가전제품은 물론이고 자동차, 헬스케어, 금융, 유통, 공공 서비스 등 전 산업 분야와 융합된 형태로 새로운 경험과 비즈니스가 탄생하는 근간을 이룰 것으로 전망되고 있다. 세계적인 시장조사 업체인 가트너Gartner는 2020년 사물인터넷이 창출하는 부가가치가 1조 9,000억 달러(약 2,000조 원)에 달할 것으로 예측했다. 우리는 지금 융·복합 산업을 거쳐 새로운 패러다임으로 전환하는 시대에 서 있는 것이다. 미래를 이끌 제품이나 서비스의 주도권을 확보하는 경쟁에서 기술만으로 살아남는 전략은 한계에 부딪혔다. 이젠 기술의 복잡함을 피해 사용자에게 친근하고 쉬운 디자인이 마음을 사로잡는 시대적 아이콘으로 거듭난다.

이 책『경험 디자인』은 이 시대의 개발자와 디자이너가 잊지 말아야 할 지배적 디자인의 필수 조건인 균형 감각을 다루고 있다. 기존의 제품이나 서비스를 통한 경험과 사람들이 선호하는 경험, 그리고 시대적 환경이 유도하는 경험 사이에서 새로운 균형점을 찾는 과정을 자세하게 풀었다. 신제품 개발 과정에서 의사 결정을 해야 할 기업의 경영진에게 여기에서 소개하는 방법론이 큰 도움을 줄 것으로 기대한다.

무엇보다 이 책은 기업이 제품과 서비스를 만들 때 반드시 최우선으로 고려해야 할 인간 경험을 강조하고 있다. 개발자와 디자이너의 경험에 대한 심층적 이해를 도울 뿐 아니라, 개발 단계의 제품이나 서비스를 사용자의 일상생활과 맞닿아 있는 맥락 속에서 점검할 수 있도록 구체적인 방법을 제시한다. 제품과 서비스 기획에 수반되어야 할 소비자 경험의 분석 틀을 경험에 대한 철학적 분석을 응용해 다양한 관점에서 제시하는 동시에 그것을 실제로 구현하기 위한 구체적이고도 실용적인 디자인 방법까지 정리했다. 미래 사회의 혁신을 이끌어갈 크고 작은 기업의 경영자와 개발자, 디자이너 모두에게 이 책을 권하고 싶다. 당신이 새롭게 개발한 제품과 서비스가 사용자에게 최고의 경험을 선사하게 될 전략적 사고와 안목을 가질 수 있으리라 확신한다.

안승권 | LG전자 최고기술책임자(CTO), 사장

애플이 선보인 아이폰의 혁신적 디자인과 UX는 '기능'에서 '사람' 중심으로 디자인에 대한 인식을 완전히 바꿔놓았고, 이후 많은 기업들이 UX 중심의 혁신에 주목하게 되었다. 최근 구글의 움직임은 차치하더라도, 생활 속 작은 불편함에서 출발한 다이슨Dyson의 먼지 봉투 없는 청소기와 날개 없는 선풍기, 게임과 사람의 상호작용을 최적화한 닌텐도 Wii의 성공 사례는 작지만 의미 있는 UX 혁신으로 상품의 가치를 극대화하며 그것이 시장에서 성공하는 단서라는 사실을 여실히 보여줬다. SK플래닛 또한 어떻게 경험을 디자인해야 고객 관점에서 가치를 연결할 수 있을지, 더 편리한 서비스를 제공할 수 있을지 그 답을 찾고자 불철주야 정진하고 있다. 워낙 빠르게 변하는 IT 분야의 특성상 고객의 잠재적 욕구를 심층적으로 들여다보고 분석하기에는 시간이 부족할 때가 많다. 그러다 보니 무엇이 중요한지 알면서도 사람에 대한 이해를 바탕으로 한 가치 중심의 UX를 고려하기보다 기능적으로 우수하고 보기 좋은, 소위 '있어 보이는' 디자인만 앞세우는 우를 범하기 쉽다.

　김진우 교수의『경험 디자인』은 애플과 같은 획기적인 혁신에서 사람에 대한 이해가 얼마나 중요한지 잘 설명하는 동시에 UX 디자인이 고객의 오감을 순간적으로 현혹하기 위한 것이 아니라 인문학적 이해를 바탕으로 경험을 어떻게 재구성하고 재창조할 것인지 전략적으로 고민하는 작업임을 강조하고 있다. 고객의 작은 불편을 헤아리고, 서비스가 추구하는 핵심 가치와 함께 더 편리하고 즐거운 경험을 전달하려면 철저한 사용자 분석과 치밀한 시나리오 구상이 필수이다. 바로 이 책이 본질적인 가치와 경험의 혁신을 추구하는 기업과 기획자, 디자이너에게 '어디에서 출발해야 할지' '무엇을 고민해야 할지'에 대한 체계적이고 명쾌한 지침을 제시하는 필독서가 될 것이다.

서진우 ｜ SK플래닛 전 대표이사, 사장

김진우.교수와.인연을.맺은.지.오래되었다..
그는.계속.HCI/UX.분야.한.우물을.파고.있었다..
.

동기창이.말했다..예술가가.되려면.
"만.리를.여행하고..책.만.권을.읽으라"..
이는.여행에서.직접.경험을.많이.하고..
책을.읽어.간접.경험을.많이.해야.한다는.말이며.
그.경험이.예술.곧.애지음(창조)의.밑거름이.된다는.뜻이리라..
.

경험을.디자인한다는.것은.바로.이.의도된.삶.여행처럼.
기회나.상황을.멋짓는.것.아닐까?
나아가.사람들에게.감동과.기억을.남기게.하는.행위일.것..
.

이.책은.그만의.비법을.풀어놓은.것일.게다..
그것을.경험하는.것이.또한.즐겁다..

안상수 | 파주타이포그라피학교(PaTI) 날개

시작하며

이승에서의 바쁜 일생을 마치고 하늘나라에 올라온
스티브 잡스에게 하느님이 물었다.

"자네 인생에서 가장 값진 성과는 무엇이라고 생각하느냐?"

잡스는 별 고민 없이 자랑스럽게 아이폰을 꺼내 보였다.

"이 핸드폰이 제가 만든 아이폰이라는 것입니다. 이것 때문에
수많은 사람들이 훨씬 더 편리하고 조화롭게 핸드폰을 사용하는
경험을 얻게 되었고, 그들의 삶이 더욱 윤택해졌습니다."

하느님이 보시기에도 정말 잘 만든 것 같은지 고개를 끄덕이며
다시 잡스에게 물었다.

"하늘나라로 오는 길은 어떠했는고?"

잡스가 대답했다.

"하느님을 뵙게 되어 정말 좋기는 한데 여기 오는 길은
별로였습니다. 정말 죽는 줄 알았다니까요……."

"많은 사람들이 그런 이야기를 하더구나. 하늘나라에 올라오는
경험이 별로 좋지 않다고 말이다. 네가 살아서 사람들에게
'좋은 경험'을 주는 제품을 많이 만들어낸 것을 알고 있으니,
어디 한번 그 기술을 이용해서 하늘나라에 올라오는 경험을
'좋은 경험'으로 만들어보아라. 너에게 필요한 것은
내가 다 제공하마."

하느님의 명을 받은 잡스는 며칠 밤낮을 고민했다. 그런데 아무리
고민해도 별 뾰족한 방법이 떠오르지 않았다. 결국 다시 하느님을
찾아 요청했다.

"하느님, 제가 아이폰을 만들 때에는 제 옆에 조너선 아이브라는
뛰어난 디자이너도 있었고, 팀 쿡이라는 전략가도 있었고,
조엘 포돌니라는 사회학자도 있었습니다. 아이폰은 그런 사람들과
공동 작업으로 나온 산물입니다. 하지만 이 사람들은 아직 다 살아

있으니 여기로 부를 수 없네요. 그래서 이 사람들 대신 제가
의견을 구할 사람들을 모시고 싶습니다. 첫 번째로 레오나르도 다빈치
선생을 만나게 해주십시오. 하늘나라로 오는 길은 다리가 참 많습니다.
다빈치 선생에게 하늘나라로 오는 다리를 어떻게 하면 편리하고
멋지게 디자인할 수 있는지 묻고 싶습니다. 두 번째로 손자 선생을
만나게 해주세요. 『손자병법』을 쓴 역대 최고의 전략가 말입니다.
결국 경험은 전략입니다. 하늘나라로 오는 길을 전략적으로
만들어 사탄의 책략에도 굴하지 않고 많은 사람들이 올 수 있도록
하겠습니다. 그리고 마지막으로, 누구보다 존 듀이 선생을 꼭
만나게 해주세요. 경험은 사람이 하는 것입니다. 제가 아무리 멋진
다리를 만들고 뛰어난 전략을 세우더라도 사람을 이해하지 못하면
아무 소용이 없습니다. 사람의 경험을 제대로 이해하기 위해서는
경험철학의 대가 존 듀이 선생이 꼭 필요합니다.”

비록 완전히 지어낸 이야기이지만 이 말을 들은 하느님이 얼마나 기뻐했
을지 상상해본다. 사람들에게 참 좋은 경험을 제공하기 위해서는 ‘인간
에 대한 이해’ ‘전략적인 사고’ 그리고 ‘구체적인 디자인’이 필요하다. 이
책 『경험 디자인』은 잡스처럼 참 좋은 경험을 제공할 제품이나 서비스를
만드는 사람들을 위해 위의 세 가지 요소를 설명하고자 기획되었다.

　　첫째, 이 책은 인간의 경험에 대한 동서양의 인문학적 이해를 기반으
로 한다. 일상생활에서 우리는 끊임없이 무엇인가를 경험한다. 그리고
그 경험들이 모여 우리의 삶을 이룬다. 우리가 진정으로 좋은 경험을 얻
을수록 우리의 삶은 좀 더 의미 있고 가치 있고 조화로워진다. 결국 경험
이라는 것은 인간이 하는 것이고, 경험을 좀 더 잘 이해하려면 인간에 대
한 이해가 우선 되어야 한다. 이것이 바로 인문학이 필요한 이유이다.

　　그러나 이 책은 경험에 대한 철학책이 아니다. 나는 인간과 컴퓨터 간
의 상호작용human computer interaction, 이하 HCI을 연구하는 과학자이지 인간
경험에 대해 사고하는 철학자가 아니다. 동양철학이나 서양철학을 조금

귀동냥하기는 했지만 전문가로 칭하기에는 택도 없다. 대신 이 책은 나의 개인적인 경험을 바탕으로 쓴 책이다. 지난 20여 년 동안 HCI 연구와 프로젝트를 진행하면서 여러 가지 소중한 경험들을 했다. 국내 굴지의 전자 회사에서 기술 자문 위원을 맡았고, 국가 연구기관의 전문 위원도 했으며, 국내 대표적인 인터넷 회사의 이사회의장, 이동통신사의 전략 자문 위원으로도 참여해봤다. 고맙게도 이처럼 다양한 경험들을 했다. 이 책은 어려운 철학 이야기 대신 그런 나의 개인적인 경험담을 중요한 모티브로 삼아 철학적 원리를 알기 쉽게 풀었다.

둘째, 이 책은 우리들의 경험에 대한 전략적 사고의 틀을 제공하고자 한다. 우리의 삶을 총체적으로 바꿀 수도 있는 것이 우리의 경험이기 때문에 오늘날 경험은 기업의 중요한 전략적 이슈가 되었다. 사람들은 자신에게 더 좋은 경험을 제공하는, 그래서 자신의 삶을 의미 있고 가치 있게 만드는 제품이나 서비스를 가장 먼저 자연스럽게 인지한다. 따라서 고객에게 좋은 경험을 제공하는 혁신적인 회사가 시장에서 지배적 위치를 갖게 되고 그렇지 못한 회사는 도태된다.

전략적 사고는 불확실한 환경 속에서 제한된 자원을 효과적으로 활용해 조직의 목표를 달성하기 위해 필수적이다. 따라서 이 책에서는 현재 시장에서 지배적인 위치를 차지하고 있는 제품이나 서비스가 어떠한 전략적 사고를 통해 지금의 위치를 확보할 수 있었는지를 경험의 관점에서 설명하고 있다. 더 나아가 앞으로 다가올 미래에 혁신적인 경험을 제공하기 위해서 전략적으로 어떤 방향을 설정할지 결정하는 데 도움이 될 사고의 틀을 마련하고자 한다.

셋째, 이 책은 우리들이 참 좋은 경험을 하기 위해 꼭 필요한 핵심 경험 요소들을 제시한다. 실제로 기업은 전략적으로 사고하는 것과 실제 제품이나 서비스를 디자인하는 것 사이에서 커다란 수준의 차이를 느낀다. 그들에게는 이 둘을 연결시키는 징검다리가 필요하다. 이 책은 그 징검다리로 세 가지 경험의 실타래와 여섯 가지 경험의 연결 고리를 제시한다.

이것은 반드시 컴퓨터나 스마트폰에만 적용되는 것이 아니라 일반적인 인간의 경험에 두루 적용되는 것이다. 그런 의미에서 이 책은 정보 기기를 다룰 때 일반적으로 이야기하는 사용자 경험user experience, UX만을 조명한 책이 아니다. 사용자도 사람이다. 또 특별한 제품이나 서비스를 사용하는 사람이라고 해서 보통 사람과 다른 특이한 경험을 하는 것도 아니다. 인간의 경험을 본질적으로 이해한다면 그것을 사용자 경험에 적용할 수 있다. 따라서 이 책은 당신이나 나의 경험, 즉 우리의 경험human experience, HX에 대한 책이다.

넷째, 이 책은 사람들에게 진정한 경험을 제공하기 위해 제품이나 서비스로 구현하는 구체적인 디자인 요소를 제시한다. 그러나 경험에 관한 '요령how-to'을 중점적으로 설명하고 있지는 않다. 이미 기존에 나와 있는 유사한 책들은 최적의 사용자 경험을 제공하기 위한 가이드라인이라는 이름으로 정해진 절차와 구체적인 행동을 제시하고 있다. 그러나 당장 직면한 문제를 해결할 뿐만 아니라 5년, 10년 뒤에도 꾸준하게 적용될 수 있는 작품을 만들어내기 위해선 요령만 익히기보다 '왜'라는 질문에 대답할 수 있어야 한다. 현재 상황에서 특정한 사용 경험을 제공하는 것이 '왜' 필수적인지를 설명할 수 있어야 하고, 그 경험을 사람들에게 제공하기 위해서 '왜' 특정한 디자인 요소가 필요한지를 설명할 수 있어야 한다. 이것이 가능해야만 전혀 다른 환경이 도래했을 때에도 논리를 기반으로 새로운 디자인 요소를 제안할 수 있다. 따라서 이 책은 구체적인 디자인 요소에 대한 '이유'를 뒷받침하는 원리를 제공한다.

이 책은 크게 세 부분으로 나뉜다. 1장과 2장에서는 우리의 경험과 경험을 디자인하는 것이 왜 중요한지를 다루며, 인문학 이론과 나의 개인적인 경험을 기초로 경험을 바라보는 서로 다른 세 가지 관점을 제시한다. 3장과 4장에서는 현재의 경험을 거시적으로 이해하고 앞으로의 경험을 예측하는 전략적 사고의 틀을 제시한다. 5장과 6장 그리고 7장에서는 이러한 전략을 구현하기 위해서 구체적으로 어떤 경험 요인이 중요하고 왜 그런 요인들이 필요한지, 그리고 그것을 제공하기 위해서 어떤 디자인 요소가 효과적인지 설명한다. 특히 세 번째 부분은 사용 경험 요인과 디자인 요소를 도출하기 위해 진행했던 총 스물네 가지 사례 연구를 기반으로 하고 있다. 그러나 지면의 한계로 스물네 가지 사례의 자세한 설명을 모두 제공할 수는 없었기 때문에 이 책의 공식 웹사이트인 연세대학교 HCI Lab 홈페이지(hci.yonsei.ac.kr)에 사례 조사 보고서를 게시했으니 참조하기 바란다.

당신이 제품이나 서비스를 사용하는 우리들의 경험에 관심 있는 사람이라면 기업에서 신제품이나 서비스를 기획하고 디자인하는 사람일 것이다. 아니면 학교에서 디자인이나 HCI를 전공하는 입문자일 수도 있다. 또는 새로운 제품이나 서비스를 만들어 벤처기업을 창업하려고 준비하는 젊은이일 수도 있겠다. 이 책을 읽는 독자가 누구든 명심해야 할 것이 있다. 사람의 경험은 직접 디자인할 수 없고 해서도 안 된다. 경험은 그 경험의 주체자에 의해 자율적으로 그리고 주관적으로 만들어지기 때문이다. 이 책 『경험 디자인』에서 다루는 것은 사람의 경험을 디자인하는 방법이 아니다. 그보다 사람의 '경험을 위한 디자인'을 하는 방법을 다루고 있다. 즉 사용할수록 사용자의 인생의 의미를 충만하게 해줄 수 있는 제품이나 서비스를 디자인하는 원리이다. 우리가 디자인한 제품이나 서비스를 사용하는 사람들에게 진정한 경험을 제공해 그들의 삶이 조금 더 의미 있고 가치 있고 조화로워진다면, 그것만으로 우리 자신의 삶도 의미 있고 가치 있는 것이 되지 않을까? 그런 의미에서 이 책이 진정한 경험을 통해 사람들의 삶이 한층 의미 있고 가치 있고 조화로워지기를 바라는 모든 사람들에게 유용하게 사용되기를 기원한다.

2 경험의 실타래

3 경험의 균형점

4　새로운 경험을 위한 혁신 전략

5 센스 있는 경험을 위한 디자인

6 가치 있는 경험을 위한 디자인

7 조화로운 경험을 위한 디자인 250

8 우리들의 경험을 위한 디자인

1

진정한 경험

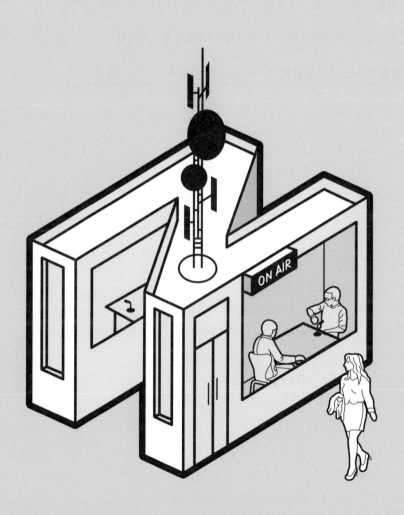

우리는 살면서 좋은 경험을 종종 하게 된다. 왠지 모르게 인생을

더 풍요롭게 하는 그런 경험들 말이다. 어떤 제품이나 서비스를 사용할

때에도 마찬가지이다. 이때의 좋은 경험은 사람들의 기억에 남아

다시 그 제품이나 서비스를 찾게 한다. 그렇다면 우리는 언제 진정으로

좋은 경험을 했다고 생각하게 될까? 우리가 '진정한 경험'을 했을 때에는

그 결과로 우리 자신에게 어떤 변화가 일어나게 될까? 우리가

일상생활에서 진정한 경험을 하기 위해서는 어떤 조건이 필요할까?

감당하기 어려운 변화들

"김 교수님, 오늘 저녁 모임에는 참석하기 어렵겠습니다.
좋은 자리 마련해주셨는데 죄송해서 어떻게 하지요?"

2007년 봄, 우리나라 모 전자회사 휴대폰 디자인 부서의 책임자에게서
걸려온 전화 내용이다. 벌써 몇 년째 휴대폰 디자인 관련 산업체 사람들
과 대학 교수들이 매달 한 번씩 저녁 식사를 함께하며 여러 가지 의견을
나눠온 모임이다. 거창한 목적이 있는 것이 아니라 비슷한 관심사를 가
진 사람들끼리 맛있는 식사나 같이하며 친목을 다져보자는 의미로 시작
했다. 평소에는 만나기 힘든 경쟁 업체나 학계의 사람들이 부담 없이 모
여 다양한 의견과 솔직한 심정을 나눌 수 있어서 호응이 좋았지만, 그달
은 영 분위기가 심상치 않았다. 업체 사람 대부분이 참석하지 못한다며
양해를 구해왔고, 결국 모임은 무산되고 말았다. 열 명이 넘는 사람들에
게서 비슷한 전화를 받다 보니 도대체 무슨 일인가 궁금해져 결국 한 휴
대폰 제조 회사 디자인 책임자에게 "혹시 요즘 무슨 큰일이 있느냐" 하고
슬쩍 물어봤다.

"아유, 말도 아닙니다. 집에 들어가 본 지가 언젠지 기억도
안 나네요. 몇 주 전에 애플Apple이 아이폰iPhone이라는 신제품을
발표했는데 상부에서 아주 야단입니다. 장단점을 분석하라는 등
어떻게 따라잡을지 대책을 마련하라는 등 말이죠. 그런데
솔직히 잘 모르겠습니다. 지금까지와는 너무 다른 콘셉트의
휴대폰이라 뭘 비교해야 하는지도 모르겠고요. 저희 회사는
요즘 거의 멘붕 상태입니다."

며칠 뒤 다른 전자 회사의 기술 자문 회의에 참여했다가 또 비슷한 이야
기를 들었다. 매달 한 번씩 모여 전자 회사의 입장에서 어떤 기술을 어떻

게 활용할 것인가를 검토하고 의견을 개진하는 자리였다. 나는 HCI를 전공하는 외부 전문가의 자격으로 그 회의에 참석하고 있었다. 그런데 그달의 기술 자문 회의는 거의 성토의 장이 되어버렸다. 왜 우리는 이런 휴대폰을 만들지 못했느냐는 자성도 있었고, 자사에서 만들기는커녕 애플에서 이런 제품이 나올 것이라는 예측조차 하지 못한 이유를 묻는 질책이 줄줄이 쏟아졌다. 특히 경영진에서는 이 많은 기술 자문 교수들과 엔지니어들은 도대체 지금까지 무엇을 해왔기에 이렇게 파급력 있는 '신기술'을 파악하지도 못하고 있었느냐고 목소리를 높였다. '이 많은 자문 교수' 중 한 사람이었던 나는 꽤 미안하기도 했고 자괴감마저 들었다. 소위 HCI 전문가라면서 왜 이런 제품의 출현에 대해 전혀 감도 못 잡았던 것일까?

하늘 아래 새로운 것은 없다

이러한 사건이 비단 휴대폰 같은 제품에서만 일어나는 것은 아니다. 단문 메시지 서비스SMS도 그랬다. 불과 4~5년 전만 해도 단문 메시지 서비스의 영향력은 정말로 대단했다. 대부분의 휴대폰 사용자들이 전화 통화 다음으로 가장 많이 사용하는 서비스가 단문 메시지 서비스였다. 이런 상황에서 느닷없이 카카오톡이라는 모바일 인스턴트 메시지MIM가 등장했고, 이 서비스는 매우 짧은 시간 안에 우리나라에서 가장 많이 사용하는 커뮤니케이션 수단이 되었다. 이 기세를 몰아서 카카오톡은 2014년 5월 국내 포털 2위 기업인 다음커뮤니케이션을 흡수합병해 한동안 세간의 주목을 받기도 했다. 과연 모바일 인스턴트 메시지 서비스로 시작한 벤처기업이 이렇게 단기간에 국내 굴지의 인터넷 포털 대기업을 집어삼킬 만한 영향력을 만들어낼 수 있었던 이유는 어디에 있을까?

이처럼 우리가 제대로 분석하지도 못할 만큼 짧은 시간 동안 큰 변화를 이끌어낸 사례들이 모르긴 몰라도 찾아보면 정말 많을 것이다. 혹자는 이들 사이에 첨단이라는 기술적 공통점이 있을 것이라고 생각할 수도 있지만 이러한 제품이나 서비스의 기술을 살펴보면 사실 별로 새로울 것이 없다. 왜 이런 신기술을 예측하지 못했느냐는 질책을 듣고 정말로 답답했던 것도 바로 그 점이었다. 사실 애플이 아이폰을 처음 시장에 출시했을 당시 아이폰에 사용된 기술 평가는 별로 좋지 않았다. 특별히 혁신적인 기술은 아니라는 반응이었다. 카카오톡이 시장에 나왔을 때도 비슷한 평가를 받았다. 아무리 해도 아이폰이나 카카오톡에 적용된 기술에서 성공의 주 요인이라고 할 만한 고도의 신기술은 찾아보기 힘들다. 문제는 그럼에도 이러한 제품이나 서비스의 사용자들은 그것을 꽤 획기적이라고 받아들인다는 점이다.

사실 순수한 기술의 발전은 예측이 가능하다. 예를 들어 반도체 분야가 앞으로 10년 동안 어떤 속도로 어떻게 발전할 것인지는 어느 정도 예측할 수 있다. 그렇기 때문에 관련 업체들도 그에 맞춰 신사업을 구상할 수 있는 것이다. 하지만 아이폰이나 카카오톡을 사용해본 사람들이 그것을 획기적이라고 여긴 것처럼 혁신적인 경험의 결과는 예측하기가 참으로 어렵다.

많은 학자들이 기술과 혁신의 관계에 주목해왔다. 1997년 하버드대학 교수 C. 롤런드 크리스텐슨C. Roland Christensen은 '파괴적 혁신disrupted innovation'이라는 이름으로 기술이 개인, 산업 그리고 사회에 가져다주는 과격하고 급속한 변화를 연구했다.[1] 그러나 이런 이론들도 결국은 기술의 발전이나 활용에 초점을 맞추고 있다. 기술을 예측하는 것만으로 앞으로 닥칠 미래를 알 수 있으면 쉬울 텐데 아이폰이나 카카오톡의 사례처럼 기술만으로는 도저히 이해도 안 되고 예측도 어려운 현상을 우리는 어떻게 이해해야 할까?

이 같은 불확실성에 대한 IT 기업들의 불안감은 단순한 걱정을 넘어 히스테리 수준에 이르렀다. 한 시대를 풍미하던 제품이나 서비스가 속절없이 망해버리는 경우를 자주 보았기 때문이다. 휴대폰의 최강자였던 노키아Nokia나 모토로라Motorola가 애플과 삼성에게 자리를 내준 것도 그렇고, TV 시장의 최강자였던 소니Sony나 미쓰비시Mitsubishi가 더 이상 소비자에게 매력적으로 다가가지 못한 것도 그랬다. 그렇다 보니 IT 기업들은 지금 시장에서 경쟁우위를 점하고 있다 할지라도 언제 어떻게 몰락할지 모른다는 불안감을 항상 가지고 있다.

이런 불안감을 조금이라도 줄이려는 것인지 매년 연말이면 각종 시장조사 기관과 언론에서 다음 해에 이슈가 될 만한 제품이나 서비스를 예측해 쏟아낸다. 스마트폰 다음에는 어떠한 디바이스가 우세할 것이라든지, 기존의 TV를 대체할 새로운 곡면 UHD TV가 나올 것이라든지, 웨어러블 디바이스wearable device나 드론drone과 같은 제품이 뜰 것이라든지, 이제는 사물인터넷IoT이 대세라는 이야기도 심심치 않게 나온다.

이런 이야기를 할 때마다 연상되는 그림이 있다. 믿거나 말거나 고대 인디언들이 날씨를 예측하기 위해서 사용했다는 돌멩이다.[2] 별다른 설비 없이 노천에 있는 큰 나뭇가지에 노끈으로 돌멩이를 매달아놓은 것으로, 그 정확도가 어느 슈퍼컴퓨터보다 더 확실하다고 한다. 몇 가지 원칙만 알면 된다. 첫째, 돌멩이가 젖어 있으면 비가 온다. 둘째, 돌멩이가 말라 있으면 비가 오지 않는다. 셋째, 돌멩이 밑에 그림자가 보이면 해가 쨍쨍하다. 넷째, 돌멩이 위가 하얗게 되면 눈이 온다. 다섯째, 돌멩이가 위아래로 심하게 움직이면 지진이 온다. 여섯째, 돌멩이가 없어지면 태풍이 온다.

어떤가? 이것이 미래를 정확하게 예측하는 데 그다지 유용하지 않다는 것은 따로 설명하지 않아도 될 것이다. 이 돌멩이는 미래를 보는 것이 아니라 현재의 상황을 그저 묘사할 뿐이기 때문이다. 눈앞에서 이미 벌어지고 있는 상황을 우리가 아무리 정확하게 묘사한다 할지라도 앞으로 어떤 일이 발생할 것인지를 예측하는 데에는 필연적 한계가 있을 수밖에 없다. 그뿐만 아니라 이 예측법에는 현재 상황을 설명할 수 있는 논리도 없다. 미래를 예측하기 위해서는 돌멩이가 왜 젖어 있는지, 혹은 돌멩이 밑의 그림자가 왜 뚜렷해졌는지 설명할 수 있어야 한다. 연말마다 여러 기관에서 발표하는 미래의 주목할 만한 기술이나 트렌드도 동일한 문제점을 가지고 있다. 이들은 미래를 예측하지 못할뿐더러 현상의 원인은 더더욱 설명하지 못한다.

불안감의 해소를 위해 정반대의 접근도 가능하다. 기술혁신론이나 기술수용론 등을 통한 예측이다.[3] 더 세부적으로 들어가 경제학 분야에서 기술혁신론으로 익숙하게 거론되는 레베카 헨더슨Rebecca Henderson과 킴 클라크Kim Clark의 S곡선S-Curve 이론을 예로 들어보자.[4] 기술이 처음 도입되는 시기에는 시장의 반응이 미미하고 성장률도 크지 않다. 그러나 어떤 특정 시점을 지나면서 급격하게 기술이 활성화되기 시작하고 가파르게 성장하며, 다시 어느 정도 시간이 지나면 성장이 멈추고 정체된다는 이론이다. 한편 미국 뉴멕시코대학 교수 에버릿 M. 로저스Everett M. Rogers는 혁신확산diffusion of innovation 이론으로 기술수용론을 설명했다.[5] 어떤 혁신적인 기술이 개발되었을 때 이를 조기에 먼저 수용하는 사람들은 소수이다. 그러나 시간이 지나면 대부분의 사람들이 그 기술을 수용하고, 다시 시간이 지난 뒤 마지못해 나머지 사람들이 수용하면서 점차 시장에서 소멸해간다는 내용의 이론이다. 이 이론들은 특정 현상이 왜 어떻게 발생하게 되었는지 우리에게 논리적으로 자세하게 설명해준다. 많은 제품들이 대중의 호응을 얻지 못하고 사장되는 이유도 이 이론들을 통해 찾을 수 있다. 열렬한 수용자와 대중 사이에 큰 골이 있기 때문인데, 대부분의 신제품이나 기술이 그 계곡을 넘지 못한다.

하지만 새로운 제품이나 서비스를 만드는 과정에서 이 이론들을 그대로 적용하면 앞서 언급한 시장조사 기관의 예측과는 또 다른 문제가 생긴다. 과거의 중요한 기술의 발전 사례들을 되돌아볼 때에는 전반적으로 이 이론에 일치하는 추세와 방향을 발견할 수 있지만, 오늘날의 특정 제품이나 서비스가 지금 이 순간에 어떤 의미를 가지고 있으며 앞으로 어떤 제품이나 서비스를 만들어야 하는지 예측하기에는 여전히 어려움이 있다. 거시적으로 다 옳은 이야기임은 분명하나 이것을 과연 어떻게 적용할 수 있을지 명확하지 않기 때문이다. 그렇다 보니 거시 이론으로도 혁신적인 제품이나 서비스의 등장을 구체적으로 설명하기에는 역부족인 셈이다. 그렇다면 좋은 제품이나 서비스를 만들기 위해서는 시장조사 기관에서 제공하는 단기 예측과 기술혁신론에서 찾을 수 있는 장기 예측 사이를 연결하는 무엇인가가 필요한 것이 아닐까?

우리는 현재 각광받고 있는 제품이나 서비스가 경쟁우위를 점하게 된 이유를 이해해야 하고, 앞으로 어떤 방향으로 진화해나갈 것인지 예측할 수 있어야 한다. 또 튼튼한 이론적 근거로 현상을 설명하고 미래를 예측한 결과를 설득력 있게 제시할 수 있어야 한다. 여기서 더 나아가 누구나 직접 적용해볼 수 있을 만큼 쉽게 이해하고 납득할 수 있어야 한다. 나는 우리의 '경험'을 기반으로 하는 방법만이 이 조건을 모두 만족시킬 수 있다고 생각한다. 사람들이 직접 제품이나 서비스를 사용하면서 느끼고 생각한 생생한 체험은 구체적일 수밖에 없기 때문에 이 방법을 통한 예측 또한 그러할 수밖에 없을 것이다. 더불어 경험과 관련된 여러 가지 이론들이 '왜'라는 질문에 답을 제공해줄 기초가 되어줄 것이다.

알고 넘어가야 할 HCI의 변천사

본격적으로 경험에 대해 알아보기 전에 살펴봐야 할 것이 있다. 최근 들어 HCI 분야에서 이루어지고 있는 연구들은 '사용자 경험user experience, UX'에 초점을 맞추고 있다. 그 이유는 무엇일까? 먼저 HCI 분야의 간단한 역사를 알아보자. 1980년대 중반부터 시작된 HCI는 이제 겨우 30년 남짓의 매우 짧은 역사를 가지고 있다. 나는 이 30년의 역사를 크게 세 단계로 나눌 수 있다고 본다.

제1단계는 눈으로 보고 귀로 듣고 손으로 만질 수 있는 사용자 인터페이스user interface, UI에 집중된 시기이다. 개인 사용자들이 컴퓨터를 사용하면서 쉽고 편리하게 원하는 일을 수행하도록 컴퓨터 시스템의 인터페이스를 설계하고 평가하는 것이 당시의 주요 쟁점이었다. 이때 사용성usability이라는 개념이 각광받았고, 사용성 평가usability test가 HCI 전문가들의 중요한 밥벌이가 되었다.

제1단계를 대표하는 이론이 모델 휴먼 프로세서model human processor, MHP이다.[6] 이 모델에는 세 가지 특징이 있다. 첫째, 매우 구체적이라는 것이다. 눈동자가 옆으로 움직이는 데 몇 초가 걸리는지 소수점까지 구체적으로 계산하는 식이다. 둘째, 사용자가 한 명이다. 여러 명의 사용자가 동시에 연결되어 있는 현재의 컴퓨팅 환경과 달리 단 한 명의 사용자가 눈으로 보는 화면과 손으로 버튼을 누르는 행위, 그리고 머릿속으로 생각하는 것에만 초점을 맞추고 있다. 셋째, 사용자 앞에 있는 대상이 데스크톱 컴퓨터라는 점이다. 이 무렵 HCI는 한 명의 개인 사용자가 책상 위에 고정되어 있는 한 대의 컴퓨터를 사용하는 과정을 좀 더 쉽고 편리하게 만드는 방안에 관심을 가지고 있었다.

사용자 인터페이스에 집중된 연구는 굉장히 좁은 시각을 가지고 있지만 이 시기에도 HCI의 전략적 중요성을 이해하는 기업들은 있었다. 내가 미국에서 학위를 마치고 1994년에 한국에 와서 가장 먼저 맡았던 산학 협력 프로젝트가 바로 국내 한 주요 일간지의 홈페이지 사용자 인터페이스를 디자인하는 과제였다. 당시 그 신문사는 다른 주요 신문사에 비해 상대적으로 시장점유율이 낮았다. 게다가 우리나라에 인터넷이 막 도입된 시기였기 때문에 온라인상으로 신문을 볼 수 있는 독자층도 거의 없는 상태였다. 그럼에도 미래에는 종이 신문보다 인터넷 신문을 더 많이 이용하게 될 것이라는 예측으로 이 신문사는 종이 신문의 모든 기사를 웹사이트 내에서 쉽고 편리하게 볼 수 있게 홈페이지를 새로 구축하려 했다. 지금도 가끔 생각나는 것이 이 프로젝트의 결과발표회이다. 신문사의 사장이 직접 참석해 몇 시간에 걸쳐 매우 꼼꼼하게 새로운 홈페이지 디자인을 점검했다. 당시 이런 프로젝트는 주로 담당자가 전결하곤 했는데 사장이 직접 나서 세부적인 것까지 챙겼다. 사용자인 신문 독자들의 경험이 중요하다고 판단했기 때문이다. 아마도 사장이 HCI의 전략적 중요성을 이해하고 있었기 때문에 지금도 그 신문사가 국내 주요 일간지로서의 위치를 확실하게 다지고 있는 것은 아닐까?

제2단계는 눈에 보이는 것에만 치중하던 시기에서 벗어나 실제로 무엇인가를 작동시키고 결과에 따라 다시 반응하도록 하는 인터랙션interaction이 중요해진 시기이다. 단순한 표현 방법을 넘어 실제로 제품이나 서비스가 어떻게 작동하는지를 고민했다. 그리고 대상을 책상 위 데스크톱 컴퓨터에만 한정할 필요도 없어졌다. 이 무렵 데스크톱 컴퓨터뿐만 아니라 여러 가지 다양한 디지털 제품이 등장하기 시작했는데, 그 대표적인 사례가 휴대폰이었다. 사실 휴대폰은 데스크톱 컴퓨터에 비해 본체도 작고 화면도 작지만, 수십 년 전 우리 책상 위에 자리 잡고 있었던 컴퓨터보다 훨씬 더 강력한 프로세서와 방대한 메모리를 탑재한 초강력 IT 기기이다. 특히 1990년대 후반부터 시작된 모바일 혁명은 인터랙션의 중요성을 더 강력히 시사했다. 작은 화면에서 몇 개 안 되는 버튼으로 다양한 작업을 수행하는 기기이다 보니, 이것을 어떻게 조작하고 어떤 피드백을 제공해야 하는지가 첨예의 관심사가 되었기 때문이다.[7]

그 시절 내가 했던 연구 가운데 기억에 남는 프로젝트가 있다.[8] 지금은 거의 찾아볼 수 없지만 스마트폰이 출시되기 이전에는 대부분의 사람들이 피처폰을 썼고, 당시 나는 이 피처폰을 더 효율적으로 사용할 방안을 찾는 연구를 진행했다. 내가 낸 아이디어는 옆의 그림 1처럼 피처폰의 번호판을 엄지손톱 크기의 LCD 창으로 바꾸는 것이었다. 전화를 걸 때는 일반 전화기처럼 LCD 창에 0부터 9까지 숫자와 별표, 샵표가 표시되지만, 다른 기능을 쓸 때에는 다른 정보가 뜬다. 예를 들어 사진을 볼 때에는 저장된 각 사진의 작은 이미지가 뜨고, 그중에 하나를 선택하면 메인 LCD 창에 선택한 이미지가 큰 그림으로 뜨는 방식이다. 인터랙션 방법에 변화를 줘 피처폰을 좀 더 효율적으로 사용하려는 의도였다.

이 프로젝트는 시제품을 낼 때까지 나름 좋은 평가를 받았다. 유명 해외 잡지에서도 많은 지면을 할애해 연구 내용을 소개해줬고, 파트너 기업에서도 필요한 연구비를 지원해줘 공동으로 시제품을 제작했다. 그러나 이런 신바람 나는 결과는 그다지 오래가지 못했다. 실제로 양산할 것인지 말 것인지를 결정하는 시점에서 애플의 아이폰이 출시되었기 때문이다. 그러자 그때까지 긍정 일변이었던 파트너 기업의 태도가 갑자기 변하기 시작했다. 여러 개의 LCD 창을 조립하면 불량이 나올 확률이 높다, 제조 단가가 높다, 좀 지저분해 보인다 등 온통 부정적인 의견들로 도배되었고 결국 실제 양산으로 이어지지 못했다.

인터랙션이 효율적이라는 것만으로는 시장에서 성공할 수 없다. 사람들은 자신이 경험하는 모든 것을 바탕으로 제품이나 서비스를 평가하지 인터랙션만으로 평가하지는 않는다. 아이폰 출시를 시작으로 HCI 분야는 제3단계로 넘어간다. 바로 사용자 경험이 중요해진 시기이다. 그렇다면 사용자 경험은 인터페이스나 인터랙션과 어떻게 다를까?

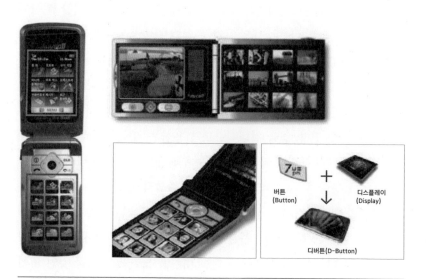

그림 1. 멀티 디스플레이 버튼이 있는 피처폰 모형

사용자 경험에서 반드시 고려해야 할 세 가지 핵심적인 특징이 있다.

첫 번째 특징은 '총체성'이다.[9] 휴대폰을 사용하는 경험을 떠올려보자. 어떤 휴대폰을 살지 고민하면서 여러 가지 광고나 정보들을 찾아보고, 마음에 드는 제품의 가격이나 스펙 등을 비교하면서 직접 매장에 방문해 관심 있는 휴대폰을 써보기도 하는 모든 행위를 우리는 경험이라고 부를 수 있다. 새로 구입한 휴대폰 포장을 뜯고 처음 전원을 켜서 작동시키는 행위와 며칠간 사용하면서 느끼는 감정과 생각, 그리고 새 휴대폰이 나에게 얼마나 유용한지 판단하는 이 모든 과정까지도 경험에 포함된다. 이러한 이유로 국제표준기구 ISO에서도 '사용자 경험'이라는 개념을 매우 포괄적으로 정의하고 있다(ISO-9241-2120). 어떤 제품이나 서비스의 사용 전과 후, 그리고 사용하는 순간까지 포함해 사용자가 느끼고 지각하고 생각하고 육체적 또는 정신적으로 반응하고 행동하는 모든 것을 합쳐놓은 것이 사용자 경험이라는 것이다.

사용자 경험은 대상의 범위가 무척 넓다. 시스템의 화면이나 버튼 너머로 보이는 모든 것, 만져지는 모든 것, 들리는 모든 것을 의미할 뿐 아니라 실제 시스템의 작동법, 사용 환경, 환경의 적합성 모두를 포함한다. 이처럼 넓은 범위를 가지는 데에는 장단점이 있다. 실제 사용자에게 중요한 영향을 미칠 수 있는 여러 가지 요소를 모두 고려한다는 점이 장점이지만, 지나치게 넓은 범위 때문에 도무지 무엇을 말하고자 하는 것인지 잘 모르겠다는 비판도 있다. 결국 절대적으로 적용할 수 있는 정답은 없어 그때그때 상황에 따라 해법이 달라지게 되는 부작용도 초래한다.

사용자 경험의 두 번째 특징은 '인간 중심적'인 개념이라는 점이다. 그림 2처럼 인간과 컴퓨터를 양쪽 끝에 두고 해당되는 주제가 어느 쪽에 더 가까운지를 생각해보면, 사용자 인터페이스는 컴퓨터에 더 많이 가까운 주제이다. 컴퓨터 화면에 구현할 버튼을 노란색으로 할 것인지 파란색으로 할 것인지 결정해야 하지만 이는 결국 컴퓨터 화면에 구현되었을 때 비로소 그 의미를 갖게 될 뿐이다. 반면에 인터랙션은 사용자 인터페이스보다 좀 더 인간 쪽으로 이동한 주제라고 할 수 있다. 우리가 컴퓨터에 조작을 가하면 컴퓨터는 그것에 반응하고, 그 변화에 따라 다시 명령을 입력하면 컴퓨터도 다시 반응하는 일련의 과정이 인터랙션이기 때문이다. 따라서 인터랙션은 완전히 사람에 가까운 것도 컴퓨터에 가까운 것도 아닌 양쪽을 왔다 갔다 하는 것으로 볼 수 있다.

그러나 사용자 경험은 완전히 인간 중심적이기 때문에 결국 사람이 어떤 생각을 하고 어떤 느낌을 받고 어떤 행동을 했는지가 가장 중요하다. 그런 점에서 사용자 경험을 해석하는 관점 또한 개인의 성향과 선호도가 다양하듯 매우 주관적이고 상대적이어서 무엇이 더 좋고 나쁜지를 판단하는 기준이 모호하다. 사용자 인터페이스는 사용성 평가를 거치면 버튼을 화면의 어떤 지점에 어떤 색상으로 구현해야 사용자가 더 빨리 인지하고 누를 수 있는지 비교적 객관적으로 판단할 수 있다. 그러나 사용자가 즐거운 경험을 했는지 아닌지는 극히 주관적이기 때문에 어떻게 더 좋은 경험을 제공할 수 있을 것인지 객관적으로 판단하기란 매우 어렵다. 또 사용자의 주관적인 경험에만 초점을 맞추다 보면 원자력발전소의 통제 시스템이나 비행기의 조종 시스템처럼 전문적인 용도로 사용되는 산업용 시스템에는 사용자 경험이 적용될 여지가 상대적으로 적다는 단점도 있다.

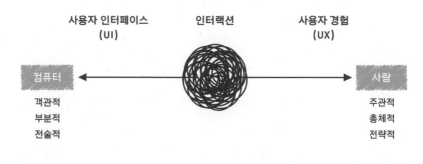

그림 2. 사용자 경험의 인간 중심적 특징

사용자 경험의 세 번째 특징은 위의 두 가지 특징을 기반으로 한다. 적용 대상의 범위가 넓고 그 효과가 사용자에게 직접적인 영향을 미치다 보니, 기업은 제품이나 서비스의 개발에서 사용자 경험을 '전략적'인 의미로 중요하게 다루고 있다. 과거 사용자 인터페이스나 인터랙션에 초점을 맞출 때에는 HCI 전문가가 굳이 기업의 CEO와 의견을 나눌 필요가 없었다. 사용자 인터페이스가 중요하다는 인식은 있어도 기업경영 측면에서 CEO가 신경쓸 만큼 전략적으로 중요한 문제는 아니었기 때문이다. 앞에서 언급한 신문사와 일할 때 사장이 홈페이지 개편 프로젝트에 참석한다는 소식을 듣고는 불안감을 떨칠 수가 없었던 이유도 여기에 있다. 한 회사의 앞날을 책임지고 전략적인 청사진을 고민해야 하는 언론사 사장에게 웹사이트 배경색을 옅은 회색으로 처리할지 말지 고민하는 일의 의미를 제대로 설명하는 것에 자신이 없었기 때문이다.

하지만 사용자 경험이 부각되기 시작하면서 양상이 많이 바뀌었다. 사용자가 어떤 경험을 하느냐가 기업의 성패에 지대한 영향을 미친다는 것을 이해하는 CEO가 점차 늘고 있다. 최근에 삼성전자의 주가가 큰 폭으로 하락한 사건이 있었다. 새로 출시한 스마트폰이 사용자들에게 별다른 새로운 경험을 주지 못했기 때문이다. 전자 회사만큼이나 방송사도 시청자의 경험에 관심이 많다. 국내 지상파 방송사의 사장과 이야기를 나눌 기회가 있었는데, 그가 깊이 고민해온 기업 이념과 비전 그리고 이를 실제로 구현할 수 있는 사용자 경험 전략을 몇 시간에 걸쳐 들을 수 있었다. 이제 사용자 경험은 최고경영자가 오랜 시간 충분히 고민해야 할 화두가 된 것이다.

사용자 경험 그리고 경험 디자인

사용자 경험은 전략적 중요성 때문에 IT 제품이나 서비스뿐만 아니라 다양한 분야로 영역을 확장하고 있다. 앞에서도 말했듯, 제품을 직접 사용하기 전의 구매 과정에서도 경험은 중요하다. 구매 과정에서 사용자 경험을 중요하게 다루는 분야를 주로 고객 경험customer experience, CX이라고 한다.『체험의 경제학The Experience Economy』의 저자 B. 조지프 파인 2세 B. Joseph Pine II와 제임스 H. 길모어James H. Gilmore는 구매 과정에서 경험은 매우 중요하며, 앞으로의 모든 경제적 행위는 제품이나 서비스가 아닌 경험을 사고 파는 행위로 변할 것이라고 강조했다.[10] 그리고 그 대표적인 예로 스타벅스Starbucks를 언급했다. 스타벅스가 파는 것은 단순히 커피 원두나 아메리카노 한잔이 아니라 바로 스타벅스라는 나름의 독특한 분위기 속에서 커피를 마시는 경험이라는 것이다.

자동차 산업에서도 사용자 경험은 매우 중요하다. 자동차는 더 이상 고철 기계 덩어리가 아니다. 세계적인 자동차 회사인 포드Ford는 2000년대 초반부터 신차 발표회를 국제전자제품박람회International Consumer Electronics Show, CES에서 진행하고 있다. 그만큼 자동차가 복합적인 IT 제품으로 탈바꿈하고 있다는 것을 의미한다. 최근 들어 국내 기업이 생산한 자동차의 사용자 평가도가 매우 높아졌다. 자동차를 이용하는 운전자의 경험에 초점을 맞춘 기능이나 시스템이 탑재되어 있기 때문이다. 한 국내 자동차 제조업체는 2000년대 중반부터 감성품질위원회를 조직해 모든 내비게이션 제품을 개발할 때 사용자 경험의 품질을 최우선으로 하고 있는데, 이 조직의 이름을 아예 운전자 경험total driver experience, TDX 부서로 바꾸고 운전자 경험에 대한 연구 개발에 박차를 가하고 있다.

의료 서비스 분야에서도 사용자 경험은 중요하다. 주로 환자 경험 patience experience, PX이라는 이름으로 의료 서비스를 이용하는 외래 환자와 입원 환자들의 경험 품질을 강조하고 있다. 우리 집 아이가 체육 수업 중에 갑자기 쓰러진 적이 있다. 원인도 모르고 어떤 진료과로 찾아가야 할지도 막막해 무턱대고 대학종합병원에 전화했다. 밤 10시가 넘은 시간이었는데도 자동응답기계로 넘어가지 않고 직원이 직접 전화를 받아 상담해줬다. 덕분에 가장 적절한 진료과에 곧바로 예약을 잡을 수 있었다. 정신없이 우왕좌왕하기만 하던 나를 더욱 감동시킨 것은 바로 다음 날

아침에 걸려온 담당 간호사의 전화였다. 학교에 가야 하는 아이가 두 번 내원하는 것은 힘들 수도 있으니 진찰 예약을 한 당일 아침에 금식을 하고 진찰 전에 몇 가지 검사를 미리 받으면 병원에서 기다리는 시간이 길지 않을 것이라고 친절하게 설명해줬다. 미국에서 안식년을 보낼 당시 아픈 아이의 진료 예약을 잡기 위해 반나절 동안 전화기를 붙들고 있은 끝에 겨우 잡은 진료일이 한 달 뒤였던 것을 생각하면 의료 서비스와 환자 경험에 대한 전략적 중요성이 얼마나 실감나게 다가왔는지 모른다.

이처럼 경험의 중요성이 대두되면서 사용자 경험은 IT 산업에 국한하지 않고 자동차나 시계와 같은 복합적인 제품, 그리고 의료나 커피 전문점과 같은 서비스로 확장되었다. 이러한 흐름에 따라 이제는 '사용자 경험'이라는 경계를 넘어 '인간의 경험'을 고민해야 하는 시점이다. 그 전환의 일환으로 인간의 경험을 위한 디자인, 즉 '경험 디자인design for experience'이라는 확장된 시각을 가져야 할 필요가 있다. 경험 디자인은 다양한 기술을 통해 다양한 분야의 사람들에게 좀 더 좋은 경험을 주는 원리와 방법이라고 할 수 있다. 그런 기술이 꼭 컴퓨팅 기술일 필요는 없다. 경험 디자인에서는 기술만이 중요한 것이 아니라 기술을 활용해 제공하는 경험이 더 중요하기 때문이다.

경험에 초점을 맞춰 제품이나 서비스를 기획하고 개발하려는 움직임은 사용자 경험의 특징에서 살펴본 것과 같이 필연적으로 장점과 단점을 모두 가지고 있다. 인간과 관련된 경험의 본질을 다룬다는 것이 큰 장점이기는 하나, 동시에 다소 주관적이고 작위적일 수 있다는 함정이 있기 때문이다. 총체적인 범위에서 이를 잘 적용했을 때에는 효과가 클 수 있지만, 반면 너무나 복잡하게 여러 가지 요소들이 연관되어 있다 보니 때에 따라 다를 수 있다는 영양가 없는 결론을 도출할 위험성도 커진다. 따라서 경험 디자인은 경험이 가지고 있는 여러 특징을 적극적으로 활용해 장점을 극대화하고 단점을 최소화하는 방향으로 발전되어야 한다. 그렇다면 경험 디자인의 특징에는 어떤 것이 있을까?

경험을 다루려면 사람을 알아야 한다

경험은 개인이 주체가 되기 때문에 지극히 개인적일 수밖에 없다. 따라서 경험 디자인이 다루는 경험 또한 매우 개인적이고 주관적일 수밖에 없다. 그런 만큼 경험 디자인은 인간에 대한 이해를 돕는 인문학을 적극적으로 받아들여야 한다. 경험에 대한 중요한 인문학적 이론들은 서양 철학의 경험주의와 동양철학의 공자 사상 등에서 집중적으로 다루고 있다.[11] 이런 인문학을 수용하는 것이 경험 디자인에 어떤 효과가 있을까?

최근 내가 몸담고 있는 대학에서 동양철학을 다루는 세미나를 진행한 적이 있다. 우리는 세미나를 위해 『논어』『맹자』『중용』『대학』등 동양사상에 대한 강좌를 기획하면서도 많은 사람들이 올 것이라고 생각하지 않았기 때문에 작은 강의실을 준비했다. 그러나 참가 신청 사이트를 열고 단 몇 분만에 예약이 다 차고 말았다. 당연히 세미나 장소는 학교에서 제일 큰 대강당으로 변경되었고, 총 14회 진행한 강좌에 매번 1,000명이 넘는 청중이 몰려 도합 1만 명이 넘는 사람들이 강좌를 들었다.

한류스타 공연도 아닌데 그렇게 많은 사람들이 인문학에 관심을 가졌던 이유는 무엇일까? 정말 궁금한 나머지 당시 참석자들에게 강좌를 신청한 이유를 직접 물었다. 가장 많았던 대답은 '자기 자신을 알고 싶어서 왔다'는 것이었다. 인문학으로 자신을 비롯한 인간을 이해하는 것이 가능하며, 이로써 내면의 동기와 욕구를 좀 더 깊이 있게 파악할 수 있다는 범례 안에서 나온 대답들이었다. 예를 들어 스티브 잡스가 아이팟iPod 이라는 MP3 플레이어를 만들면서 언제 어디서든 양질의 음악을 듣고 싶은 사람들의 내면적 욕구를 발견한 것도 바로 인문학을 통한 인간 본연의 특징을 성찰했기 때문이다.

또 인문학은 기존의 사고에서 벗어나 새로운 시각으로 문제를 바라보고 해결하는 능력을 길러준다. 로마 시대에서 가장 성공한 황제라 할 수 있는 마르쿠스 아우렐리우스Marcus Aurelius는 본래 철학자였다. 그는 로마의 다섯 현제 가운데 한 명으로 로마의 위기를 슬기롭게 넘겼던 철인이었다. 활을 잘 쏘지도 못했고 말을 잘 타지도 못했지만, 책을 읽고 글 쓰는 것을 매우 좋아했던 정적이고 유약한 인물로 알려져 있다. 그러나 그가 재임하던 시절에 로마는 게르만 족도 감히 넘보지 못할 최고의 전 성기를 누렸다. 그 성공의 밑바탕에는 바로 인문학적 통찰력이 있었다.

우리는 인문학을 통해 미래를 예측할 수 있다. 인문학은 몇천 년의 인류 역사를 기반으로 한다. 그렇기 때문에 인문학을 통한 예측은 인디 언이 사용하는 일기예보 돌멩이와 달리 미래를 가늠할 수 있게 해준다. 이를 잘 알고 있는 IBM이나 제너럴일렉트릭GE과 같은 글로벌 기업들 은 인문학자들을 초빙해 미래 연구 및 예측을 담당하는 사내 부서를 만 들었으며, LG전자와 같은 국내 기업도 LSR life soft research 연구소를 만들 어 인문학자들을 대거 영입하고 있다.

경험을 다루려면 전략적 사고가 필요하다

오늘날에는 경험이든 경험을 위한 디자인이든 반드시 전략적 함의점을 가지고 있어야 한다. 불확실한 미래 앞에서 한정된 자원으로 기업의 궁 극적인 목적을 달성하기 위한 의사결정을 해야 하기 때문이다.

삼성전자와 애플 간의 스마트폰 특허 소송에서 이들은 서로 상대방 이 기술의 특허권을 침해했다고 주장하면서 기 싸움을 벌였다. 삼성전자 는 애플이 분할 전송되는 데이터 구분 기술과 데이터 전송 모드를 알려 주는 기술을 도용했다고 주장했는데, 이 두 기술은 모두 통신과 관련된 핵심 기술들이다. 국내 법원에서는 이 두 가지 기술을 애플이 도용했다 고 인정하고 삼성전자에 각 2,000만 원씩 총 4,000만 원을 배상하라고 판결했다. 반면 애플은 화면의 아래 끝까지 스크롤할 때 화면이 튕기는 효과인 바운스백bounce back 기술, 화면에서 엄지와 검지로 특정 부분을 확 대하는 핀치투줌pinch to zoom 기술, 화면에서 두 번 터치하면 문서가 확대 되는 기술뿐 아니라 직사각형 외곽의 둥근 모서리 형태, 하단의 둥근 홈 버튼과 옆면의 작동 키 배치, 그리고 화면에 바둑판 모양으로 아이콘을 배열하는 디자인을 삼성전자가 베꼈다고 주장했다. 미국의 배심원들은 애플 측에 유리한 판결을 내리며 삼성전자가 총 1조 2,000억 원을 배상하라고 했다. 줄잡아 한 건당 2,000억 원을 배상해야 하는 것이다.

얼핏 봐서는 삼성전자가 주장한 기술이 좀 더 기술답고, 애플이 주장한 기술은 별로 기술 같지 않아 보이기도 한다. 그럼에도 이렇게 높은 배상 판결을 받은 이유는 무엇일까? 삼성전자의 반론을 보면 그 이유를 알 수 있다. 삼성전자는 애플의 것을 베꼈다고 의심받는 여섯 가지 기술이 비록 겉으로는 비슷해 보여도 속을 들여다보면 실제 구현 방식이 전혀 다르다고 주장한다. 그런데 바로 그 점에 문제가 있었다. 배심원들은 기계가 어떤 방식으로 구동하는지보다 해당 기술을 사용자가 어떻게 경험했느냐를 더 중요하게 생각했다. 따라서 실제 구현 방식이 다르다고 할지라도 사용자가 비슷하게 경험하면 이는 도용한 것이라는 주장이다. 어떤 기능을 구현하는 방식보다 사용자의 경험이 더 중요하며 본질적이라는 판단이다. 바꿔 말하면 새로운 제품이나 서비스가 사람들에게 새로운 경험을 제공하는 것은 기업의 차별화 전략이 될 수 있다.

또 다른 사례로 필립스Philips의 어린이 환자를 위한 의료 기기 경험 ambient experience for healthcare, AEH을 들 수 있다.[12] 기존의 CT나 MRI 기기를 떠올려보자. 검사를 받아본 사람은 잘 알겠지만, CT나 MRI의 시끄러운 기계 소리와 엄청나게 큰 외관은 성인조차 심리적으로 두렵게 만든다. 이런 외적인 부담 때문에 어린이들의 검사 시간이 더 길어지고 그만큼 노출되는 방사선의 양도 많아진다. 심지어 진정제를 투여해야 하는 경우도 빈번히 발생한다. 그러나 필립스가 새로 만든 의료 기기 경험 프로그램은 어린이들의 경험에 새로운 의미를 부여했다. 예를 들어, MRI 촬영 기기 속에 들어가는 것을 마치 미지의 세계를 탐험하는 경험으로 치환한 것이다. 검사실에 들어온 아이들에게 새로운 우주로 여행을 떠나는 탐험대의 일원이 된 듯한 환경을 조성해줬다. 우주 여행용 여권을 만들고, 천장에는 우주선들이 둥둥 떠 있고, MRI 기기는 우주를 향해 발사되는 로켓 모양을 하고 있다. 즉 피할 수 있다면 피하고 싶은 '검사'라는 경험을 '탐험'이라는 흥미로운 경험으로 전환시켰다. 그 효과는 실로 어마어마했다. 검사 시간은 평균 15-20퍼센트 정도 단축되었고, 진정제 투여량은 무려 30-40퍼센트로 줄었으며, 방사선 피폭량도 25-50퍼센트로 감소했다. 경영 측면에서도 검사 절차와 환경을 구매하는 병원이 많아졌다는 점에서 더 의미가 있었다. 즉 의료계의 새로운 비즈니스 모델이 탄생한 것이다. 새로운 경험을 디자인하는 것이 곧 새로운 비즈니스 모델이 된 사례이다.

위의 사례들에서 보듯이 경험을 위한 디자인은 불확실한 외부 환경 요인의 변화를 이해하고 기업의 제한된 자원을 효율적으로 사용해 경쟁사와과 차별화되는 새로운 경험을 만들어낼 수 있어야 한다.

경험을 다루려면 구체적인 디자인이 필요하다

경험은 총체적이라는 특성을 가지기 때문에 경험 디자인이 다루는 범위도 총체적일 수밖에 없다. 과거에는 제품 디자인을 위한 방법론, 서비스 디자인을 위한 방법론, 프로세스의 혁신을 위한 방법론이 각각 따로 있었다. 이들은 물리적인 제품이 가지고 있는 특성, 무형의 서비스가 가지고 있는 특성, 기업 내부의 업무 프로세스가 가지고 있는 특성에 따라 특화되어 있었다. 그러나 경험이라는 요소에 초점을 맞추면 이 같은 구분이 더 이상 중요하지 않게 된다. 경험은 제품이나 서비스, 콘텐츠를 이용하는 과정에서 공통적으로 적용되는 지각과 사고와 감정과 신념 등을 모두 아우르는 개념이기 때문이다. 따라서 경험 디자인은 제품이나 서비스 또는 프로세스를 모두 포괄할 수 있어야 한다. 동시에 경험을 이루는 다양한 요인들을 모두 포함하고 있어야 한다.

2007년에 진행한 모바일 데이터 서비스 관련 연구가 있다.[13] 모바일 데이터 서비스는 음성 통화 이외에 스마트폰으로 사용하는 대부분의 서비스를 의미한다. 우리는 과연 이 서비스들을 사용한 경험이 사람들의 삶의 질에 유의미한 효과를 줄 수 있는지를 검증하고자 했다. 이때 삶의 질이란 매우 포괄적인 개념으로 우리 인생의 다양한 영역을 포함한다. 연구를 위해 우리는 일상생활을 문화생활, 레저, 일, 교육, 쇼핑, 재정, 가정, 친구, 사회적 관계, 이웃, 종교 등 총 열세 개의 영역으로 구분 지었다. 그리고 10대부터 60대까지 남성 3,700여 명, 여성 2,700여 명의 총 6,400여 명을 대상으로 대규모 설문조사를 실시했다.

솔직히 설문을 시작하기 전까지는 흥미로운 결과가 나올 것이라는 자신이 없었다. 모바일 데이터 서비스가 도입된 지 오래되지도 않았고, 비록 우리나라가 모바일 천국이라고는 하지만 모바일 데이터 서비스처럼 특정 서비스의 사용 경험이 삶의 질이라는 추상적이고 심오한 개념에 영향을 미칠 수 있을지도 의문이었기 때문이다. 그런데 연구 결과는 매우 놀라웠다. '헬스'를 제외하면 모든 삶의 영역에서 모바일 데이터 사용 경험이 유의미한 효과를 가지는 것으로 나타났고, 전반적인 인생 만족도에도 자그마치 55퍼센트에 가까운 결과를 내는 효과를 보였다. 제품이나 서비스가 우리 일상의 경험에 총체적으로 영향을 미친다는 사실을 증명한 셈이었다. 이 연구 결과는 곧 경험 디자인도 인생의 전반적인 분야를 다룰 수 있어야 한다는 것을 의미한다.

그러나 경험의 총체성을 강조하면 경험 디자인이 자칫 너무 추상적인 이야기로만 흘러갈 위험이 있다. 앞서 언급한 경험의 전략적이고 이론적인 특징도 마찬가지로 경험 디자인을 더욱 추상적인 개념으로 몰고 갈 위험이 있다. 기술혁신론처럼 듣다 보면 그럴듯한데 정작 어떻게 제품이나 서비스에 활용할 수 있을지 감을 잡을 수 없게 되는 것이다. 이런 부작용을 방지하기 위해서는 제품이나 서비스에 공히 적용될 수 있도록 하는 구체적인 경험 요인들을 파악하고, 이를 구현할 수 있는 실질적인 디자인 요소들을 알아가는 방법으로 접근해야 한다. 더 나아가 각 요소들이 사람들의 총체적인 경험 중 어떤 부분에 어떻게 영향을 미칠지 구체적으로 설명할 수 있어야 한다.

경험을 위한 구체적인 디자인 원칙을 알아보기 전에 무엇보다 먼저 경험의 원리를 이해해야 한다. 실용주의 철학자 존 듀이John Dewey는 경험에는 크게 세 가지 원리가 있다고 설명했다.[14]

경험의 첫 번째 원리는 '상호작용의 원리'이다. 경험이라는 것은 인간을 둘러싼 환경의 구성 요소들 간에 일어나는 상호작용이다. 즉 경험의 주체인 유기체와 경험의 객체인 환경이 서로 주고받는 상호작용이 경험이다. 이와 유사하게 『몸의 인지학』의 저자 프란시스코 바렐라Francisco Varela와 에반 톰슨Evan Thompson, 엘레노어 로쉬Eleanor Rosch도 인간은 경험을 통해 외부의 자극을 받아들이며 이를 끊임없이 판단하고 사고하면서 살아간다고 주장했다.[15] 예를 들어 우리가 아이폰을 사용하는 경험도 나와 아이폰, 그리고 아이폰이 놓여 있는 상황의 상호작용이라는 것이다.

상호작용은 욕구에 따라 인간이 행하는 행동과 그 행동의 결과로 환경이 인간에게 되돌려주는 반응을 포함한다. 즉 능동적으로 무엇을 행하는 것과 그 결과를 통해 겪게 되는 것을 합한 상태, 그리고 그 관계를 인식하는 것까지 모두 상호작용이다. 가령 어느 무더운 여름날 저녁, 버스 정류장에서 집에 가는 버스를 기다리던 당신이 무료함을 탈피하기 위해 호주머니에 있는 아이폰을 꺼내 팟캐스트 방송을 켰다고 상상해보자. 아이폰이 주변 환경에 맞춰 적절한 밝기로 방송 콘텐츠를 재생해주면 당신은 화면을 감상하면서 심심함을 달랠 수 있을 것이다. 이러한 일련의 행동과 그 행동에 대한 결과는 특정한 경험이 된다. 즉 당신이라는 개인의 행동과 그에 반응하는 아이폰, 주변의 소음 등이 모두 모여 한여름 밤의 버스 정류장에서 아이폰을 사용하는 경험을 구성하는 것이다.

경험의 두 번째 원리는 '연속의 원리'이다. 모든 경험은 과거에 이루어진 경험에서 영향을 받는 동시에 미래에 뒤따를 경험에도 영향을 미쳐 경험의 형태를 어떤 식으로든 변형시킨다.[16] 즉 경험은 일시적이고 독립적인 감각 작용만 있는 것이 아니라 과거의 경험과 앞으로 다가올 미래의 경험이 관련되어 있다. 예를 들어 당신이 오늘 저녁 버스 정류장에서 팟캐스트 방송을 보는 경험은 며칠 전에 스마트폰 요금제를 '데이터 무제한'으로 바꾼 경험과 연결되어 있을 수 있고, 오늘 본 방송 콘텐츠에 흥미가 동해서 내일 저녁에도 같은 방송을 보기 위해 아이폰을 사용할 가능성이 있다는 것이다.

연속의 원리는 서양철학뿐만 아니라 동양철학에서도 강조하고 있다. 초기 불교 사상가 나가르주나Nāgārjuna가 주창한 '중도'를 살펴보자.[17] 중도라는 개념의 핵심적 특징은 경험이 실제로 존재한다는 것과 시간이 지나감에 따라 사람들의 생각이 바뀌면서 경험에 대한 개념도 바뀐다는 것이다. 예를 들어보자. 나는 매일 아침 집을 나서 차를 몰고 연구실까지 출근하고, 저녁이 되면 다시 차를 몰고 퇴근한다. 이 경험은 실제로 존재하는 것이다. 그런데 내가 그것을 반추하며 해석하는 내용은 매번 많이 다를 수 있다. 내가 연구실에서 매우 바쁜 일정을 소화한 날의 퇴근길은 비교적 여유롭고 한가한 경험으로 느껴지지만 운전 중 실수로 신호를 위반하게 되면 매우 기분 상하는 경험으로 바뀔 수도 있는 것이다.

다시 정리하면 사람들은 과거에 있었던 각각의 경험에 대한 추억이 가득 찬 세계, 즉 개별적인 사건이 다른 일을 상기시키는 역할을 하는 세계에서 살아가고,[18] 이러한 과거의 경험과 현재의 경험 그리고 앞으로의 경험들이 모두 모여 나의 삶을 구성한다.[19]

경험의 세 번째 원리는 '성장의 원리'이다. 사람의 경험은 단순히 과거, 현재, 미래로 이어지기만 하는 것이 아니라 끊임없이 재구성되며 통합적으로 성장해나간다. 여기서 말하는 성장은 경험이 어느 한순간에 완성되는 것이 아니라, 미래를 향해 끊임없이 발전하며 '나'라는 경험 주체가 죽음에 이르기까지 지속된다는 의미이다. 따라서 삶이란 곧 성장이고, 그 성장은 결국 우리가 경험하는 것에 의해 결정된다. 다시 나의 경험을 예로 들어보자. 나는 올해 대학교수로 재직한 지 20년이 되었다. 1년에 두 학기가 있고, 매 학기 16주로 구성되어 있으니 지금까지 총 640주를 학생들과 함께 보냈다. 매번 수업 준비를 하고 학생들과 수업 시간에 대화하면서 내가 미처 깨닫지 못했던 것들이 내 안에 축적되어간다. 이렇게 640여 주를 보내는 동안 대학교수로서의 경험이 점점 쌓여가고 거기에 비례해 나의 삶이 성장해간다.

심리철학자 윌리엄 제임스William James는 우리가 알고 있고 행하는 모든 것은 오로지 경험으로만 설명 가능하며, 경험 외에는 그 어떤 다른 요인도 개입되어서는 안 된다고 주장했다.[20] 이 주장 역시 우리가 경험하는 것이 곧 우리의 삶이라는 사실을 말하고 있다. 우리는 경험하는 모든 것을 통해 새로운 지식을 쌓고, 우리의 지식은 모두 경험을 기반으로 한다.[21] 심지어 우리가 직접 경험하지 않고 상상만 하는 것도 결국은 과거의 경험에서 영향을 받는다. 내가 무엇인가를 상상하려면 밑바탕이 되는 재료가 있어야 하는데 과거의 경험들은 우리가 그 무엇인가를 상상할 수 있는 원재료를 제공한다. 다채로운 경험을 많이 할수록 우리의 상상력도 풍부해질 수밖에 없다.[22] 결국 우리는 경험을 통해 배우고 사고하고 상상하며 살아간다.

진정한 경험이란

여기에서 우리는 존 듀이가 말한 경험의 원리를 바탕으로 경험의 종류를 구분할 필요가 있다. 경험은 크게 두 가지 측면에서 바라볼 수 있는데, 첫째는 '과정'으로서의 경험이다. 우리는 깨어나서 잠들기까지 하루 종일 무엇인가를 경험한다. 여기서 말하는 경험을 '어떤 경험'이라고 단정 지어서 부를 수는 없지만, 우리가 우리를 둘러싸고 있는 환경과 상호작용하면서 무엇인가를 연속적으로 경험하고 있는 것은 분명하다. 둘째는 '결과'로서의 경험이다. 여기서 말하는 경험은 경험의 시작과 끝을 구별할 수 있고, 그 경험에 이름을 붙일 수도 있다. 또한 경험으로 인해 우리의 행동을 바꿀 수 있고, 감정까지 바꿀 수도 있다. 여기서 말하는 경험을 '어떤 경험'이라고 한다.

예를 들어 나는 주말 오전에 미술관 가는 것을 즐긴다. 제일 좋아하는 시간은 가장 덜 붐비는 토요일 오전 10시쯤이고, 특히 좋아하는 미술관은 덕수궁 근처에 있는 서울시립미술관이다. 안식년 동안 보스턴 MIT에 있을 때에도 토요일 오전 10시의 한적한 분위기를 풍기는 보스턴미술관 Museum of Fine Arts, Boston을 참 좋아했다. 이른 시간에 미술관을 가면 날씨가 좋을 때 전시장 안으로 비스듬히 내리쬐는 맑고 따스한 햇빛을 마음껏 누릴 수 있다. 이때 건물 내 카페에서는 첫 커피를 내리기 때문에 미술관 전체에 그윽한 커피향이 가득 찬다. 따뜻한 분위기 속에서 전시 작품들과의 상호작용이 시작된다. 가까이 가서 들여다보기도 하고 약간 비스듬히 시선을 깔고 곁눈질로 보기도 한다. 심지어 무작정 바닥에 앉아서 작품을 빤히 올려다봐도 누구 하나 나를 이상하게 쳐다보는 사람이 없다. 이런 행동들을 하면서 지각하고 생각하고 느끼는 모든 경험이 하나씩 내 안에 축적되어간다. 몇 주 전에 보았던 작품이 생각나기도 하고, 또 다른 미술관에 가보고 싶다는 생각도 든다. 이렇게 점심 시간쯤 미술관을 떠날 때까지 즐기다 보면 내 마음속에는 그날의 경험이 깊숙이 자리 잡게 된다. 이런 경험들이 모여 내 삶의 일부가 된다.

존 듀이는 우리의 삶에서 소기의 목적을 달성하고 시작과 끝이 있으며 다른 경험과 확연하게 구별되는 경험을 '진정한 경험real experience'이라고 정의했다. 한편 윌리엄 제임스는 사람과 환경 간의 긴밀한 관계를 통해 우리의 인생을 풍요롭게 하는 모든 경험을 '순수 경험pure experience'이라고 했다. 독일의 실존주의 철학자 마르틴 하이데거Martin Heidegger도 신적이고 절대적인 존재를 만난 것처럼 성스러운 순간을 '근본 경험 Grunderfahrung'이라고 정의하기도 했다.[23] 이를 종합해보면 진정한 경험은 우리의 일상 속에서 비일상적 편린을 발견하고, 그 순간들을 특별한 의미로 채워가면서 삶을 충만하게 성장시키는 과정이라고 볼 수 있다.

남는 것은 사진밖에 없다?

요즘 사람들이 식당에서 주문한 음식이 나오면 제일 먼저 하는 일이 스마트폰을 꺼내 이리저리 접시를 돌려가며 사진을 찍는 것이다. 그 이유가 무엇일까? 나 역시 사진을 많이 찍는다. 내 컴퓨터의 하드디스크에서 가장 많은 용량을 차지하는 것은 연구 논문도 동영상도 아니고 바로 내가 지금껏 찍어온 사진 파일들이다. 어림잡아 수만 장은 되는 것 같다. 이 파일들을 스크린세이버로 연결해놓았는데, 스크린세이버의 몇 가지 옵션 중에서 촬영 당시 카메라의 초점이 맞춰진 부분을 임의로 확대해서 보여주도록 설정해두었다. 가끔 스크린세이버를 띄워놓고 함께 사진을 찍은 사람들과 언제, 어디서 찍은 사진인지 맞추는 게임을 한다. 특정 부분만 확대된 사진을 보면 당시의 기억이 불명확한 경우도 종종 있다. 나는 그 사진을 정확히 기억한다고 생각하지만, 그때 나와 함께 똑같은 경험을 한 사람들이 같은 기억을 공유하고 있지 않다는 것을 깨닫게 되기 십상이다. 이처럼 사람들은 정확한 기억을 남기는 것을 어려워한다.

사람들이 스마트폰으로 가장 많이 찍는 대상이 무엇일까? 답은 흥미롭게도 바로 자기 자신이다. 그래서 최근 나오는 스마트폰은 일명 셀카를 찍기에 편리하도록 렌즈가 화면 전면부에도 붙어 있는 경우가 많다. 사람들이 자기 자신을 가장 많이 찍는 이유는 바로 사진을 남겨 그 순간과 장소, 그날의 경험을 진정한 경험으로 기억하고자 하기 때문이다. 따라서 '남는 것은 사진밖에 없다'는 말도 그리 틀린 말이 아니다. 우리가 경험하는 것을 사진으로 찍어놓으면 그 경험이 진정한 경험으로 상기될 확률이 높아지고, 우리 기억 속에 하나의 의미 있는 경험으로 남을 수 있기 때문이다. 결국 사진을 통해 남는 것은 사진 그 자체가 아니라 사진으로 찍은 우리의 경험 조각인 것이다.

진정한 경험을 위한 세 가지 조건

그렇다면 진정한 경험을 남기기 위해서는 어떻게 해야 할까? 한번 생각해보자. 우리가 일상 중 가장 많은 시간을 보내는 곳이 어디일까? 현대인이 가장 오래 머무르는 곳은 아마도 회사나 학교, 집 등과 같은 어느 건물 안이 아닐까 싶다. 그래서 사람들은 그 건축물 안에서 어떤 경험을 하는지에 관심이 많다. 건물에 입주하고 나서 일정 기간이 지난 다음에 그 사람들의 주거 경험을 측정하는 것을 '거주 후 평가post occupancy evaluation, POE'라고 한다.[24] 우리나라로 치면 아파트 입주자의 만족도 조사 같은 것이다. 이 평가의 기본 개념은 기원전 1세기에 살았던 로마 시대의 건축가 비트루비우스Viturvius에서 시작되었다. 비트루비우스는 건축물이 사람들에게 진정한 경험을 주기 위해서는 크게 세 가지 조건을 만족시켜야 한다고 주장했다. 그 세 가지는 견고성firmitas, 유용성utilitas, 심미성venustas이다. 각각 구조적 조건, 행동적 조건, 표현적 조건으로 풀어 설명할 수 있는데, 이것들이 가장 잘 구현된 사례로 들 수 있는 것이 로마 시대의 대표적인 건축물 중 하나인 '판테온Pantheon'이다.

구조적 측면에서 보는 견고성은 건축물이 주변 건축이나 내부 인테리어와 이루는 조화를 의미한다. 판테온은 별다른 구조적 지지대 없이 내부 벽돌을 쌓아올려서 그 장력으로 지탱하는 구조이다. 이것이 가능하려면 벽돌 하나하나가 서로 조화를 이뤄 균형을 잘 유지해야 한다. 미국의 근대건축가 프랭크 로이드 라이트Frank Lloyd Wright가 설계한 '낙수장 Falling Water'도 좋은 예로 들 수 있다. 이 건물은 별로 화려하지도 않고 눈에 잘 띄지도 않는다. 주변 자연과 조화를 이루는 것을 최우선으로 자연을 거스르지 않는 건축 형태를 추구하고, 최대한 부지의 지형에 순응하며 자연 채광이나 통풍 등을 강조했다.

행동적 측면에서 보는 유용성은 건축물 사용이 얼마나 편리한가를 의미한다. 판테온은 오랫동안 가톨릭 교회로 사용되어왔으며, 지금까지도 수많은 관광객들이 방문하는 로마의 명소 중에 하나이다. 교회 건물로 지금까지 유지된다는 것은 그만큼 사용하기 편리하다는 것을 입증하는 결과이다. 국내의 좋은 사례로는 국립현대미술관의 서울관을 들 수 있다. 경기도 과천에 위치하고 있어 그동안 방문하기 쉽지 않았던 국립현대미술관이 서울 한복판의 북촌 지역으로 분리되어 접근성이 아주 좋아졌다. 아울러 건물 내부도 이해하기 쉬운 매우 간단한 구조로 이루어져 있으며, 각 방들이 유기적으로 잘 연결되어 있어 관람이 매우 편리하다.

표현적 측면에서 보는 심미성은 건축물이 사용자에게 얼마나 아름답게 보이는가를 의미한다. 판테온의 내부는 지금까지도 절대적인 아름다움의 표상으로 상징된다. 바닥에 가장 가까운 벽면부터 하늘을 향해 뚫려 있는 천장의 구멍까지 완벽한 아름다움을 제공한다. 국내 사례로는 2014년에 개관한 동대문디자인플라자를 들 수 있다. 세계적인 디자이너 자하 하디드Zaha Hadid가 설계한 작품으로, 한국 디자인 산업의 발신지라는 원대한 비전을 가지고 있으며 그에 걸맞은 매우 아름다운 모습을 과시한다.

건축물을 통한 경험은 이처럼 구조적 측면, 행동적 측면, 표현적 측면에서 모두 좋은 경험을 했을 때에 비로소 진정한 경험의 조건을 갖춘다. 따라서 이 세 가지 조건은 진정한 경험을 위한 필요조건이라고 볼 수 있다. 재미있게도 이 조건은 반드시 건축물을 통한 경험에만 한정되어 있

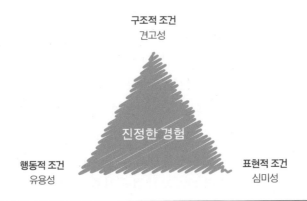

그림 3. 건축물이 주는 진정한 경험의 세 가지 조건

는 것이 아니다. 인간이 만들어내는 모든 인공물에 공통적으로 적용할 수 있는 조건이다.

예를 들어 우리가 흔히 접속하는 인터넷 쇼핑몰과 같은 웹사이트를 생각해보자. 구조적 측면에서 웹사이트의 항해 구조는 명료하고, 이용 시간 동안 에러가 발생하지 않을 만큼 안정적이면서도 나의 개인 정보를 보호하며, 거래와 관련된 결제를 안전하게 수행할 수 있어야 한다. 행동적 측면에서는 웹사이트에서 정보를 취득하는 과정이나 주문하고 결제하는 과정을 쉽고 편리하게 진행할 수 있어야 한다. 표현적 측면에서는 웹사이트가 나에게 적절한 감성을 제공해야 하고 보기 편한 화면을 제시해야 한다. 내가 2002년에 진행한 연구에서도 이 세 가지 조건을 온라인 쇼핑몰이나 주식거래 사이트, 검색 포털과 온라인 게임에 적용해본 결과, 이 조건 모두가 고객의 만족도와 충성도에 유의미한 효과를 보이는 것으로 밝혀졌다.[25]

하지만 우리가 명심해야 할 것은 누구도 경험을 임의로 디자인할 수 없고 그렇게 해서도 안 된다는 것이다. 사람의 주관적이고 총체적인 경험은 오직 당사자에 의해서 결정되고, 그 사람을 둘러싼 모든 환경과의 상호작용을 통해서 오랜 시간에 걸쳐 축적되고 변형되는 것이기 때문이다. 이 책에서 소개하는 경험 디자인은 사람의 경험 자체를 디자인하는 방법을 다룬 것이 아니라 사람이 오랜 기간에 걸쳐서 상호작용하는 제품이나 서비스를 디자인하는 방법을 다룬 것이다. 특히 제품이나 서비스의 구조적 특징, 행동적 특징 그리고 표현적 특징을 디자인하는 것이다. 이를 통해 제품이나 서비스를 사용하는 사람들에게 참 좋은 경험, 즉 진정한 경험을 제공하는 것이 목적이다. 불확실한 경쟁 속에서도 이를 실현하기 위해서는 인문학을 기반으로 전략적인 사고를 통해 구체적이고 총체적인 디자인을 만들 필요가 있다. 다음 장에서는 인간의 경험에 대한 인문학적 토대를 다져보기로 하자.

요약

1

**예측하기 어렵고 설명할 수 없는 일들이
제품이나 서비스 시장에서 종종 발생한다.**

- 사람의 경험에 초점을 맞춰야 제품이나 서비스의
  현재와 미래를 제대로 이해할 수 있다.

2

**사람의 경험은 포괄적이고 주관적이며
또한 매우 전략적인 개념이다.**

- 사람의 경험은 환경과의 상호작용 속에서
  만들어진다.
- 경험은 앞서 경험한 것과 앞으로 경험할 것이
  연속적으로 이어져 있다.
- 경험은 끊임없이 재구성되고 통합적으로
  성장한다.

3

**진정한 경험은 시작과 끝이 구분되어 있고,
그 자체로 의미가 있으며, 사람들의 삶을
성장시킨다.**

4

**경험 디자인은 사람이 진정한 경험을
할 수 있도록 제품이나 서비스를 제공하는
원리와 방법을 말한다.**

- 진정한 경험을 줄 수 있는 제품이나 서비스는
  구조적 특징, 행동적 특징 그리고 표현적 특징을
  가지고 있다.

5

**경험 디자인의 원리와 방법은 사람들이
진정한 경험을 할 수 있도록 제품이나
서비스의 구조적, 행동적, 표현적 디자인을
위한 접근법을 제공한다.**

- 경험 디자인은 불확실한 상황에서 기업의
  목표를 달성하기 위한 전략적인 함의점을
  가지고 있다.
- 경험 디자인은 인간의 주관적인 경험을
  다루기 때문에 인문학을 바탕으로 해야 한다.
- 경험 디자인은 인간의 경험에 초점을
  맞추기 때문에 구체적인 디자인 함의점을
  가지고 있다.

생각해볼 주제

1

최근 디지털 제품이나 서비스를 사용하면서
진정한 경험을 했던 사례가 있는가?

2

그 제품이나 서비스를 사용하면서 진정한
경험을 했다고 느낀 이유는 무엇인가?

3

기존에 유사한 제품이나 서비스가 있다면,
그 제품이나 서비스를 사용한 경험과
어떤 차이점이 있는가?

4

진정한 경험은 제품이나 서비스를 제공하는
기업에 어떤 전략적 효과를 가져다줄까?

2

경험의 실타래

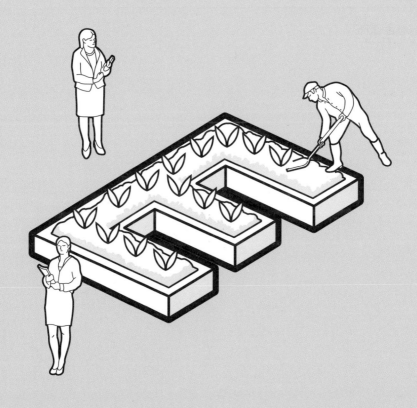

일상생활에서 얻는 경험은 여러 요소가 복잡하게 얽히고설킨 실뭉치와

같다. 경험은 분명히 존재하지만 구체적이고 명확하게 정의하기 어렵고,

더군다나 그것을 분석해 설명하기는 더더욱 어렵다. 그러나 사용자에게

진정으로 좋은 경험을 줄 제품이나 서비스를 디자인하기 위해서는

경험이라는 복잡한 실뭉치를 풀어야 한다. 경험은 한 번에 접근하는 것보다

몇 개의 실타래를 기준으로 나누어 보는 것이 도움이 될 것이다. 그렇다면

우리의 경험을 이루고 있는 요소들을 어떤 기준으로 나누어 설명할 수

있을까? 그 요소들은 어떤 특성을 가지고 있으며, 진정한 경험에 어떤

영향을 줄까?

몇 년 전부터 주말농장이 유행이다. 가끔 신문을 보면 서울 근교에 싼값으로 주말농장을 지을 수 있다고 광고하는 지면을 심심치 않게 발견한다. 우리나라뿐만 아니라 러시아의 다차dacha, 텃밭이 있는 별장나 미국의 세컨드 하우스second house도 비슷한 개념이다. 나도 조그마한 주말농장이 있다. 10년 전 부모님의 건강이 갑자기 악화되면서부터 두 분은 시골에 작은 집을 짓고 텃밭을 가꾸기 시작했다. 덕분에 나는 부모님을 찾아뵙기 위해 매주 일요일 아침을 새벽 4시 30분에 시작한다. 벌써 수년 동안 그래 왔기 때문에 이제는 자명종을 따로 맞춰놓지 않아도 그 시간에 일어나는 것쯤은 문제없을 정도이다. 일어나자마자 부모님을 만나러 갈 채비를 한다. 아내가 어제 저녁까지 정성껏 준비해 하얀 보자기에 싸 놓은 밑반찬도 챙긴다. 모든 준비를 끝내고 집을 나서 자동차로 한 시간 남짓 달려가면 아들을 반갑게 맞이하는 부모님과 나의 손길을 기다리는 농장이 있다.

시골집에 도착해 부모님께 인사를 드리고 작업복으로 갈아입은 뒤 연장을 챙겨 밭으로 나간다. 시골의 새벽 공기는 늘 상쾌하다. 오늘의 임무는 십 년 동안 너무 자라버린 나무들을 솎아내는 작업이다. 한 그루씩 조심스럽게 들어내 좀 더 여유 있는 공간으로 옮겨 심으려는 것이다. 처음에는 이런 일이 낯설어 많이 고생했는데 이제는 나름 요령이 생겼다. 두 그루를 옮기고 나니 벌써 아침 식사 시간이 되어 집에서 싸온 음식으로 부모님과 함께 꿀 같은 식사를 한다. 아침 식사를 마치고 집 주변에 있는 오디나무 두 그루에서 열매를 털어낸다. 요즘 일조량이 워낙 많아 오디 열매가 아주 잘 익었다. 다시 밭일을 하다가 최근 서울에서 귀농한 옆집 내외와 반갑게 인사를 나누고, 이번에 수확하는 가지와 고추를 화제로 잠시 대화한다. 사람 보기가 드문 시골에서 이야기 나눌 수 있는 이웃이 있다는 것은 감사한 일이다.

조금 이른 점심을 간단하게 먹은 뒤에는 부모님께 작별 인사를 드리고 아쉬운 마음으로 시골집을 떠난다. 여전히 정오를 넘기지 않은 시간이라 교통 체증 없이 한 시간 정도를 운전하면 다시 우리 아파트 지하 주차장에 도착할 수 있다. 시골에서 가져온 야채와 과일을 아내에게 주는 것으로 일요일 반나절이 마무리된다. 이렇게 일요일 오전마다 시골에서 보고 듣고 말하고 행동하는 모든 것이 내 인생에 참으로 의미 있는 경험이 된다. 이 경험으로 나는 내 안의 무엇인가가 충만해지는 기분을 느낀다. 한 주라도 다녀오지 않으면 그렇게 아쉬울 수가 없다. 왕복 두 시간을 운전해야 하는 것이 부담스럽기도 하지만 그 시간 동안에는 깊은 호흡으로 평소에 할 수 없었던 생각들을 정리한다.

실뭉치를 푸는 경험의 실타래

경험을 다루는 동서양의 모든 철학에서 공통으로 이야기하는 것이 앞서 1장에서도 언급했던 경험의 총체성이다. 경험은 하나의 큰 덩어리로 온갖 요소들이 복잡하게 얽혀 있기 때문에 구분하기도 분석하기도 어렵다. 시골집에서의 나의 경험을 고속도로, 시골 마당, 아침 식사, 이웃들과 나눈 대화로 칼같이 잘라 부분 부분 떼어놓고 생각하는 것은 불가능하다. 모든 경험은 서로 영향을 주고받으며 끈끈하게 연결되어 있기 때문이다. 따라서 경험의 어느 한 부분만 분석하면 앞뒤의 내용을 유기적으로 파악할 수 없고 경험과 관련된 요소, 즉 주변 사람이나 환경, 맥락을 제대로 이해할 수 없다. 일주일에 한 번 여든이 넘은 노부모를 만나 아침 식사를 같이하는 경험을 배제하고 두 시간 동안 고속도로에서 운전해야 하는 고생을 생각하면 시골집에서의 경험은 썩 좋지 않은 경험이 될 수밖에 없다. 시골의 상쾌한 공기와 이름 모를 새들의 합창을 듣는 경험을 배제하고 나무를 옮겨 심는 고생만을 생각하면 주말농장에 다신 가고 싶지 않을 것이다. 나에게 주말농장에서 보내는 일요일 아침은 그 자체가 하나의 좋은 경험을 이룬다.

　그러나 진정한 경험을 주는 제품이나 서비스를 디자인하기 위해 경험을 이해하려 한다면 이야기가 달라진다. 경험은 임의로 재단해 구분할 수 없지만 경험을 구성하는 요소를 파악하려는 노력은 해볼 수 있기 때문이다. 비록 완벽하게 각 요소들 간의 경계를 짓지는 못해도 가급적 연관성이 높은 것끼리 묶어 하나로 간주하고, 상대적으로 연관성이 낮은 것들은 분리해서 그들 간의 관계를 살펴보는 것이 가능하다. 이렇게 함으로써 우리는 경험에 대해 좀 더 구체적으로 접근할 수 있고, 진정한 경험을 제공하는 방안을 모색해볼 수 있다. 경험의 이성적 구분이 불가능하다는 존 듀이의 주장을 떠올리면 이러한 시도가 철학적으로 많은 타협이 필요하겠지만, 실용적인 측면에서 해당 경험의 가치를 높일 수 있다면 한번 시도해봄직하다. 그것이 우리의 경험을 더 값지게 만들 해결책을 제시할 수 있다면 말이다.

그렇다고 무작정 경험을 해부하는 것은 매우 위험하다. 자칫 잘못하면 각 요소들의 성격이 매우 모호해지고 요소들 간의 관계도 불분명해질 가능성이 크기 때문이다. 따라서 경험과 관련된 기존의 연구에서 학문적으로 인정받고 이론적으로 잘 정립되어 있는 기준을 찾아야 한다. 이러한 연구들을 살펴보면 복잡한 실뭉치 같은 경험을 크게 세 가지 실타래로 나누고 있다. 바로 감각적 경험의 실타래, 판단적 경험의 실타래, 그리고 구성적 경험의 실타래이다.[1]

주말농장에서 보내는 일요일을 이 기준으로 나누면, 감각적 경험의 실타래에는 새벽녘 시골집 마루에 앉아 듣는 아름다운 새소리, 마당에 있는 오디나무에서 딴 열매의 새콤달콤함, 부드럽게 밟히는 흙의 촉감 등이 속한다. 그리고 판단적 경험의 실타래에는 무성한 나무의 가지를 솎아내고 옮겨심기하며 뿌듯해하는 내 마음과 공기 좋은 시골에서 신성한 육체노동을 하면서 얻는 만족감이 여기에 해당된다. 구성적 경험의 실타래에는 여든이 넘은 부모님과 나, 몇 안 되는 시골 이웃과 나의 관계가 시골집에서 어우러져 만들어낸 조화로운 경험이 속한다. 또 그날 밭에서 수확한 신선한 채소와 과일로 저녁 식탁을 풍성하게 차려 가족들과 나눠 먹는 것도 마찬가지로 구성적 경험의 실타래에 속한다. 그렇다면 이 세 가지 경험의 실타래가 구체적으로 무엇이며 어떤 특징을 가지고 있는지 자세히 살펴보자.

감각적 경험의 실타래

한류스타 싸이나 아이돌 그룹 빅뱅의 콘서트를 가본 적이 있는가? 귀가 멍멍해질 정도로 큰 사운드의 음악이 끊이지 않고, 무대에서는 화려한 가수와 백업 댄서들이 시선을 잡아끈다. 분위기가 절정에 달하는 시점에 드라이아이스로 만든 차가운 얼음 공기가 솟아나와 우리의 피부를 서늘하게 만들고, 불꽃 조명이 강렬하게 터지면서 매캐한 화약 냄새가 나기도 한다. 이런 종류의 경험을 감각적 경험이라고 지칭할 수 있다. 우리가 직접 듣고 보고 만지고 냄새 맡고 맛볼 수 있는 경험, 즉 사람의 감각 기관을 통해 지각할 수 있는 모든 경험을 말한다.[2] 이것은 외부의 자극에 직접 반응하는 것이기 때문에 매우 구체적이고 실질적이다. 깊은 생각이나 판단을 하기 전에 바로 느끼고 지각한다. 가령 학기말 고사를 앞두고 콘서트에 가는 것이 성적에 어떤 영향을 줄 것인지 고민하지 않고 그저 귓가에 쟁쟁하게 울려퍼지는 음악 소리와 눈앞의 볼거리에 심취하는 것이 바로 감각적 경험을 하는 것이라고 볼 수 있다.

감각적 경험은 우리가 지각하는 것뿐만 아니라 지각한 대상에 즉각적으로 반응하는 행동까지 포함한다. 콘서트장에서 흥에 겨워 어깨를 들썩이고 박수를 치고 노래를 목청껏 따라 부르는 것도 감각적 경험의 일부이다. 즉 감각적 경험이라고 해서 오로지 오감으로 지각하는 것만을 의미하는 것이 아니라 그에 대한 직접적인 반응으로 자연스럽게 나오는 행동도 감각적 경험의 한 부분이다.[3]

감각적 경험은 사람이 외부 세계와 상호작용하면서 또 다른 경험을 만들어가는 데 있어 매우 중요한 창구가 된다. 만약 우리가 볼 수 있지만 제대로 들을 수 없고, 들을 수 있지만 제대로 느낄 수 없고, 만질 수 있지만 본질이 아닌 표면적 특성만 지각하게 된다면 우리의 경험은 분절된 경험fragmented experience이 되고 만다.[4] 그런 분절된 경험을 통해서는 외부 환경과 원활한 상호작용을 할 수 없게 되고, 결과적으로 경험의 질도 떨어질 수밖에 없다. 따라서 진정한 경험을 하기 위해서는 우선 감각적 경험에 충실해야 한다.

실재감은 감각적 경험을 조절한다

사실 감각적 경험에 영향을 주는 크고 작은 요인은 너무나 많다. 현재의 심리 상태도 중요한 영향을 미치고, 개인이 본래 가지고 있는 성격이나 행동 성향, 능력도 큰 영향을 준다. 그러나 이것들은 우리가 제품이나 서비스를 디자인할 때 우리 마음대로 조절할 수 있는 요인들이 아니다. 반면에 제품이나 서비스의 디자인 요소를 가감함으로써 만든 변화로 감각적 경험에 직접 영향을 줄 수 있다. 이것을 바로 감각적 경험의 상태를 전략적으로 조절할 수 있는 요인이라고 하는데, 특히 '실재감sense of presence' 에 주목해야 한다.

실재감이란 어떤 대상이 '거기에 있음being there'을 느끼는 심리적인 상태를 의미한다.[5] 최근에 특히 관심을 모으고 있는 것이 가상공간virtual environment에서 느끼는 실재감이다. 가상공간은 어떤 매개체를 통해 인공적으로 구성된 공간이다. 현대사회에서는 일상생활에서 일어나는 대부분의 활동이 매개체를 통해 전달받은 자극으로 대상의 존재를 인식하는 과정을 포함한다. 예를 들어 온라인 게임을 할 때 컴퓨터 화면으로 제공되는 우주공간 이미지를 받아 우주공간의 존재를 느끼면서 전략 게임을 즐기는 식이다. 가상공간에서 실재감을 주는 매개체는 온라인 게임처럼 컴퓨터 시스템이 될 수도 있고, TV 방송이나 신문 같은 대중매체가 될 수도 있다. 이러한 매개체가 주는 가상공간의 실재감을 원격 실재감telepresence이라고도 한다.[6]

가상공간이 주는 실재감은 '무엇'을 느끼느냐에 따라 다시 세 가지로 나뉜다.[7] 첫째, 물리적 실재감physical presence이다. 어떤 사물이나 환경과 같은 대상이 '거기에 있음'을 느끼는 것이다. 예를 들어 온라인 게임 속에서 내가 사용하는 칼이 얼마나 진짜처럼 느껴지는지를 말한다. 이를 진짜 같은 실재감presence as realism이라고도 한다. 둘째, 사회적 실재감social presence이다. 시스템에 연결되어 있는 다른 사람의 존재를 느끼는 것이다. 예를 들어 페이스북Facebook에서 만난 다른 사용자들이 실재한다고 느끼는 감각을 의미한다. 이를 사회적 풍요가 주는 실재감presence as social richness이라고도 한다. 마지막은 자아 실재감self presence이다. 자기 자신의 존재를 느끼는 감각으로, 예를 들어 온라인 게임의 아바타를 통해 자신이 그 시스템 안에 있다고 느끼는 것과 같다. 이를 이동한 실재감presence as transportation이라고도 한다.

제품이나 서비스를 사용할 때 실재감이 높다는 것은 결국 물리적 실재감과 사회적 실재감 그리고 자아 실재감이 모두 높은 것을 의미한다. 온라인 게임의 실재감이 높으면 화면에 보이는 전투장이 실제 전쟁터처럼 느껴지고, 비록 인터넷으로만 연결되어 있지만 온라인 게임 속 전투장에서 나와 싸우는 다른 사람이 바로 옆에 있는 것처럼 느껴지고, 나 자신도 그 게임 시스템 안에 있는 것처럼 느껴진다.

높은 실재감 대 낮은 실재감

현대의 여러 신기술은 계속해서 더 높은 실재감을 느끼게 하는 쪽으로 발전하고 있다. 그렇지만 무조건 높은 실재감을 느낀다고 해서 우리가 좋은 경험이라고 받아들이는 것은 아니다.[8] 물론 앞서 이야기한 한류스타의 콘서트라면 내가 좋아하는 가수의 실재감을 최대한 느끼고 싶을 것이다. 하지만 의도적으로 실재감을 느끼고 싶지 않을 때도 있다. 공부할 때 배경음악으로 클래식을 틀어놓았다면 가급적 음악 소리의 실재감이 크지 않아야 공부에 방해되지 않고 더 좋은 경험을 줄 것이다. 따라서 주변 환경과 제품이나 서비스의 특성에 맞는 적절한 수준의 실재감을 주는 것이 중요하다. 적절한 수준의 실재감으로 제공되는 진정한 경험을 '센스 있는 경험'이라고 할 수 있다. 실재감이 높거나 낮아서 센스 있는 경험을 주는 예를 각각 한 가지씩 살펴보자.

홀로그램 전용 상영관인 케이라이브K-live는 한국의 대표적인 콘텐츠인 한국 대중음악과 디지털 기술을 결합해 유명 가수들의 콘서트를 홀로그램으로 보여주는 서비스를 제공한다. 사람들의 시야를 가득 메우는 270도 파노라마 뷰와 14.2 채널의 서라운드 음향 시스템을 각종 특수효과와 결합해 실제 공연을 보는 것처럼 느끼게 모든 감각적 자극을 펼쳐놓는다. 화면에 나오는 가수가 실재하는 사람인지 아니면 홀로그램 효과인지 잘 구분이 안 될 정도로 높은 실재감을 제공한다.

반대로 차량 내비게이션 시스템은 실재감이 낮을수록 좋은 경험을 준다. 내비게이션을 사용하는 목적은 운전자가 원하는 목적지까지 최단시간에 갈 수 있도록 경로를 지시해주는 것일 테다. 하지만 이보다 더 궁극적으로는 안전사고 없이 운전할 수 있도록 보조하는 것이다. 따라서 사용자가 실제 도로 상황을 파악하는 동시에 내비게이션의 안내를 따를 수 있도록 하는 것이 매우 중요하다. 최근 출시된 내비게이션 제품들 중에는 기술의 발전과 함께 기기의 실재감도 과도하게 높이는 경우가 있다. 화려한 3차원 그래픽이 쉴 새 없이 나오고 신경이 예민해질 정도로 안내 멘트가 빈번하게 나온다. 혹여나 지시대로 따라가지 않으면 기기 본체가 징징 떨리기까지 한다. 그러다 보니 내비게이션에 과도하게 집중해서 정작 중요한 도로 상황과 주위 환경을 제대로 살피지 못하고 사고의 위험도가 높아지는 경우가 발생한다.

실재감은 어떤 매체를 통해 전달받은 자극을 인간의 오감을 총동원해 지각하고 반응하는 것이다. 그야말로 제품이나 서비스를 이용하면서 인간이 느끼는 감각적 경험을 만드는 과정의 핵심이 실재감이다.[9] 철학자 이마누엘 칸트Immanuel Kant에 따르면 인간의 모든 사고나 행동은 오감으로 받아들인 외부 자극과 이를 바탕으로 마음속에 구축한 표상에서 영향을 받는데, 여기에서 표상을 얼마나 선명하게 그릴 수 있는가는 바로 실재감에 달려 있다.[10] 이때의 실재감을 감각적 어포던스sensory affordance라는 개념과도 연결시킬 수 있다. 사람들로 하여금 무엇인가를 듣고 보고 느낄 수 있게 적절한 실재감을 제공해야 제대로 인지하고 판단할 수 있을 뿐 아니라 제대로 행동할 수 있기 때문이다.[11] 결론적으로 실재감은 그림 1에서 보는 것처럼 우리의 감각적 경험의 질을 결정하는 포괄적이고 주요한 요인이다. 제품이나 서비스를 만들 때에도 디자인 요소를 통해 적절한 실재감을 만들어 매우 효과적으로 사용자의 감각적 경험을 조절할 수 있다.[12]

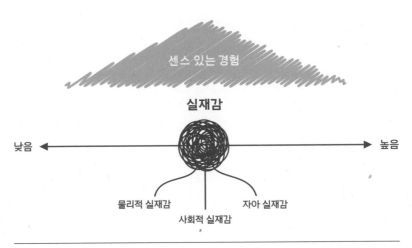

그림 1. 감각적 경험의 조절 요인, 실재감

최근 가뭄이 심하게 들어 시골집 밭의 채소와 과실수의 상태가 급격히 나빠졌다. 해결해볼 요량으로 읍내 공구상에서 긴 호스를 사와 집 근처 우물에서 물을 길어 올려 밭에 물을 댔다. 몇 번의 노력 끝에 시들어가는 채소와 나무들이 다시 활기를 찾기 시작했다. 상당한 노력이 들었지만 유용한 판단을 했다는 마음에 뿌듯했다. 이처럼 판단적 경험은 우리가 생각하고 느끼는 것을 통해 그것의 가치를 판단하는 경험이다. 내가 필요하거나 원하는 것을 나의 경험이 어떻게 얼마나 충족시키는지를 판단하는 것이다. 우물에서 물을 길어 올린 행동이 싱싱한 채소를 식탁에 올리고 싶은 나의 욕구를 적절히 충족시켰는지를 판단하는 셈이다.

우리는 살아가면서 매 순간마다 판단하고 그 판단의 결과에 따라 기분이 좋아지기도 나빠지기도 한다. 혹자는 판단적 경험을 감정적 경험으로 치환해 부른다.[13] 하지만 우리의 판단은 내부의 감정 상태에서만 영향을 받는 것이 아니라 행동과 그에 대한 결과를 이성적으로 이해하려는 과정에서도 영향을 받는다.[14] 예를 들어 내가 일요일 새벽마다 시골집 밭에서 일하는 것을 좋아하는 이유에는 밭을 가꿔 신선한 채소와 과일을 취함으로써 얻는 만족감과 깨끗한 공기를 마시며 땀 흘리는 육체노동이 건강을 유지하는 데 도움이 될 것이라는 이성적 판단이 모두 포함되어 있다.

일반적으로 인간은 외부의 자극을 그저 수동적으로 받아들이지 않고 나름대로 자극을 해석하고 재구성해 자신이 경험하고 느끼는 것이 합리적인지 판단하는 과정을 거친다. 감각적 경험과 차별되는 판단적 경험의 특징은 바로 의식적 사고에 있다. 즉 일상에서 겪는 수많은 경험이 좋은 경험인지 나쁜 경험인지 수시로 따져보고 그 판단이 옳은지를 다시 생각한다. 실제 경험하는 순간에 즉각적으로 판단할 수도 있고, 경험이 종료된 다음 천천히 회상하면서 판단할 수도 있다. 나도 주말농장에서 밭일을 하는 동안 나의 행동에 따른 경험을 판단할 수도 있고, 서울로 가는 차 안에서 오전의 일과를 반추하며 판단할 수도 있다. 이렇듯 우리는 지속적이고 반복적으로 판단을 내리기 때문에 판단적 경험은 경험을 이루는 세 가지 경험의 실타래 가운데 하나가 될 자격이 충분하다.

우리는 자신의 경험이 궁극적으로 어떤 가치로 남을지를 평가한다. 사람이 주로 중요하게 여기는 가치에는 여러 가지가 있는데 그중 '기능적 가치utilitarian value'와 '유희적 가치hedonistic value'가 가장 자주 언급된다.[15] 기능적 가치란 실용적인 목적이나 필요를 느낄 때 달성하고자 하는 가치이다. 예를 들어 어떤 사람이 증권 정보 사이트에서 주식 투자에 도움이될 시세 정보를 찾기 위해 인터넷에 접속한다면 이는 기능적 가치를 충족시키기 위한 행동일 것이다. 또 잘 모르는 길을 찾기 위해 스마트폰의 위치 정보 서비스를 이용하는 경우도 마찬가지이다. 반면 유희적 가치란 제품이나 서비스의 소비를 통해 느끼는 감성적 만족 혹은 즐거움에서 찾을 수 있다. 일반적으로 기쁨이나 즐거움, 만족감, 행복감 등 긍정적인 감정을 의미하지만 경우에 따라 공포나 흥분과 같은 부정적 감성도 포함한다. 유희적 가치는 다른 어떤 목적을 위한 것이 아니라 그 자체가 목적이 된다. 게임 자체를 즐기기 위해 온라인 게임을 한다든지, 새로운 언어를 배우는 경험을 즐기기 위해 어학 공부를 하는 식이다.

어떤 제품이나 서비스가 자신이 원하는 가치를 효과적으로 제공한다고 판단되면 그 사람은 해당 제품이나 서비스의 사용 경험이 유용하다고 생각한다.[16] 무엇을 경험하든 누구나 자신의 경험이 유용하기를 바라고 유용한 경험을 제공해준 대상에 만족감을 느끼며 그것을 다시 찾게 된다. 따라서 어떤 제품이나 서비스를 유용하다고 생각하면 당연히 반복해서 사용하게 되는 경향이 있다.[17] 이런 점에서 가치는 판단적 경험의 중요한 목표라고 할 수 있다.

기인점은 판단적 경험을 조절한다

그렇다면 판단적 경험의 실타래에서 경험의 질을 바꿀 수 있는 효과적인 요인은 없을까? 여러 가지 상황에서 자신의 경험이 가치 있고 유용하다고 느끼는 데 강력한 영향을 주는 조절 요인이 바로 '기인점locus of causality'이다. 기인점은 1966년 줄리안 로터Julian Rotter라는 학자가 제안한 '통제위치locus of control'라는 개념을 확장한 것이다. 통제위치란 스스로 일을 얼마나 제어할 수 있는지 지각하는 정도를 말한다.[18] 통제위치는 내재적 통제위치와 외재적 통제위치로 나뉜다. 내재적 통제위치는 어떤 일의 발생 원인을 자기 자신으로 보고 자신의 미래도 스스로 결정한다고 판단하는 성향이다. 반대로 외재적 통제위치는 어떤 일의 발생 원인을 외부 요인 때문이라고 보고 자신의 미래를 위해 스스로 결정할 수 있는 것이 별로 없다고 판단한다. 심리학에서는 통제위치를 주로 개인의 성격을 묘사하는 특징으로 간주해왔다.[19] 예를 들어 내재적인 성격을 가진 사람들은 어떤 일을 할 때에 자율성이 없으면 스트레스를 받는 반면, 외재적인 성격을 가진 사람들은 너무 많은 자율성을 부여받으면 오히려 더 스트레스를 많이 받는다.[20]

오늘날 줄리안 로터가 주장한 '통제위치'의 개념은 크게 두 가지 의미로 확장되었다.[21] 첫 번째 의미는 우리에게 일어난 일을 우리 스스로 얼마나 제어할 수 있다고 판단하는가이다.[22] 어떤 학생이 학기말 고사를 볼 때 열심히 공부한 만큼 시험 성적을 올릴 수 있다고 생각한다면 이는 내재적 판단이고, 시험 문제가 얼마나 어렵게 출제되느냐에 따라 본인의 시험 성적도 결정된다고 생각한다면 이는 외재적 판단이다. 또 다른 의미는 우리에게 일어난 일의 인과관계에 있다.[23] 어떤 일이 발생했을 때 그 원인이 내부에 있다고 판단하는지 외부에 있다고 판단하는지로 나뉜다. 병원에서 감기 진단을 받았을 때 그 원인을 내 몸이 약한 탓이라고 생각하면 내재적 인과관계를 가지는 것이지만, 반면 다른 사람에게서 옮았다고 생각하면 외재적 인과관계를 가지는 것이다.

이처럼 성격적 특성으로 주로 다뤄왔던 기존의 통제위치 이론을 경험적 측면으로 다시 확장해 해석한 것이 바로 판단적 경험에서 말하는 기인점이라고 할 수 있다. 판단적 경험의 기인점은 사람들이 제품이나 서비스를 사용한 경험의 결과와 절차를 어떻게 판단하느냐와 관련 있다. 이 역시 확장된 통제위치와 마찬가지로 두 가지 측면으로 나눠 생각해볼 수 있다. 하나는 사람의 가치 판단의 기준이 되는 결과를 경험의 내부와 외부 중 어디에서 찾는지에 대한 판단이고, 또 하나는 절차상에서 경험의 통제권이 내부와 외부 중 어디에 있는지에 대한 판단이다. 이 두 가지 측면을 기준으로 기인점의 위치가 내재적인지 외재적인지를 판단할 수 있다.

내재적 기인점 대 외재적 기인점

기인점이 내부에 있으면 경험의 목표는 그 경험 자체라고 할 수 있고, 목표를 달성하는 과정도 스스로 충분히 제어할 수 있다. 보통 모형 자동차인 RC카romote control car는 기성품으로 나오는 일반 장난감 자동차와 달리 자동차 내부와 외부에 들어가는 부품을 사용자가 직접 고를 수 있다. 자동차 엔진에 해당되는 모터는 분당 회전 속도와 가속력를 확인한 뒤 원하는 것을 선택할 수 있고, 차체는 알루미늄 소재로 할지 양철 소재로 할지 기호에 따라 선택할 수 있다. 선택한 부품들을 조립할 때에도 어떤 부품을 어떤 강도로 결합시킬 것인지 사용자가 결정한다. 이렇게 조립된 RC카는 리모트컨트롤을 이용해 속도와 방향을 자유자재로 조절하며 가지고 놀 수 있다. 사용자는 자동차 부품을 고르고 조립해 작동시키는 전 과정에서 즐거움을 찾고 있으며, 그 과정에서 많은 부분을 사용자가 직접 제어할 수 있기 때문에 RC카는 기인점이 매우 내부적이라고 볼 수 있다.

기인점이 외부에 있으면 경험의 목표는 그 경험 외의 다른 것에 있고, 스스로 제어할 수 있는 부분도 상대적으로 적다. 로봇 청소기의 예를 들어보자. 로봇 청소기는 판매장에서 구입해 추가적인 조작 없이도 편리하게 사용할 수 있다. 전원 버튼을 누르는 것만으로 공장에서 일괄 적용된 표준 설정으로 바로 작동하기 때문이다. 일단 로봇 청소기가 작동하면 사용자의 개입은 거의 필요 없다. 문턱이나 벽 등 장애물을 만나면 로봇 청소기가 알아서 돌아가거나 피해간다. 그리고 로봇 청소기를 작동시킨 결과 아무리 깨끗하게 잘 청소되었다 할지라도 사용자가 이를 자신의 능숙한 조작 때문이라고 생각하는 경우는 거의 없다. 또 그 과정에서 특별한 즐거움을 느끼는 사용자도 별로 없다. 청소기를 사용하는 순간의 즐거움보다 청소기를 사용해 깨끗해진 결과가 손님을 맞을 준비를 해야 하는 사용자에게는 더 중요하기 때문이다.

기인점이 중요한 이유

사람들은 언제나 더 높은 가치를 원하므로 판단적 경험의 지향점이 '가치 있는 경험'이라는 점은 변하지 않을 것이다. 그러나 그때그때의 상황에 따라 어떤 경험이 더 가치 있는 경험인지는 달라질 수 있다. 왜냐하면 동일한 경험이라 할지라도 사람들이 더 가치 있게 생각하는 것은 여러 가지 상황과 요인으로 변하기 때문이다. 예를 들어 기름값이 저렴하고 도로가 널찍한 미국에서는 푹신푹신한 시트가 있는 큰 자동차로 달리는 주행 경험을 더 가치 있게 생각하는 반면, 기름값이 비싸고 도로가 좁은 일본에서는 작은 자동차를 타고 적은 비용으로 목적지까지 가는 주행 경험을 더 가치 있게 생각할 수 있다. 이처럼 상황의 변화에 대응해 사람들이 유용하다고 판단하는 제품이나 서비스를 디자인하기 위해서는 기인점을 고려하는 것이 효과적이다.

　우리가 판단적 경험을 할 때 중요하게 여기는 가치는 시대에 따라서도 달라진다. 보통 사람들은 가치를 판단할 때 그 가치가 어디에서 비롯되었는지, 즉 가치의 출처를 중요하게 여긴다. 그런데 가치의 출처가 너무 구체적이면 특정 제품이나 서비스에만 적용할 수 있게 된다. 예를 들어 RC카의 가치는 엔진의 회전속도와 자동차 구조의 궁합이 잘 맞을 때 생기는 것인데, 이는 RC카에만 적용되는 가치 판단의 기준이고 다른 제품이나 서비스에 적용하기는 힘들다. 따라서 대부분의 상황에 보편타당하게 적용할 수 있는 추상적인 출처를 알고 있어야 시대에 따라 달라지는 우리의 판단적 경험을 분석하는 데 도움이 될 것이다. 그런 의미에서 기인점은 총체적 경험의 결과가 내부나 외부에 기인한다는 개념이므로 대부분의 제품이나 서비스에 공통적으로 적용 가능하도록 적절한 수준으로 추상화된 출처라고 할 수 있다.

한편 기인점은 가치중립적이기 때문에 내부적이든 외부적이든 그 위치가 항상 좋다고 판단할 수 없다. 상황에 따라 내부적인 기인점이 더 적합할 수도 있고 반대로 외부적인 기인점이 더 유용할 수도 있다. 그리고 기인점은 경험의 절차와 결과라는 두 가지 측면의 판단을 모두 다 포함하고 있다. 예를 들어 RC카를 경험하는 과정에서 내가 제어할 수 있는 수준을 판단하는 기인점은 절차라는 측면에서 본 것이다. 하지만 RC카를 사용하는 경험 그 자체에서 가치를 발견하거나 RC카의 경험을 어떤 다른 목적을 위해 이용할 수 있다고 판단하는 기인점은 결과라는 측면에서 본 기인점이다. 즉 기인점은 경험의 절차와 결과를 포괄적으로 다룰

그림 2. 판단적 경험의 조절 요인, 기인점

수 있는 가치중립적인 개념이므로 판단적 경험을 조절하기에 유용한 요인이다. 따라서 그림 2처럼 기인점은 판단적 경험의 실타래에서 제품의 특성이나 시대적 환경에 맞춰 가치 있는 경험을 제공해주기에 적당한 조절 요인으로 작용한다.

구성적 경험의 실타래

읍내에서 떨어진 마을에 있는 시골집은 이웃이 많지 않아 어쩌다 손님이 오거나 누군가 새로 이사를 오면 그렇게 반가울 수가 없다. 하루에도 몇 번씩 자신이 사는 아파트에 이사 들어오거나 나가도 서로 얼굴도 알지 못하는 도심의 풍경과는 사뭇 다르다. 이러한 관계적 요소를 고려하지 않고서는 시골집에서 낯선 이와 반갑게 이야기를 나눴던 나의 경험을 제대로 이해하기 힘들 것이다.

구성적 경험은 경험을 이루는 여러 경험 요소들 사이의 관계를 다룬다. 우리가 하는 대부분의 경험은 어느 한 요소를 개별적으로 완전히 분리할 수 없다. 시간적으로나 구조적으로, 그리고 사회적으로 다른 사람이나 사물 간의 관계 속에서 구성되고 의미를 갖기 때문이다. 감각적 경험이나 판단적 경험이 하나의 경험 그 자체를 가지고 이해하는 것인 반면, 구성적 경험은 여러 가지 경험 요소들 간의 관계에 초점을 맞추고 있다. 다시 말해 구성적 경험은 어떤 요소들이 어떤 관계를 갖고 있는가에 따라 전혀 다른 경험이 될 수 있다.

구성적 경험은 관련 있는 요소의 특성에 따라서 크게 세 가지의 관계로 나눌 수 있다.

가장 대표적인 것이 철학자 존 듀이가 주장하는 행동과 결과 사이의 '시간적 관계'이다.[24] 한 아이가 뜨거운 난로를 손으로 만지는 '행동'과 열기에 비명을 지른 '결과'가 있다고 할 때, 이 둘을 각각 떼어놓고 인식하면 그것은 하나의 경험으로 보기 어려워진다. 그러나 두 행동의 관계를 인식하는 순간 손이 난로에 닿은 경험과 뜨거워 비명을 지른 경험이 연결되면서 뜨거운 난로에 손이 데인 하나의 경험이 완성된다.

이처럼 시간 관계는 지난 경험과 현재의 경험, 그리고 이후의 경험 사이에서 일련의 구조를 만든다. 내가 일요일 오전 시골집에서 밭일을 하며 방금 전 마당에 물을 준 경험과 지금 나무와 채소들이 신선하게 자라는 것을 지켜보는 경험, 잠시 뒤 그 채소를 따서 식탁에 올리는 경험이 시간적 관계를 갖는 것이다. 구성적 경험을 다른 말로 서사 구조라고 하는 것도 바로 이런 이유 때문이다.[25] 시간의 흐름에 따라 어떤 행동을 하고 그 행동에 대한 반응으로 환경이 변하고, 다시 그에 따라 추가적인 행동이 일어나는 연속적 단계를 통해 구성적 경험이 만들어진다.

구성적 경험의 두 번째 관계는 나와 타인의 '사회적 관계'이다. 나와 타인이 연결되어 있고, 또 타인이 다른 사람과 연결되고, 다른 사람은 또 다른 사람과 연결되는 관계의 확장이 사회적 관계의 특징이다. 그렇기 때문에 내가 일요일 아침에 이웃과 만난 경험은 그 이웃이 누군가와 관계를 갖고, 누군가가 또 다른 누군가와 관계를 가지며 서로 직간접적으로 영향을 주고받는다. 따라서 나와 이웃을 포함하는 다른 사람들과의 관계에서 경험의 의미를 파악할 수 있을 것이다.

이것은 시간적 관계의 구조가 사회적 관계의 구조에도 유사하게 적용될 수 있다는 것을 의미한다. 과거의 경험과 현재의 경험 그리고 미래의 경험이 만드는 구조가 중요하듯이, 나와 나를 둘러싼 타인과의 1차적 관계, 타인과 타인을 둘러싼 또 다른 타인과의 2차적 관계도 나의 경험에 크고 작은 영향을 미친다. 페이스북을 예로 들어보자. 나는 페이스북 프로필 이미지를 주로 나에게 깊은 인상을 준 사진들로 설정한다. 첫 프로필 사진은 안식년에 다녀온 캐나다 퀘벡 시에서 찍은 것이었는데, 시내로 내려가는 언덕에서 석양빛을 받은 빌딩들과 오래된 도시의 풍경이 좋았다. 그런데 이 사진을 페이스북에 올리고 얼마 지나지 않아 지구 반대편에 있는 제자가 자신도 그곳에 가본 적이 있다는 메시지와 함께 안부를 물어왔다. 메시지를 받고 그 제자와 함께했던 수년의 세월이 생각났고 그와 함께 어렵게 진행했던 프로젝트도 떠올랐다. 그리고 이 일을 계기로 그 제자와 연결되어 있던 또 다른 제자가 졸업한 지 20년만에 메시지를 보내와 그와도 서로 소식을 나눌 수 있었다. 두 제자의 메시지를 받고 얼마나 기뻤는지 모른다. 그들과 보냈던 지난 시간의 경험이 없었다면, 또 제자가 아닌 잘 알지 못하는 사람에게서 메시지가 온 거였다면 이때의 경험이 지금처럼 마음속에 오래도록 남아 있지는 않을 것이다.

구성적 경험의 세 번째 관계는 '구조적 관계'이다. 여기에서 중요한 것은 사물, 즉 제품이나 서비스도 인간의 경험 속에서 관계의 대상이 될 수 있다는 사실이다. 구성적 경험 측면에서 반드시 사람과 사람의 관계만을 대상으로 할 필요는 없다. 제품이나 서비스 또한 구조적 관계로 분류될 수 있다. 내가 지금 사용하고 있는 제품이 다른 제품이나 서비스와 어떻게 연결되어 있고 어떻게 관계를 맺고 있는지가 해당 제품을 사용하는 나의 경험에 직간접적인 영향을 미친다. 예를 들어 스마트폰을 이용해서 전화를 거는 일련의 과정을 생각해보자. 첫 번째 상황, 스마트폰 연락처의 즐겨찾기 목록에서 아내의 이름을 찾아 통화를 시도하는데 웬일인지 전화를 받지 않는다. 두 번째 상황, 통화음 소리가 계속 들리는 도중에 대신 문자를 보내기 위해 화면에서 문자 메시지 버튼을 누른다. 여기에서 연락처의 즐겨찾기를 사용하는 경험과 문자 메시지 기능을 사용하는 경험은 서로 연결되어 있다. 이 연결 고리의 유무가 전체 스마트폰 사용 경험에 영향을 미친다.

이것은 하나의 제품에 있는 기능과 기능의 관계일 수도 있지만 더 나아가서 제품과 제품 또는 제품과 서비스 간의 관계일 수도 있다. 또 한번은 우리 집 아이가 시골 할머니 사진을 보내달라고 말했다. 나는 바로 드롭박스Dropbox에서 사진 파일을 찾아 내려받은 뒤 문자 메시지에 첨부해 전송해줬다. 할머니의 사진을 아들에게 공유한 이 경험은 스마트폰이라는 제품과 드롭박스라는 클라우드 서비스의 관계를 이용한 경험이라고 할 수 있다.

그렇다면 이러한 관계들로 이루어진 구성적 경험이 추구하는 경험의 최적 상태는 어떠할까? 이에 대한 답은 유교 사상에서 이야기하는 '조화'에서 찾을 수 있다. 조화로운 상태는 관계를 구성하는 요소 간에 적절한 균형이 이루어진 상태를 의미한다.[26] 유교에서는 관계를 이루는 요소들이 완벽하게 조화로울 때 가장 이상적이라고 본다. 동양적 사고는 관계가 얼마나 '만족'스러운가보다 얼마나 '조화'로운가를 더 중요시한다. 유교 사상에 따르면 조화로움은 몇 가지 수준으로 구분할 수 있다. 한 개인을 놓고 보면 자신의 신체 상태, 예를 들어 키와 몸무게가 적당한 조화를 이루고 있는 상태도 조화의 하나가 된다. 또 몸과 마음의 균형이 적절하게 조화를 이루어서 들뜨지도 침울하지도 않은 평화로운 상태도 조화의 하나이다. 과거의 경험과 현재의 경험, 그리고 앞으로 있을 경험 간의 관계가 조화로운 상태도 내부적인 관점에서 보는 조화이다.

이러한 조화에 대한 개념은 사람과 사람 간의 관계에서도 생각해볼 수 있다. 가족 구성원 간의 관계, 지역공동체에 속한 구성원들 간의 관계, 더 나아가 다른 나라 사람들과의 관계 등 모두 조화로운 관계의 대상이 된다. 또 조화는 사람과 사물 및 환경의 관계에서도 찾아볼 수 있다. 나와 나를 둘러싸고 있는 자연환경, 그리고 현대인에게 중요한 정보통신 환경 간의 관계도 조화라는 개념이 적용될 수 있는 범위에 있다. 집에 있는 프린터나 TV가 하나의 서버에 연결되어 있고, 언제 어디서든 고속 인터넷에 접속해 원하는 동영상을 볼 수 있는 것도 바로 '조화로운 경험'을 주는 하나의 예이다.

정리하면 조화로운 경험이란 시간적인 측면에서 보는 한 개인의 내부에 있는 여러 경험 요소 간의 관계, 사회적인 측면에서 보는 개인과 다른 사람들 간의 관계, 그리고 구조적인 측면에서 보는 개인과 그를 둘러싸고 있는 자연 또는 인공적 환경과의 관계 모두에 공히 적용될 수 있는 개념이다.

관계의 응집도는 구성적 경험을 조절한다

사람들은 언제나 더 조화로운 경험을 원한다. 구성적 경험의 지향점은 언제나 조화로움이다. 그러나 어떤 경험이 더 조화로운지는 상황에 따라 유동적일 수밖에 없다. 왜냐하면 사람들이 조화롭다고 생각하는 구성과 관계는 여러 가지 요인에 따라 변하기 때문이다. 그래서 더더욱 상황에 맞는 조화로운 경험을 제공해줄 효과적인 조절 요인이 필요하다. 이것이 바로 '관계의 응집도relational cohesiveness'이다.

사회학이나 사회관계망 이론에서 말하는 '응집도'는 집단에 속한 구성원들이 얼마나 똘똘 뭉쳐 있는가를 의미하는 용어이다.[27] 즉 집단의 특징을 결정하는 요인으로, 그 집단을 이루고 있는 구성원들이 단단하게 연결되어 있는 수준을 말한다.[28] 응집도가 높을수록 구성원들이 집단에 머무르고자 하는 속성이 높아지고, 반대로 응집도가 낮을수록 구성원들이 집단을 이탈하고자 하는 속성이 높아진다.[29] 이처럼 사람과 사람의 관계를 분석할 때 언급되는 응집도라는 개념을 제품이나 서비스의 경험으로 확장해 적용한 것이 이 책에서 말하는 관계의 응집도이다.

구성적 경험의 관점에서 경험은 여러 가지 요소가 연결된 하나의 네트워크 구조로 설명될 수 있다. 페이스북으로 친구를 맺은 사람들 간의 구조를 생각해보자. 페이스북에서 개인은 하나의 노드node, 즉 네트워크를 이루는 링크의 분기점 역할을 하는 단위가 된다. 개인과 개인이 친구 관계를 맺으면 서로 링크 되는 것과 같다. 페이스북 안에서 여러 친구들이 어떻게 서로 연결되어 있는지에 따라 페이스북 친구 관계에 대한 네트워크의 형태가 결정된다.

이때 네트워크 안에서 하나의 주체로 존재하던 노드의 개념을 페이스북을 사용하는 개인에 적용한 것처럼, 노드의 개념을 더 확장해 경험을 유발하는 요소로 치환하고, 링크 개념을 더 확장해 경험 요소 간의 관계로 치환하면 가상의 경험 네트워크를 그려볼 수 있다. 여기에 개인과 개인의 관계에 적용했던 응집도를 사람과 사물, 즉 제품이나 서비스와의 관계에 확대 적용하면 관계의 응집도라는 개념으로 구성적 경험을 더 자세히 살펴볼 수 있다. 예를 들어 구글 메일 애플리케이션이 구글이 제공하는 다른 서비스와 얼마나 밀접하게 연결되어 있는지로 구글 메일을 사용하는 경험의 응집도를 설명할 수 있다.

높은 관계의 응집도 대 낮은 관계의 응집도

대학의 교수 식당은 관계의 응집도가 높은 장소이다. 교내에 하나밖에 없는 교수 식당을 20년 이상 다니다 보니 거기에서 마주치는 대부분의 사람들이 나를 알고 나도 그들을 안다. 이들과는 한 장소에서 빈번하게 마주치는 만큼 다양한 관계를 맺고 있다. 그중 잘 모르는 사람과 친분을 쌓고 싶을 때에도 한두 사람만 거치면 다 연락처를 알 수 있다.

반면 KTX 대합실은 관계의 응집도가 낮다. 우리나라는 비록 국토가 작지만 전국을 연결하는 철도망이 잘 구축되어 있는 편이라 거의 끝과 끝인 서울과 부산을 3시간이면 거뜬히 주행한다. 그런 만큼 서울 역사 안은 언제나 많은 사람들로 붐비지만 서로 간에 상호작용을 주고받는 일은 매우 드물게 일어난다. 생활 반경이 다른 사람들이기 때문에 대합실에 모인 사람들 간의 관계의 응집도는 낮은 편이다.

관계의 응집도가 중요한 이유

관계의 응집도는 여러 특성을 가지고 있다. 그중 가장 먼저 언급할 만한 것이 연속성이다. '있다 없다'식의 이분법적 시각으로 경험의 응집도를 표현하는 것이 아니라, 응집도의 수준이 '높다 낮다'와 같이 하나의 연속적인 지표로 나타낼 수 있다.[30] 예를 들어 교수 식당을 이용하는 나의 경험은 그 식당을 이용하는 다른 사람들과의 관계의 응집도가 매우 강한 반면 KTX 대합실을 이용하는 나의 경험은 그 대합실을 이용하는 다른 사람들과의 관계의 응집도가 상대적으로 약한 수준이라고 할 수 있다.

관계의 응집도가 가진 특성에는 역동성도 있다.[31] 응집도는 고정된 수치를 가지는 것이 아니라 시시때때로 수준이 높아지기도 낮아지기도 한다. 예를 들어 대학 동창들이 모일 수 있는 페이스북 페이지를 만들었다고 하자. 처음에는 그 구성원 간의 응집도가 매우 낮겠지만 시간이 지나면서 글과 사진이 축적되고 크고 작은 모임들이 생기면 페이스북을 사용하는 경험의 응집도가 점점 높아질 것이다. 이것은 곧 필요에 따라 집단의 응집도를 조절할 수도 있음을 의미한다. 분과 모임처럼 구성원끼리 따로 자주 만날 수 있는 시간을 마련한다든지, 송년 모임처럼 간헐적이지만 한번에 많은 구성원들이 모일 수 있는 행사를 개최한다든지 등의 실질적인 방법으로 관계의 응집도를 높일 수 있다. 관계의 응집도는 집단의 크기와 직접적인 관련이 없다. 구성원이 많은 집단이라고 해서 반드시 응집도가 낮고, 적다고 해서 반드시 응집도가 높은 것은 아니다. 서너 명으로 모인 소집단이라 할지라도 서로 간에 왕래가 잦지 않고 공유할 내용이 없으면 응집도가 비교적 낮은 경우로 볼 수 있다.

마지막으로, 응집도는 집단이 가지는 구성의 속성을 전반적으로 설명할 수 있는 대표성이 있다. 사회관계망 이론에 따르면 어떤 집단의 구성적 속성은 크게 연계적 속성connections과 분포적 속성distribution으로 나눌 수 있다.[32] 연계적 속성은 집단을 구성하는 구성원들 사이의 일대일 관계를 말한다. 내가 동창회 페이스북에서 특정 동창생 한 명과 얼마나 자주 메시지를 주고받는가는 연계적 속성으로 설명 가능하다. 반면 분포적 속성은 집단의 구성원들이 구축하고 있는 네트워크의 전반적인 형태와 관련 있다. 예를 들어 동창회장과 부회장이 있고 총무와 간사가 있는 계층 구조로 이루어진 네트워크가 있을 수 있고, 인기가 높은 동창생을 중심으로 방사선 구조를 가진 네트워크가 있을 수도 있다. 관계의 응집도는 이런 연계적 속성과 분포적 속성을 모두 아우르는 개념이다.

관계의 응집도는 그림 3과 같이 시간적 관계나 사회적 관계 그리고

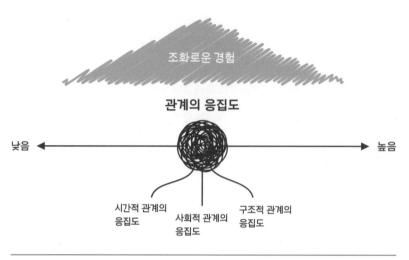

조화로운 경험

관계의 응집도

낮음 ◀━━━━━━━━━━━━━━━━━━━━━━▶ 높음

시간적 관계의   구조적 관계의
응집도   사회적 관계의   응집도
          응집도

그림 3. 구성적 경험의 조절 요인, 관계의 응집도

구조적 관계를 모두 포괄할 수 있는 특징을 가지고 있다. 특히 연계적 속성과 분포적 속성이 주변 환경의 변화에 정밀하게 대처해 경험을 더 조화롭게 만드는 장점을 가지고 있기 때문에 구성적 경험에 직간접적인 영향을 미칠 수 있다. 또 집단의 크기와 무관하게 적용되기 때문에 다양한 규모의 네트워크에 대입해 생각해볼 수 있는 장점도 있다.

경험의 실타래를 다루기 위한 조절 요인을 찾아라

경험은 다양한 요소들이 복잡하게 뭉쳐 있는 하나의 큰 실뭉치이기 때문에 이를 부분 부분으로 구분 지어 설명하는 것은 이상적이지 않다. 그러나 좋은 경험을 줄 수 있는 제품이나 서비스를 디자인하기 위해서는 어느 정도 경험을 분석해 실뭉치를 풀어낼 수 있는 틀이 필요하다. 지금까지 이 장에서 분석한 세 가지 경험의 실타래가 바로 그 틀이다. 각 실타래에는 방향성을 가지고 이쪽저쪽으로 밀고 당길 수 있는 조절 요인이 있다. 사람들이 가장 원하는 경험을 제공하기 위해 전략적으로 다룰 수 있는 중요한 요인들이다. 감각적 경험의 실타래를 밀고 당기는 '실재감', 판단적 경험의 실타래를 밀고 당기는 '기인점', 그리고 구성적 경험의 실타래를 밀고 당기는 '관계의 응집도'가 바로 그 전략적 조절 요인들이다. 우리들의 경험을 임의로 조작한다는 것은 하지 말아야 할 뿐만 아니라 할수도 없는 일이지만, 우리가 사용하는 제품이나 서비스의 디자인을 바꿈으로써 사용자의 경험에 작용하는 조절 요인을 밀고 당겨 사람들에게 좀더 좋은 경험을 제공할 수 있다면 의미 있는 시도가 아닐까 싶다. 다음 장에서는 이 조절 요인들이 서로 어떻게 결합되어 좋은 경험을 만들어내는지 알아보자.

요약

1

인간의 경험은 총체적인 것이므로
구분하고 분석하다 보면 전체적인
그림을 놓치기 쉽다.

2

제품이나 서비스를 통해 진정한 경험을
제공하기 위해서는 경험을 분석해야
하는데, 세 가지 경험의 실타래가 적절한
분석 틀이 된다.

- 감각적 경험의 실타래에서는 제품이나
  서비스가 외부의 자극에 충실하게 반응하게
  만드는 것이 중요하며, 이는 실재감을 통해
  조절할 수 있다.
- 실재감은 물리적 실재감, 사회적 실재감,
  그리고 자아 실재감으로 나뉜다.

- 판단적 경험의 실타래에서는 제품이나
  서비스가 가치 있고 유용하게 만드는 것이
  중요하며, 이는 기인점을 통해 조절할 수 있다.
- 기인점은 결과적 기인점과 절차적
  기인점으로 나뉜다.
- 구성적 경험의 실타래에서는 경험을 구성하는
  요소들의 관계를 조화롭게 만드는 것이 중요하며,
  이는 관계의 응집도를 통해 조절할 수 있다.
- 관계의 응집도는 시간적 관계의 응집도, 사회적
  관계의 응집도, 구조적 관계의 응집도로 나뉜다.

3

실재감과 기인점, 관계의 응집도를 조절하면
사람들의 경험을 총체적으로 조절할 수 있다.

생각해볼 주제

1

감각적 경험의 측면에서 최근 가장 센스 있다고
느꼈던 사례를 생각해보자. 어떤 이유로
그 경험이 즐겁다고 판단되었는가?

2

판단적 경험의 측면에서 최근 가장 가치 있다고
판단했던 사례를 생각해보자. 어떤 이유로
그 경험이 유용하다고 판단되었는가?

3

구성적 경험의 측면에서 최근 가장 조화로운
경험을 한 사례를 생각해보자. 어떤 이유로
그 경험이 조화롭다고 판단되었는가?

4

감각적 경험의 측면에서 실재감이 가장
높았던 경험과 실재감이 가장 낮았던 경험을
비교해보자. 두 가지 경험은 무엇 때문에
실재감에서 큰 차이를 보이는 것일까?

5

판단적 경험의 측면에서 기인점이 가장
내부적이었던 경험과 기인점이 가장
외부적이었던 경험을 비교해보자. 두 가지
경험은 무엇 때문에 기인점에서 큰 차이를
보이는 것일까?

6

구성적 경험의 측면에서 관계의 응집도가
가장 높았던 경험과 관계의 응집도가 가장
낮았던 경험을 비교해보자. 두 가지 경험은
무엇 때문에 관계의 응집도에서 큰 차이를
보이는 것일까?

3

경험의 균형점

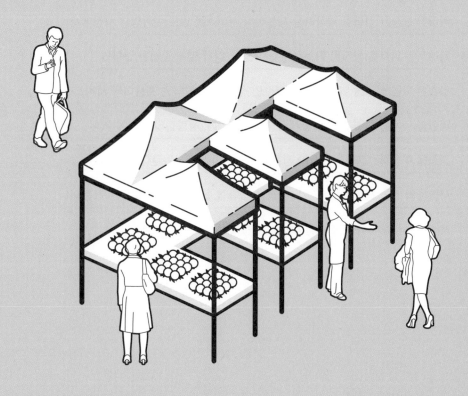

나의 주말농장 경험과 마찬가지로 스마트폰, 인터넷 포털 등 제품이나

서비스를 사용하는 경험도 세 가지 경험의 실타래로 복잡하게 얽혀 있다.

따라서 진정한 경험을 제공하는 제품이나 서비스를 디자인하기 위해서는

좀 더 전략적인 고민이 필요하다. 경험에 영향을 미치는 외부 환경을

이해하고, 역으로 경험이 환경에 미치는 영향도 분석해야 한다. 현재의

환경 속에서 사람들이 본질적으로 원하는 것과 제품이나 서비스를 사용하는

경험이 서로 조화를 이루어야 비로소 진정한 경험이 도출되기 때문이다.

이러한 진정한 경험을 제공하는 제품이나 서비스를 만드는 기업은 시장에서

지배적인 위치를 차지할 가능성이 높아진다. 다시 말해 진정한 경험의

창출은 기업 성공을 위한 전략적 묘수인 셈이다. 그렇다면 제품이나 서비스에

영향을 미치는 환경 요인은 구체적으로 무엇이며, 사람들의 경험에 어떤

영향을 미칠까? 그리고 진정한 경험을 제공하기 위해서는 환경 요인과

사람들의 경험 사이에서 어떻게 균형을 잡아야 할까? 균형을 이루는 제품이나

서비스는 시장에서 어떻게 성공할 수 있을까?

전 세계적으로 우리나라만큼 조찬 모임이 많은 나라도 없을 것이다. 대부분 이른 아침 7시에 시작해 한두 시간 회의를 한 뒤에는 간단한 식사와 대화가 이루어진다. 아마 업무 시간을 피해 최대한 많은 사람의 일정을 맞추려다 보니 고육지책으로 생겨난 문화가 아닌가 싶다. 나도 5년 넘게 출석해온 특별한 조찬 모임이 있다. 그 회의는 한국을 대표하는 어느 전자제품 기업의 본사 사옥에서 열린다. 참석자들은 대부분 회장, 계열사 사장단 및 임원, 그리고 자문위원단으로 구성되어 있고, 발제자는 대학이나 연구기관에서 초청한 오피니언 리더들이다. 초청된 특정 분야의 전문가가 진행하는 강의를 듣고 참석자들끼리 자유 토론을 하는 식으로, 가끔씩 워크숍 형태로도 진행된다. 이런 자리의 가장 큰 효과는 바로 '세상과 주파수 맞추기'를 가능하게 한다는 점이다. 이슈가 되는 주제를 현장 전문가들을 통해 더 자세히 듣고 서로 토론하는 과정 속에서 다양한 관점을 형성한다. 의견을 서로 맞춰나감으로써 매번 새로 배우는 것들이 생긴다.

몇 년 전 우리나라에서 한바탕 큰 논쟁이 벌어졌던 '한반도 대운하'의 경제적 파급효과에 관한 토론이 있던 날, 물 부족 사태를 심히 우려했던 한 발제자는 글로벌 브랜드인 페리에Perrier가 한국의 삼다수보다 비싼 이유를 설명했다. 토양은 인체의 신장과 같아 페리에나 에비앙Evian처럼 좋은 토양을 거쳐 나온 지하수는 다른 물에 비해 비쌀 수밖에 없다는 것이다. 나는 이날 처음으로 질 좋은 토양의 중요성을 알게 되었고, 토양의 품질과 대운하 사업의 경제적 관계에 대해 심각하게 고민해볼 수 있었다.

사회문화적으로 흥미로운 이야기를 들은 적도 있다. '메가 트렌드'를 연구하는 한 교수는 소비자들이 앞으로 무엇을 원할 것인가에 대해 깊이 있는 진단을 내렸다. 사람들은 자신이 구매하는 제품과 자아를 동일시한다는 것이 그 교수의 주장이었다. '짝퉁'이라고 불리는 가짜 상품을 구매한 사람들에게 앞으로 돈을 벌면 무엇을 하겠느냐고 묻자 '짝퉁의 진품을 사겠다'고 답했다는 이야기도 꽤 인상적이었다. 명품을 생산하는 기업들이 짝퉁 제조업자에 강력하게 대응하지 않는 이유가 어쩌면 짝퉁 제조업자가 역으로 명품 브랜드의 홍보 대행자 역할을 하고 있기 때문이라는 참신한 해석이었다.

기술적인 주제도 자주 등장하는 것 중에 하나이다. 2000년대 후반 꽤나 최신 기술이었던 플렉서블flexible 디스플레이에 대한 특강이 있었다. 그때 처음 '투과도'와 '집적도'가 기술의 성과를 결정하는 매우 중요한 요인이라는 사실을 알았다. 시제품으로 제작된 디스플레이 화면을 손으로 만지고 구부려보며 이것이 상용화되었을 때 우리 일상이 어떻게 획기적으로 변할 것인지 예측해볼 수 있었다.

매번 이 회의에 참석하면서 전자제품을 생산하는 기업이 기술뿐만 아니라 다양한 외부 환경의 변화에도 민감하게 반응한다는 인상을 받았다. 그 회사가 상용화하지 않을 것 같은 기술 연구도 가끔 토의 주제로 제시되곤 했고, 별 상관없을 것 같은 짝퉁 문화에 대한 이야기나 지하수의 경제적인 효과의 분석 등도 종종 이루어졌기 때문이다. 그런 회의가 참석한 의사결정자들의 자유로운 발상을 촉진해 혁신적인 제품의 단초를 제공한다고 생각하면 지나친 비약일까? 중국에서 만들어지는 짝퉁 스마트폰에 대한 대응 전략이 그런 사회문화적 환경 분석에서 비롯되었다고 생각하는 것은 억측일까? 미래의 환경이 어떻게 변할지 내다보는 안목, 그리고 성공적인 제품이나 서비스가 환경에 미친 영향을 분석하는 예리한 사고방식이 그 전자 회사의 성공 비결은 아니었을까?

공자 말씀에서 찾는 경험의 균형점

동양을 대표하는 현자, 공자의 말을 엮었다고 전해지는 『중용』이라는 책이 있다. 이 책은 인간이 타인과 조화롭게 살아가기 위한 준칙과 방법 등을 짤막하게 남긴 경구로 구성되어 있다. 유교 철학자들은 총 31장으로 이루어진『중용』이 짧지만 매우 논리적인 동양철학을 포함하고 있다고 말한다. 공자 연구로 저명한 인사이자 얼마 전 작고한 전 교토대학 교수 시라카와 시즈카白川静는『중용』이야 말로 경험과 선험이 무엇인지 명확한 길을 제시하는 가장 현실적인 책이라고 극찬했다.[1] 특히『중용』은 인간의 경험을 크게 두 가지 관점에서 바라보고 있는데, 개인의 경험과 개인이 속한 사회 전체를 통치하는 군주의 경험을 매우 탁월하게 제시한다. 다음은『중용』에서 가장 대표적이면서도 상징적인 구절이다.

"기뻐하고 노하고 슬퍼하고 즐거워하는 정情이 발發하지 않은
것을 중中이라 이르고, 발하여 모두 절도에 맞는 것을 화和라
이르니, 중이란 것은 천하의 큰 근본이요, 화란 것은 천하의 공통된
도道이다. 중과 화를 지극히 하면 천지가 제자리를 편안히 하고,
만물이 잘 생육될 것이다."[2]

여기에서 '중'은 하늘의 큰 근본 도리이자 절대적이고 추상적인 균형 상태를 말한다. '화'는 인간이 마음속으로 느끼는 균형을 말한다. 희노애락을 느끼되 절도에 맞게 느끼는 것이다. '화'라는 개념이 결국 우리들의 경험과 연관되어 있다고 볼 수 있다. '화'는 세 가지 경험의 실타래를 자연스럽게 풀어놓았을 때의 조화로움과 일치하기도 한다. 즉 어떤 경험에서 감각적 경험과 판단적 경험 그리고 구성적 경험의 실타래 모두 나름대로의 위치를 점하고, 나름대로의 균형을 이루고 있을 때 비로소 '화'의 상태에 이른다.

이처럼『중용』이 강조하는 것 가운데 하나가 바로 '균형점'이다. 균형과 관련된 공자의 말씀을 또 하나 예로 들어보자. 하루는 공자와 자로라는 제자가 강함이란 무엇인가에 대해 대화했다. 자로는 군자가 강함을 어떻게 다루는지 궁금해했고, 공자는 자로에게 이렇게 답했다.

"너는 자신의 강함을 이야기하는 것이냐, 아니면 남쪽이나

북쪽 나라들의 강함을 이야기하는 것이냐? 너그럽고 부드러움으로
가르치는 남쪽의 강함은 군자가 사는 방법이다. 반면 무기와
갑옷을 깔고 죽기를 두려워하지 않는 것은 북방의 강함이니,
권력자들이 사는 방법이다. 군자는 조화를 이루되 흔들리지
않고 가운데에서 기울어지지 않으며 꿋꿋함을 유지한다.
어떤 나라에 이런 도가 있다면 비록 옹색한 규모라 할지라도
본질은 변하지 않을 것이다."[3]

여기서 공자는 한쪽에 치우치지 않고 균형을 잡으며 동시에 삶의 긴장을
유지하는 사람이 군자라고 주장한다. 다시 말해 꾸준히 긴장감을 갖고 여
러 가지 요소들 간의 균형을 이루는 사람이다. 이런 원리를 잘 알고 있으
면 비록 나라가 작을지라도 본질은 단단하게 유지할 수 있다고 말했다.
우리들의 경험도 공자가 말하는 균형점의 관점에서 설명할 수 있다. 세
가지 경험의 실타래는 자칫 어느 한 부분만 강조되기 쉽다. 감각적 경험
은 눈에 잘 띄게 표현되는 그 무언가에 민감하게 반응하기 때문에 점점
더 강한 자극을 만들고, 심하게는 중독시킬 우려가 있다. 판단적 경험은
가만히 내버려두면 끊임없는 자동화와 외부화의 논리로 사람 중심의 시
스템이 아닌 시스템 자체를 위한 시스템이 되어버릴 수 있다. 그러는 동
안에 인간의 본질은 소외되고, 좋은 경험을 제공하기 위해 만들어진 제
품도 한낱 기계 덩어리로 전락해버릴 것이다. 경험의 관계성을 강조하는
구성적 경험은 더 많은 사람과의 연결을 끊임없이 확장시키는 방향으로
변하려 한다. 그러는 동안 정작 자신의 정체성을 상실할 수 있다. 따라서
여러 경험 요소들 간의 균형적인 안배를 시도해야만 '진정한 경험'을 창
출할 수 있다.

경험의 3차원 모형

경험의 균형점을 찾기 위해서는 세 가지 경험의 실타래를 하나의 통합된 틀로 바라볼 필요가 있다. 비록 2장에서는 하나의 경험을 정밀하게 분석하기 위해서 편의상 세 가지 경험의 실타래로 나누어 보았지만, 외부 환경 요인과 경험의 관계를 살펴보기 위해서는 세 가지 경험의 실타래를 다시 통합해 하나의 경험으로 바라볼 필요가 있기 때문이다. 그런 의미에서 경험의 3차원 공간을 아래와 같은 그래프로 모형화하는 것도 도움이 된다. 이 모형은 크게 세 가지 축으로 구성되어 있다.

Y축은 감각적 경험의 실타래를 나타내는 축이다. 경험의 실재감이 얼마나 높고 낮은지를 표현한다. Y축의 값이 위로 솟을수록 높은 실재감을 느끼는 경험을 하는 것이고, Y축의 값이 아래로 내려갈수록 상대적으로 낮은 실재감을 느끼는 경험을 하는 것이다. Z축은 판단적 경험의 실

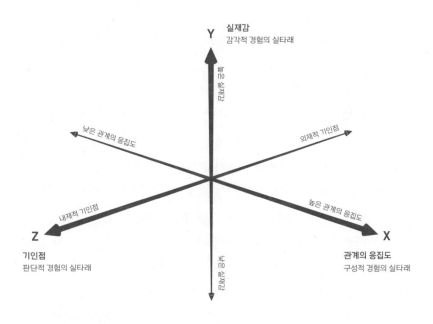

그림 1. 경험의 3차원 모형

타래를 나타내는 축이다. 경험에 대한 판단이 내부에서 기인하는지 아니면 외부에서 기인하는지를 표현한다. Z축의 값이 오른쪽으로 갈수록 경험의 가치가 외재적인 것이고, 왼쪽으로 갈수록 경험의 가치가 좀 더 내재적인 것이다. 마지막으로 X축은 구성적 경험의 실타래를 나타내는 축이다. X축의 값이 오른쪽으로 갈수록 관계의 응집도가 높은 것이고, X축의 값이 왼쪽으로 갈수록 관계의 응집도가 낮은 것이다.

우리가 어떤 제품이나 서비스를 사용하면서 경험하는 것을 세 가지 경험의 실타래로 나누고, 그것에서 느끼는 실재감과 기인점 그리고 응집도의 수준을 각각의 축에 표시한 뒤 세 가지 축의 교차점을 찾으면 현재의 경험을 3차원 공간에 하나의 점으로 표현할 수 있다. 이 방법에는 몇 가지 이점이 있다. 지금까지는 경험을 세 가지 경험의 실타래로 나누어 설명했지만, 실제로 우리가 경험하는 것은 세 가지 측면이 각각 존재하는 것이 아니라 한 점으로 통합된다는 사실을 명시적으로 확인할 수 있다. 또한 특정 제품이나 서비스의 '사용 경험'을 매우 간단한 방법으로 3차원 공간상에 표현할 수 있다.

그림 2의 경험의 3차원 모형 왼쪽 상단에 있는 점은 국내 전자업체 임원들을 상대로 당사에서 판매하고 있는 UHD TV 구매자의 사용 경험이 어떠한가에 대해 설문조사를 진행한 결과이다. 감각적 경험 측면에서 보면 UHD TV는 화질이 매우 좋아 화면 속 인물이 실제인 것처럼 착각할 정도일 뿐 아니라 화면을 미세 조정하면 그 조정한 결과가 바로 반영되어 사용자가 느끼는 실재감이 높다고 의견이 모아졌다. 판단적 경험 측면에서 보면 사용자는 UHD TV로 드라마나 운동경기를 보며 그 자체를 즐기지만 그 경험 과정에서 본인이 직접 무엇인가를 통제할 수 있다고는 생각하지 않기 때문에 약간의 내재적 기인점을 갖고 있다는 의견으로 수렴되었다. 마지막으로 구성적 경험에서 보면 TV를 보면서 다른 사람과 직접 소통하는 경우가 드물고, 또 TV가 다른 기기와 직접 연결되어 있지는 않기 때문에 관계의 응집도가 매우 낮은 편이라는 결과가 나왔다.

반면 그림 2의 오른쪽 하단에 있는 점은 국내 포털사의 직원들을 대상으로 당사에서 제공하는 모바일 인터넷 메신저를 사용하는 사람의 사용 경험이 어떠한지를 조사한 내용이다. 감각적 경험 측면에서 보면 모바일 메신저는 화면의 제약이나 조작의 어려움 등의 한계로 실재감이 높은 것은 아니지만, 감성적인 인터페이스를 제공하고 있기 때문에 그나마 아주 낮지는 않은 것으로 의견을 모으고 있다. 판단적 경험 측면에서 보면 모바일 메신저의 성격상 메시지를 주고받는 과정에서 사용자가 즐거움을 느끼고 실제로 문자를 보거나 발송하는 과정을 직접 제어하기 때문에 상대적으로 내재적 기인점을 가지고 있다고 볼 수 있다. 구성적 경험 측면에서 보면 모바일 메신저라는 서비스의 용도가 다른 사람과 소통하기 위한 것이고, 특히 모바일 인스턴트 메신저는 친한 사람들끼리 거리낌 없이 메시지를 주고받을 수 있게 하기 때문에 관계의 응집도가 매우 높다고 의견을 모았다.

두 사례에서 보듯 경험의 3차원 모형은 어떤 제품이나 서비스를 사

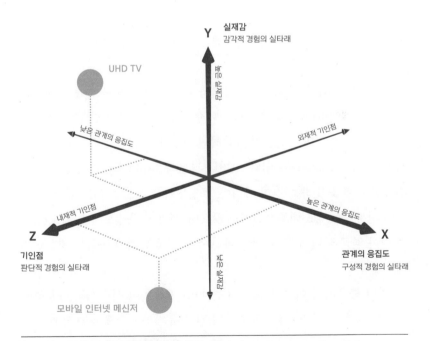

그림 2. UHD TV와 모바일 인터넷 메신저 경험의 3차원 모형

용한 경험을 간단하게 표현하는 데 도움이 된다. 그림 2의 설문조사 참가자들은 경험의 3차원 모형에 대해 설명을 들은 뒤 짧은 시간에 모형을 이해했고, 대부분의 참가자들이 어렵지 않게 비슷한 점의 위치를 언급했다. 앞의 전자업체 설문조사는 약 40명의 고위 경영진이 대상이었고, 인터넷 포털 회사 설문조사는 약 300명의 일반 사원을 대상으로 의견을 청취한 것이었지만 현재의 제품이나 서비스가 제공하는 경험에 대해 거의 이견이 없었을 정도였다.

이외에도 경험의 3차원 모형의 이점이 하나 더 있다. 앞으로 기업이 어떤 방향으로 사용자에게 더 좋은 경험을 만들어줄지에 대한 의견을 쉽고 빠르게 모을 수 있다. 현재 사용자 경험의 수준을 파악하고 이와 비교하여 미래의 사용자 경험에 대한 방향을 설정해 또 하나의 점으로 표현해볼 수 있기 때문이다. 즉 경험의 3차원 모형이 미래의 사용자 경험을 위한 전략적 목표를 결정하는 하나의 도구로 사용되는 것이다.

경험의 3차원 공간에 그려보는 공자 말씀

흔히 '중용'의 의미를 과하지도 모자라지도 않게 중간 수위를 유지하는 것이라고 오해한다. 그러나 '중용'과 '중간'은 전혀 다른 말이다. 중용을 중간만 하라는 의미로 단순히 해석하면 그래프의 정중앙 점을 가장 이상적인 지점으로 오해하기 쉽다. 그러나 경험의 3차원 공간의 정중앙 점은 진정한 경험을 뜻하는 것이 아니다. 몰입도가 높지도 낮지도 않고, 기인점이 외부적이지도 내부적이지도 않으며, 관계의 응집도가 높지도 낮지도 않아 결국은 이 맛도 저 맛도 아닌 것이 정중앙 점에 속하는 경험이기 때문이다.

반면 중용에서 이야기하는 '화'는 어떤 제품이나 서비스를 사용하는 경험이 세 축을 기준으로 팽팽한 균형감을 유지하며 조율되는 지점을 의미한다. 각각의 제품이나 서비스마다 적정한 경험의 기준이 따로 있는데 감각적, 판단적 그리고 구성적 경험 요소들이 그 기준에 따라 완벽한 균형을 이루고 있을 때 바로 '화'에 해당되는 지점에 놓이게 된다.

예를 들어 어느 중학생이 친구와 함께 리그오브레전드Leage of Legends, 일명 롤LOL과 같은 컴퓨터 게임을 한다고 가정해보자. 전략 시뮬레이션 게임은 특성상 사용자 스스로가 직접 모든 것을 제어하고 싶어 하며, 사용자는 게임을 하는 자체에서 즐거움을 느끼기 때문에 판단적 경험의 기인점이 내부적일수록 좋다. 감각적 경험 측면에서는 화면에 나오는 캐릭터나 게임 파트너인 친구에 대한 실재감이 높을수록 사용자들이 좋아한다. 또 그들 간의 관계의 응집도가 높다고 지각할수록 구성적 경험의 조화로움 또한 높아질 것이다. 이 경험을 3차원 공간에 표시하면 아마도 중앙에서 멀리 떨어진 좌측 상단의 어느 지점에 찍히게 될 것이다. 그런데 정중앙처럼 실재감이 높지도 낮지도 않고, 판단적 기인점이 내부적이지도 외부적이지도 않으며, 관계의 응집도가 높지도 낮지도 않은 게임 경험을 유도한다면 당연히 사용자는 무료하게 느낄 수밖에 없고 게임의 사용 경험은 그다지 좋지 않을 것이다.

외부 환경을 분석하는 간단명료한 도구

그런데 특정 제품이나 서비스 자체의 경험 요소만 따져서는 현재를 이해하고 미래를 예측하기 어렵다. 해당 제품이나 서비스가 왜 3차원 모형 위에 표시한 경험점을 가지는지 그 이유를 충분히 설명하고, 앞으로 어떤 방향으로 움직일 것인지 예측하기 위해서는 현재의 사용자 경험과 함께 사용자를 둘러싸고 있는 외부 환경 요인들 간의 관계를 이해해야 한다. 앞서 이야기했던 것처럼 경험은 사람과 그 사람을 둘러싸고 있는 환경 사이에서 일어나는 끊임없는 상호작용을 통해 만들어지기 때문이다. 한편 자신을 둘러싼 거시적 환경에 영향을 받아 우수한 제품이나 서비스를 개발한 기업이 소비자에게 좋은 경험을 제공함으로써 다시 시장 환경에 영향을 미칠 수 있다. 같은 맥락에서 조직론의 권위자인 제임스 마치 James March는 조직이 환경에 적응하는 동시에 환경이 조직에 적응한다고 표현하기도 했다.[4]

그렇다면 인간의 경험과 상호작용하는 외부 환경 요인에는 어떤 것들이 있을까? 개인이나 기업이 직면한 외부 환경 요인을 사회문화적, 기술적 그리고 경제적 환경으로 크게 구분해 살펴볼 수 있는데, 이것을 가능하게 하는 분석 도구를 SET socio-cultural, economic, technology이라고 명명한다. 아래의 표는 세 가지 환경에 속하는 요인으로 어떤 것들이 있는지 구체적으로 보여준다.

물론 사람의 경험에 영향을 주는 외부 환경 요인은 이 밖에도 많다. 예를 들어 정치적 환경, 법제적 환경, 생태적 환경 등이 있다. PEST, SLEPT, STEEPLED처럼 이들을 아우르는 더 복잡한 분석 체계도 적용

사회문화적 환경 요인	경제적 환경 요인	기술적 환경 요인
라이프 스타일(가족, 업무 패턴, 건강)	가정의 경제 상황, 트렌드	기술 발전의 경쟁
인구통계학적 요인(연령, 성별, 급여)	비즈니스 순환(탄생과 소멸)	연구 자금
소비자 태도 및 의견	인플레이션	관련/의존적 기술
사회적 유동성	고용률	대체 기술/해결책
미디어 수용(책, 잡지, 음악 등)	소비자	기술의 성숙도
법률의 변화	소비자 신뢰 지수	기술의 수용도
브랜드, 기업, 기술적 이미지	대내적 경제 상황, 트렌드	정보 및 소통 기술
엔터테인먼트(패션 등) 산업의 패턴	세금	고객 구매 메커니즘/기술
윤리적/종교적 요인	제품/서비스에 대한 세금	기술 법규/정책
광고, 홍보, 매스컴 등	계절, 날씨	혁신 잠재성
생태적/환경적 문제	시장과 거래 주기	기술 접근, 라이선스, 특허
에너지 소비	특정 산업 요인	지적재산권
폐기물 처리	시장 형성 및 분배	글로벌 커뮤니케이션 기술
윤리적 쟁점	소비자/사용자	
문화적 관습	이자, 환율	
전쟁, 지역 갈등	국제 교역/재정적 쟁점	
정치적 안정성	소비자 소비 패턴	
교육	소비 형태 및 트렌드	
	거래 정책 및 관세	
	자금의 승인과 분배	

표 1. 사용자 경험에 영향을 미치는 환경 요인(SET)

해볼 수 있다. 그러나 정치적이거나 생태적인 환경 요인들이 사람의 경험에 미치는 영향은 SET 요인들과 비슷하게 겹치기 때문에 구태여 세부적으로 구분해 복잡하게 이야기하지 않아도 경험을 충분히 설명할 수 있다. 이처럼 간단한 틀로 복잡한 인간의 경험을 이해할 수 있다는 간명성 면에서 SET가 효과적이기 때문에 많은 분야에서 거시적 환경의 영향을 파악하는 도구로 SET를 활용해왔다.[5] SET는 주로 외부 환경이 정치적 문제나 기업의 개발 프로세스에 어떤 영향을 미치는지 분석하는 도구로 많이 언급된다. 그렇기 때문에 정작 인간의 경험을 분석할 도구로 SET를 사용한다는 점이 다소 낯선 것도 사실일 테다. 그렇다면 사회문화적 환경과 기술적 환경 그리고 경제적 환경이 제품이나 서비스의 사용자 경험에 구체적으로 어떤 영향을 미치고, 역으로 사용자 경험은 이런 외부 환경 요인에 어떤 영향을 미칠지 한번 자세히 알아보자.

사회문화적 환경 요인

사회문화적 환경 요인은 제품이나 서비스를 사용하는 사람의 인식이나 행동과 관련 있다. 한 사회의 인구 분포 및 라이프 스타일, 인류문화적 특성을 모두 포함하는 사회문화적 환경 요인은 사람이 제품이나 서비스를 사용하는 경험에 큰 영향을 미친다. 예로 각국의 문화적 성향을 생각해보자. 개인주의와 집단주의는 어떤 집단의 구성원이 개인적 이득을 더 중요하게 생각하는지, 집단의 이익을 더 우선시하는지로 구별되는 성향을 의미한다.[6] 개인주의적 문화가 강한 사회에는 비교적 자기중심적이고 개인의 목표를 중요시하며 개인별로 평가받기를 원하는 구성원이 많다. 반면 집단주의적 성향의 문화를 가진 사회에는 타인의 의견을 더 중요시하고 타인의 평가에 높은 관심을 보이는 구성원이 많다.

　나는 일곱 개국의 구성원들을 대상으로 모바일 데이터 서비스를 사용하는 과정에서 개인주의와 집단주의 문화 성향이 얼마나 큰 차이를 보여주는지 조사한 적이 있다.[7] 그 결과 타이완, 한국, 홍콩은 개인주의 성향이 매우 높고, 일본, 호주, 그리스, 덴마크는 집단주의 성향이 높은 것으로 나타났는데, 비슷한 서비스를 사용할지라도 성향에 따라 각 나라 사람들의 선호하는 경험이 무척 달랐다. 개인주의 성향이 강한 홍콩에서는 개인별 맞춤 건강 정보를 제공하는 서비스가 잘 활용되는 반면, 집단주의 성향이 강한 일본에서는 같은 서비스에 크게 호응하지 않았다.

이런 이유로 기업은 어떻게 사회문화적 요인을 충분히 반영해 타겟 시장에 출시할 제품이나 서비스를 성공적으로 만들 수 있을지 늘 고민한다. 과거에 한 전자업체와 함께 차세대 모바일 기기를 개발하기 위해 세계 각국의 모바일 기기 사용 방식을 분석한 적이 있다. 이 연구 결과를 바탕으로 수출국의 문화에 좀 더 특성화된 제품을 개발할 수 있었다. 이슬람교를 믿는 국가를 상대로 개발한 모바일 기기에 보조 프로그램으로 특별한 알림 설정 기능을 추가했다. 하루에 세 번 사우디아라비아의 종교 수도인 메카를 향해 예배를 드려야 하는 그들을 배려해 알림 기능과 함께 메카의 방향을 간편하게 확인할 수 있는 소프트웨어를 제공했다.

사회문화적 환경 요인은 일반적으로 그 변화 속도가 느린 편이다. 인간이 외부 변화에 반응하는 패턴 가운데 혁신 저항이나 관성에 대해 연구한 결과를 보면, 인간의 인식이나 태도는 쉽게 변하지 않는 것을 알 수 있다.[8] 그럼에도 신규 제품이나 서비스 출시에 민감하고, 관련 정보를 기꺼이 다른 사람에게 전파하려는 부류가 있다. 이런 사람을 오피니언 리더나 리드 유저lead user라고 부른다.[9] 사회문화적 환경 요인은 초기에 새로운 경험의 '발목'을 잡는 경향이 있지만, 일단 어느 정도 오피니언 리더나 리드 유저에게 제품이나 서비스를 인정받게 되면 급속도로 전파되는 특성을 가진다. 대표적인 예로 스마트폰의 확산 과정에서 보였던 사람들의 관점 전환을 들 수 있다. 처음 스마트폰이 시장에 나왔을 때 한국을 비롯한 여러 국가에서는 이미 시장을 확고히 장악하고 있던 기존의 피처폰 자리를 과연 스마트폰이 효과적으로 대체할 수 있을지 논란이 일었다. 그러나 젊은 층을 중심으로 스마트폰이 지적이고 현대적인 이미지로 인식되기 시작했고, 이러한 인식의 변화는 급속도로 스마트폰의 확산을 지지하는 주요한 요인이 되었다.

그러나 최근 들어 사회문화적 환경 요인의 변화 속도가 점점 빨라지고 있다. 그 대표적인 이유로 온라인 환경의 보급과 SNS 같은 소셜 컴퓨팅의 발달을 들 수 있다. 많은 사람들이 트위터Twitter나 페이스북 같은 SNS에 수시로 접속하고 있기 때문에 거의 대부분의 사회적 쟁점과 이벤트가 실시간으로 해당 서비스의 사용자들 사이에서 공유되고 있다. 특히 10대부터 40-50대까지 인구 수 대비 스마트폰 사용자의 비율은 점차 포화 상태가 되어가고 있고, 이들 대부분은 다양한 SNS에 항상 접속되어 있는 상황이므로 사회문화적 환경 요인이 더욱 빨리 변하게 된 것이다.

세 가지 경험의 실타래와 사회문화적 요인

사회문화적 요인은 세 가지 경험의 실타래와 밀접하게 영향을 주고받는다. 먼저, 사회문화적 요인 중에는 실재감의 높고 낮은 정도, 즉 감각적 경험에 영향을 미치는 요인이 있다. 예를 들어보자.

탄탄한 경제력과 인터넷 활용 능력을 갖추고 자신만의 삶을 만끽하면서 홀로 사는 신세대 남녀를 일컫는 싱글족은 결혼이라는 틀 안에 자신을 가두기보다 자유와 이상 그리고 일을 더 중요시하며 당당하게 살려는 욕구가 강하다. 싱글족이 늘어나면서 자기 개성을 표현하려는 소비 형태도 눈에 띄게 늘어나고 있다. 싱글족은 자동차를 구매할 때도 다소 독특한 의사 결정 성향을 보이기 때문에 자동차 제조업체는 이들을 겨냥해 매우 감각적인 디자인과 색상의 모델을 출시해 소비자가 개성을 적극적으로 표출할 수 있게 도와준다. 이처럼 싱글족의 확산은 점점 더 실재감이 높은 제품이나 서비스의 출시를 부추기는 역할을 한다.

반대로 실재감이 낮은 경험을 유도하는 사회문화적 요인도 있다. IT 계의 디자인 트렌드인 플랫스타일Flat Style이 이를 반영하고 있다. 마이크로소프트MS의 '윈도 8Windows 8'에 적용된 UI 디자인 이름인 메트로metro 디자인이 대표적인 예이다. 플랫스타일의 특징은 최대한 단순하고 간단하게 모든 요소를 표현하는 미니멀리즘minimalism 디자인 사조와 연결되어 있다. 제품이나 서비스 사용자들이 플랫스타일을 점점 더 선호하면서 디자이너는 더 축약되고 함축적인 기법으로 전달하려는 의미를 표현하기 위해 감각적 경험의 관점에서 시각적 자극의 강도를 약화시켰다. 애플의 iOS 디자인 콘셉트를 전반적으로 살펴봐도 iOS 7부터 기존의 iOS 6가 가지고 있던 입체감과 엠보싱 등의 실재감을 높이는 요소가 모두 제외되면서 타이포그래피와 단색, 픽토그램 등에 집중한 것을 알 수 있다.

그러나 온라인 공간에서 사회문화적 환경 요인들이 점점 더 중요해지면서 감각적으로 실재감이 높은 경험을 유도하는 경향이 짙어지고 있다. 온라인에서는 노출되는 즉시 주의를 집중시키지 못하는 제품이나 서비스는 금방 시장에서 사장된다. 즉각적으로 인간의 감각을 자극하지 못한 정보는 망망대해와 같은 인터넷에서 미처 '좋아요' 하나 받지 못하고, '읽음' 확인도 받을 새 없이 묻혀버리고 말 것이기 때문이다. 따라서 SNS와 모바일 기기의 발전이 심화될수록 강렬한 감각적 자극을 지니는 한시적인 경험이 더 선호될 가능성이 높다.

사회문화적 환경 요인은 판단적 경험의 실타래와도 밀접한 관계를 가진다. 미디어 학자 클레이 셔키Clay Shirky는 과거 피동적으로 주어진 외부 자극을 받는 데만 익숙했던 사람들에게 최근 스스로 무엇인가를 경험하고 조절하고자 하는 움직임이 생기고 있음을 지적했다.[10] 그 대표적인 사례로 사용자 제작 콘텐츠user created contents, UCC의 유행을 들 수 있다. 과거에는 사용자가 방송사나 영화사에서 제작한 영상을 그냥 즐기기만 했다면, 최근에는 직접 동영상을 촬영하고 편집해 다른 사람들과 적극적으로 공유한다. 이러한 흐름에 따라 방송사가 제공하는 동영상를 이용하는 형태도 많이 변했다. 2014년 월드컵 당시 한 방송사는 시청자가 관심 있는 선수를 지정하면 그 선수에 초점을 맞춰 경기를 관람할 수 있는 중계 서비스를 제공했다. 이러한 방송 서비스는 시청자가 매우 색다르게 축구 경기를 관람할 수 있게 했다. 다시 돌아와 UCC의 활용이라는 사회문화적 환경 요인이 사용자의 주도성을 더 강조하는 방향으로 판단적 경험을 이끌어가는 것을 알 수 있다.

사회문화적 환경 요인은 구성적 경험의 실타래에도 많은 영향을 끼친다. 최근 들어 다른 나라 혹은 다른 지역에 있는 사람들과 정보를 공유하고 의사소통하려는 욕구가 커지고 있다. 이처럼 사용자는 관계의 응집도가 높은 경험을 선호하고 있는데, 페이스북이나 트위터, 인스타그램Instagram과 같은 SNS에서 구체적인 예를 찾아볼 수 있다. 해당 서비스 내에서 실시간으로 일어나는 현상이나 사건, 그리고 사용자에 맞게 업데이트된 활동을 한번에 모아 보여주고 관리할 수 있게 도와주는 기능이 필수로 자리 잡고 있는 것이다. 즉 친구 관계를 맺고 있는 사람뿐만 아니라 친구 관계는 아니지만 공통의 관심사를 가지고 있는 사람들과의 관계의 응집도를 높이며 서비스가 진화하고 있다.

다양한 서비스 간의 관계의 응집도도 높은 경험을 선호하는 방향으로 변하고 있다. 이러한 현상의 배경에는 연령층의 구분 없이 디지털 기기나 인터넷의 활용 능력이 커지면서 관계의 응집도가 높은 서비스를 사용할 수 있는 준비가 되었다는 점이 한몫한다고 볼 수 있다. 구글은 인터넷 브라우저 크롬Chrome을 기반으로 어떤 기기에서든 같은 아이디로 접속해 본인의 계정과 연결된 구글플러스google+, 유튜브Youtube, 구글맵google map, 지메일gmail, 구글드라이브google drive, 구글캘린더google calendar 등의 구글 서비스를 통합적으로 사용할 수 있어 사용자에게 응집도가 높은 경험을 제공하고 있다.

역으로 제품이나 서비스의 사용 경험이 사회문화적 환경 요인에 영향을 미치는 경우도 있다. 지나치게 응집도가 높은 소셜 컴퓨팅 서비스는 사용자에게 개인 정보의 유출 가능성을 우려하게 만드는 피로감을 유도한다. 예를 들어 본인의 개인 정보가 원치 않은 사람에게까지 전달되고, 이 때문에 인간관계의 응집도가 점점 높아지는 것을 피하고자 카카오톡과 같은 SNS를 사용하지 않는 사람이 늘고 있다. 이런 현상에 따라 부작용에 대응해 정보 유출의 부담감을 획기적으로 줄일 수 있는 메신저 서비스들이 등장했다. 필요한 인간관계는 유지하되 적정한 수준으로 응집도를 조절해 여러 가지 형태의 제한을 주는 서비스이다. 이는 사용자의 제품이나 서비스 사용 경험이 역으로 사회문화적인 환경에 영향을 미친 경우이다.

결론적으로 사회문화적 환경과 인간의 경험은 감각적, 판단적, 구성적 측면에서 모두 밀접한 관계를 가지고 있다. 따라서 사회문화적 환경 요인과 개인의 경험 사이에 있는 상호관계를 면밀히 살펴봄으로써 현재 각광받는 제품이나 서비스를 이해하고 앞으로의 발전 방향을 예측하는 데 도움이 될 것이다.

경제적 환경 요인

경제적 환경 요인은 경기 변동이나 인플레이션, 금리와 같은 거시적인 변수들이 주를 이룬다. 일반적으로 경제적 환경 요인은 개인이 감지하는 가용 자산에 영향을 미친다. 경기가 둔화되면 소비를 줄이려는 경향이 생기므로 인지하는 가용 자산도 줄어든다. 다시 말해 같은 상품에 대한 지불 의사가 낮아진다는 뜻이다. 반대로 경기가 좋아지면 사람들이 자신의 경험을 위해 지출하는 규모가 커진다. 그렇기 때문에 대체로 경제정책을 담당하는 관료들은 소비를 진작하기 위해 작위적으로 금리를 대폭 인하하거나 재정을 확장해 사람들의 마음을 고무시키려 하는 경향이 있다. 그러나 이러한 경제정책이 전자제품의 구입과 같이 특정한 상품의 소비로 이어질지는 의문이다. 특히 스마트폰이나 PC처럼 필요성이 높은 제품은 경기에 따른 소비 패턴보다 다른 경쟁 브랜드에 비해 얼마나 편익을 제공하는지가 의사결정에 더 영향을 끼칠 수 있다.

그리고 경제적 환경 요인의 변화가 모든 사람들에게 공통되게 적용되는 것도 아니다. 동양 고전 가운데 하나인 『맹자』에는 "항산恒産에서 항심恒心이 나온다"라는 구절이 있다. 자신의 지불 여력과 경제 상태를 어떻게 인지하느냐에 따라 스스로 느끼는 삶의 질이 달라진다는 의미를 담고 있다. 어떤 사람은 월세방에 근근이 거주할 정도의 경제력에도 고급 외제차를 산다. 결국 개개인이 특정 제품이나 서비스에 대해 어느 정도의 지불 의사를 갖고 있느냐에 따라 경험의 질과 방향은 달라질 수밖에 없다는 결론이 나온다.

따라서 이러한 거시 경제적 환경은 정책적인 고려 사항 등에 따라 작위적으로 바뀔 수 있으며, 사람에 따라 매우 다른 영향을 받기 때문에 어디까지나 일반적인 사람들의 경험에 미치는 대략적인 영향력을 파악하는 데 참고자료로만 활용할 수 있다.

세 가지 경험의 실타래와 경제적 요인

사람들이 경제적 여유가 있으면 실재감이 높은 경험을 선호하는 경향이 있다. 반면 경제적 여유가 부족하면 실재감이 그다지 중요하지 않을 수 있다. 이러한 감각적 경험 측면의 예로 제2차 세계대전 이후 미국의 경제적 여건이 풍족해짐에 따라 탄생한 1957년형 핑크 캐딜락Cadillac과 1959년형 셰비Chevy와 같은 자동차를 떠올릴 수 있다. 이 모델들은 제2차 세계대전을 승전으로 마무리하고 세계 최강국으로 자리한 미국의 대호황 시대에 등장했다. 불안과 우울의 시대가 끝나고 경제적으로도 별 부족함이 없는 시기로 전환됨에 따라 사람들은 자신의 개성을 표출하고 즐거움을 추구하는 삶을 요구했고, 이에 부응해 자동차도 기존과 다른 형태의 모델이 등장하게 되었다. 붉은색, 핑크색, 연두색처럼 감각적인 색상이나 상어를 연상시키는 다소 과장된 외관이 높은 감각적 실재감을 제공해 풍요의 세대가 자동차를 새로운 표출 수단으로 활용하게끔 유도했다. 반면 1970-1980년대 석유파동을 겪으면서 경제적인 여유를 전혀 못 느끼던 시절에는 작고 연비가 좋으며 잔고장이 거의 없는 일제 자동차가 선호되었다. 이 경우는 상대적으로 실재감이 그다지 높지 않다고 할 수 있다.

경제적 환경은 판단적 경험에도 영향을 미친다. 1950년대 미국 사람들은 자동차를 마치 자신의 분신이라고 여겼기 때문에 취향대로 여러 가지 튜닝을 하며 즐거움을 찾았는데, 여기에서 판단적 경험의 내재적 기인점을 발견할 수 있다. 반면 1980년대 경제 불황과 석유파동 등으로 불안정한 경제 상황이 지속된 시기의 자동차는 그저 한 지점에서 다른 지점으로 이동하는 수단으로서의 가치로만 부각되었다. 당시 사용자는 주로 기능적인 목적으로 자동차를 사용하면서 별도의 튜닝이나 외관의 변형에 관심을 두지 않았다는 점에서도 판단적 경험의 기인점이 외부에 있었다고 할 수 있다.

경제적인 환경은 구성적 경험에도 영향을 미친다. 1950년대 경제 호황기의 미국인들은 도심에서 약간 떨어진 근교에 거점을 만들고(우리나라로 치면 분당이나 일산과 같은 도시), 지역 공동체와도 꽤 밀접한 관계를 가졌다. 그러나 경제적인 여유가 없다고 생각하는 오늘날의 현대인들은 빽빽하게 들어선 대규모 아파트나 오피스텔 단지에 살면서도 이웃들과 밀도 있게 관계를 유지하는 사람은 별로 없다. 이같이 경제적 상황이 좋을 때에는 관계의 응집도가 높은 경험을 선호하는 반면, 경제적 상황이 좋지 않을 때에는 관계의 응집도가 낮은 경험도 개의치 않는 경향이 있다.

그러나 흥미롭게도 경제적 환경이 나빠질수록 관계의 응집도가 높아진 사례도 예외적으로 찾아볼 수 있다. 1990년대 후반 우리나라에 불어닥친 IMF 금융 위기 당시, 극심한 경제적 불안감이 오히려 전국민의 관계의 응집도를 높여 금 모으기 운동이 일었다. 국제적 시각에서는 우리나라의 경제 규모로 IMF 구제 금융을 받은 것도 이례적인 사건이었지만, 전 국민이 십시일반으로 구국 운동에 동참하면서 경제 불황에도 오히려 관계의 응집도가 높아진 것은 특히 주목할 만한 현상이었다.

위에서 살펴본 바와 같이 경제적 환경의 변화도 세 가지 경험의 실타래와 매우 밀접한 관계를 갖고 있다. 대공황과 같은 거시 경제적 환경은 물론이고 세금 비율의 조정이나 예금 이자율의 미세한 변화도 사람들이 선호하는 실재감이나 기인점, 관계의 응집도에 영향을 미칠 수 있다. 반대로 인간의 경험이 경제적 환경의 변화에 크고 작은 영향을 줄 수도 있다. 따라서 경제적 환경 요인이 경험에 미치는 영향과 이에 반응하는 경험 요소 간의 상호작용을 이해하는 것이 현재 각광받고 있는 제품이나 서비스를 이해하고, 앞으로 주목받을 제품이나 서비스를 논의하는 데 도움이 될 것이다.

기술적 환경 요인

기술적 환경 요인은 기술의 성숙도, 혁신적 기술의 개발 가능성, 경쟁 기술의 발전, 특정 기술과 관련 있는 보조 기술의 발전 등 기술과 관련된 제반 요소들을 모두 포함한다. 기술뿐 아니라 기술 관련 법제나 지적재산권 보호법 등도 경험에 크고 작은 영향을 미친다.

기술적 환경은 다른 환경 요인과 달리 매우 빠른 속도로 변하는 특성이 있다. 이는 무어의 법칙을 예로 들어 설명할 수 있다. 이론에 따르면 반도체 집적회로의 성능은 18개월마다 두 배로 늘어나는데, 6년 뒤에는 지금의 열 배가 넘는 우수한 성능의 반도체 집적회로 기술이 만들어질 수 있다는 것이다. 만약 사람의 키가 6년 뒤에 열 배로 커진다고 상상해보면 이런 기술적 변화가 얼마나 급격하게, 그리고 파급력 있게 진행되고 있는지를 생각해볼 수 있다.

또 기술적 환경은 비연속적으로 변하는 사례가 종종 발생한다. 불과 몇 개월 전에 개발된 신기술을 기반으로 바로 다음에 이어질 기술의 방향을 예측해보지만 때로는 전혀 가늠하지 못했던 변수가 생길 수 있다. 예를 들어 아날로그 필름과 관련된 기술을 분석하고 발전 방향성을 예측했을 때 디지털카메라의 출현은 전혀 뜻밖에 결과라는 것이다. 이를 기술의 단절성technology discontinuity이라고 하는데, 기술적 환경 요인이 경험에 미치는 영향을 설명할 때 예측을 어렵게 만드는 원인이 된다.

기술적 환경 요인은 기술 자체의 영향력뿐 아니라 기술을 활용하는 방법도 경험에 지대한 영향을 미친다. 타이완모바일TWM의 조셉 판Joseph Fan 회장은 "기술로 실패한 기업은 없다"라고 말했다. 기술의 속성이 아니라 그것을 바탕으로 사람의 인식과 경험을 어떻게 바꾸느냐, 수익을 창출할 비즈니스 모델을 어떻게 도출하느냐가 핵심이라는 것이다. 그래서 기술적 환경 요인은 그 자체보다 이를 활용하는 방법에 따라 경험에 큰 영향을 미친다고 볼 수 있다.

세 가지 경험의 실타래와 기술적 요인

기술적 환경은 주로 몰입감을 높이고 실재감을 높이는 방향으로 감각적 경험에 영향을 주는 경향이 있다. 예를 들어, TV는 1987년 브라운관이 처음 만들어진 이래로 큰 화면과 높은 화질을 추구하며 기술을 발전시켜왔다. 1990년대에는 평판 디스플레이 기술이 발전해 LCD TV나 PDP TV가 개발되었고, 근래에는 OLED TV나 UHD TV 또는 곡면 UHD TV로 발전하고 있다. 스테레오 시스템의 개발에서 시작된 음향 기술도 1968년 돌비dolby 음향으로 발전했고, 계속해서 잡음을 없애고 궁극의 실재감을 제공할 목적으로 개발되고 있다. 또 입체 영상과 접목되어 음원과의 거리를 실시간으로 예측함으로써 현장감과 몰입감을 더욱 높여주는 실감 음향 기술도 개발되었다. 촉각 기술은 무선 게임 패드인 엑스인풋XInput과 같은 기술을 채택해 반응속도를 빠르게 하고, 듀얼 진동 모터 dual vibration motor로 좀 더 강력한 자극을 제공함으로써 실재감이 높은 게임 경험으로 점점 발전하고 있다.

판단적 경험의 관점에서는 기술적 환경 요인이 양방향으로 작용한다. 내부적 기인점으로 발전되는 경향과 외부적 기인점으로 발전되는 경향 모두 비슷한 가능성을 가지기 때문이다. 예를 들어 최근 주목받고 있는

빅데이터big data 기술은 사용자 주도성이 약화되고 기인점은 외부에 있다고 할 수 있다. 이와 반대로 다빈치da Vinci와 같은 수술용 로봇의 경우는 인간의 한계로 제어할 수 없는 부분까지 정밀한 수준으로 로봇팔을 자유자재로 움직임으로써 의사의 주도성을 고도로 강화시키고 기인점을 더 내재적으로 가져간다.

이 두 가지 사례를 통해 다음과 같이 정리할 수 있다. 일반적으로 불특정 다수의 사용자를 위한 기술은 은행의 자동결제 시스템이나 검색엔진의 맞춤형 검색어 서비스처럼 외재적 기인점을 가지는 경향이 있고, 특수한 목적을 가진 전문가가 오랜 기간 훈련을 거쳐 사용하는 기술은 내재적 기인점을 가지고 있어 사용자의 주도성을 높여주는 경향이 있다.

구성적 경험의 관점에서도 기술적 환경 요인은 관계의 응집도에 영향을 미친다. 페이스북이나 트위터와 같은 SNS의 경우 가급적 많은 사람들과 다양한 경로로 소통할 수 있는 기능을 중점적으로 제공한다. 그러나 제품이나 서비스 간의 구성적 관계는 응집도가 높은 기술과 낮은 기술이 반복적으로 나타나는 경향이 있다. 이는 응집도가 높은 기술에 필연적으로 수반되는 복잡성 때문이다. 즉 기술의 발전이 응집도가 높은 쪽으로 진행되다 보면 한 제품이나 서비스가 제공하는 기능의 수가 점점 늘어나고, 서로 간의 연결 또한 정비례로 증가하게 된다. 이렇듯 여러 가지 기능이 하나의 제품이나 서비스에 복잡하게 뭉쳐 있어 사용자의 피로감이 높아지게 되면, 역으로 응집도를 낮추기 위해 특화된 기능을 가진 신제품이나 서비스를 출시하거나 호환성을 높임으로써 복잡성을 낮추기도 한다.

예를 들어보자. 휴대폰은 피처폰에 카메라 기능을 탑재해 카메라폰이 되었고, 여기에 MP3 기능을 추가해 더 많은 기능을 수행할 수 있게 개발되었으며, 점차 응집도가 매우 높은 스마트폰의 형태로 발전되어왔다. 그러나 최근 높은 응집도로 피로감이나 부담감을 느낀 사용자를 겨냥해 웨어러블 디바이스와 같이 특정 맥락에서 필수적인 기능만을 집중적으로 수행할 수 있는 제품이 개발되고 있다. 이처럼 역으로 인간의 경험이 기술적 환경에도 영향을 미친다.

사회문화적, 경제적, 기술적 환경 요인은 특정한 방향으로 인간의 경험에 영향을 미치는 경향이 있다. 동시에 경험을 구성하는 요소들도 사회문화적, 경제적, 기술적 환경에 영향을 미친다. 이처럼 외부 환경과 인간은 서로 끊임없이 상호작용함으로써 어떤 특정 경험의 균형점을 찾아간다. 이렇게 역동적으로 만들어진 균형점과 실제 시장에서 잘 팔리는 상품은 어떤 관계에 있을까?

디지털 제품이나 서비스를 포함하는 시장에는 '승자승'의 효과가 적용된다. 즉 잘 팔리는 상품은 더 잘 팔리고 나머지는 결국 사장되는 운명에 처한다. 이를 가리켜 마케팅이나 경제학에서는 '쏠림 현상herd behavior'과 같은 개념으로 분석되기도 한다.[11] 쏠림 현상을 연구하는 학자들은 정보가 한 사람에게서 다른 사람에게로 퍼져나가는 확산 모델이나 네트워크 모델을 통해 원인을 밝힐 수 있다고 주장한다. 주변 친구들의 입소문이나 평판이 누적되고 이를 바탕으로 타인의 구매 형태를 모방하다 보면 자연스럽게 시장에서 가장 점유율이 높은 제품이 될 것이라는 논리이다. 그러나 아이폰이 스마트폰이라는 새로운 제품군을 만들어내고 그 시장에서 압도적인 위치를 가질 수 있었던 현상을 과연 쏠림 현상만으로 설명할 수 있을까? 사실 아이폰이 처음 출시되었을 때는 아이팟iPod의 모바일 버전으로 취급당하곤 했다. 단순히 '전화가 되는 MP3'에 사람들의 관심이 쏠려 스마트폰이 탄생했다는 것 외에 다른 해석이 필요하다.

우리는 이러한 현상을 설명하는 또 다른 개념으로 '지배적 디자인dominant design'을 생각해볼 수 있다. 지배적 디자인이라는 것은 특정 제품이나 서비스 군에서 그 시장 전체에 공통적으로 적용되는 하나의 일반적인 디자인을 의미한다.[12] 예를 들어 스마트폰 디자인을 생각해보자. 애플이나 삼성전자, LG전자, HTC 등에서 만들어지는 제품들을 조금만 멀리서 보면 어느 제품이 어느 회사의 것인지 거의 구분하지 못할 정도로 비슷한 외관을 가지고 있다. 특히 애플의 제품을 제외한 나머지는 대부분 구글의 안드로이드 운영체제를 기반으로 하기 때문에 더욱더 동일한 제품처럼 느껴진다. 대부분이 세로가 긴 직사각형 모양에 네 모서리는 약간 둥글게 처리되어 있다. 전면에는 풀스크린과 한두 개의 버튼이 있다. 전원을 켜면 메인화면에 정사각형 모양의 아이콘들이 가로 세로 줄 맞춰 바둑판식으로 배열되어 있다. 이와 같이 특정 제품이나 서비스가 속한 시장이 점차 성숙해갈수록 제품군 안에서 서로 유사하게 수렴해가는 디자인을 찾아볼 수 있는데, 이를 지배적 디자인이라고 한다.

지배적 디자인은 기술수명주기론technology life cycle theory을 설명하는 데 매우 중요한 개념이다. 그림 3에서 보듯이 기술수명주기론에서는 어떤 획기적인 기술이 발명되면, 상당 기간 동안 여러 관련 기술이 치고받는 혼전의 시기를 겪는다고 한다. 이 기간에는 여러 기술이 저마다 더 우수하다는 것을 강조하며 각축전을 벌인다. 점차 시간이 지나면서 이합집산을 거듭하고 지배적 디자인이라는 하나의 형태로 조율된다. 일단 지배적 디자인이 형성되고 나면 당분간은 큰 변화 없이 지배적 디자인을 점진적으로 발전시킨다. 그러다 또 다시 비약적인 기술이 탄생하면 다시 앞에서 이야기한 혼전의 시기, 지배적 디자인의 등장, 점진적 개선이라는 일련의 단계를 밟아가는 수명주기를 가지고 기술이 발전한다.

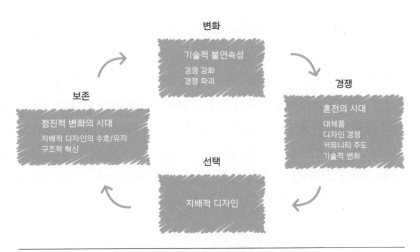

그림 3. 기술수명주기론

그렇다면 지배적 디자인은 과연 어떤 경로로 만들어질까? 기술 전략의 대가인 제임스 어터백James Utterback과 페르난도 수아레즈Fernando Suarez는 지배적 디자인이 만들어지는 과정을 '실험과정process of experimentation'이라고 규정한다.[13] 즉 수많은 기술이 여러 가지 다양한 디자인으로 사용자에게 제시되고 사용자의 반응을 반복적으로 실험해보는 과정이라는 것이다. 이러한 과정을 통해 독립적으로 개발되고 발전하면서 기술의 융합을 거쳐 하나의 지배적 디자인이 형성된다. 무엇보다도 이 과정에서 사회문화적 혹은 경제적 환경 요인이나 사람의 경험과 관련된 요소들이 절묘하게 상호 간에 영향을 주고받는다. 경제학자인 리처드 랑글루아Richard Langlois는 지배적 디자인이 만들어지기 위해서는 기술적 가능성을 이해해야 할 뿐 아니라 사용자가 무엇을 원하는지도 반드시 알아야 한다고 거듭 강조한다.[14] 즉 지배적 디자인은 결국 사용자가 누구고 원하는 것이 무엇인지를 알아가는 실험 과정의 최종 산출물이다.

지배적 디자인의 조건

지배적 디자인은 단지 기술의 우수성으로 해당 제품이나 서비스 시장을 장악해 표준이 된 것이 아니다. 사람들의 인식 속에서 '과연 그럴만하다'고 인정받은 것만이 지배적 디자인이 될 수 있다. 대표적인 케이스가 가전업체 후버Hoover의 청소기이다. 제2차 세계대전 이후 미국의 가구는 소득이 늘어나고 소비가 증가하면서 각 가정마다 청소기 하나쯤도 구매하는 것이 추세였다. 그때 도입된 제품이 바로 후버 청소기인데, 미국 시민이라면 누구나 누릴 수 있는 일종의 부유함의 상징처럼 통했다. 사람들은 매장에서 제품을 구입할 때마다 "청소기 주세요"가 아니라 "후버 주세요"라고 말했다. 또 제록스Xerox 복사기나 지프Jeep 자동차도 마찬가지이다. 둘 다 특정 회사의 이름이지만 사람들에게는 복사기나 사륜구동 자동차 제품군을 대변하는 대상으로 인식되었다.

사람들의 머릿속에 확고한 이미지가 만들어진 이유는 바로 외부 환경과 경험의 일치 때문이다. 계속해서 살펴봤듯, 사용자 경험은 외부 환경의 영향을 받고 경험 또한 외부 환경에 영향을 미치는 상호작용을 거쳐, 『중용』에서 이야기하는 것처럼 환경 요인과 사람들이 선호하는 경험 사이의 팽팽한 긴장 관계로 형성되는 적정한 균형점에 도달하게 된다. 그리고 어떤 제품이나 서비스가 사람들에게 이상적인 경험의 균형점에 있는 것과 유사한 경험을 제공할 때 사람들은 진정한 경험을 하게 되고, 이때 해당 제품이나 서비스는 필연적으로 지배적 디자인으로 인정받을 가능성이 높아진다.

할리우드 유성영화의 역사를 생각해보자. 1930년대 유성영화의 본격적인 등장으로 미국 영화 산업은 황금기를 맞이한다. 그러나 1930년대는 미국의 경제대공황으로 서민들의 경제생활에 큰 타격이 있던 시기이기도 하다. 불경기를 겪으면서 쌓인 대중의 피로와 황폐함을 '영화'라는 허구와 환상으로 치유받으려는 사회적 현상이 대대적으로 나타났다. 사람들은 천장까지 닿아 있는 커다란 스크린에 영사된 영화를 보면서 주인공의 실감 나는 연기와 설정된 상황에 몰입하는 경험을 선호하며 실재감을 중요하게 여기기 시작했다. 때마침 유성영화 기술의 등장으로 자막 없이도 유성영화를 볼 수 있게 되면서 상대적으로 더 높아진 실재감을 경험할 수 있었다. 당시 할리우드 영화계는 높은 실재감을 체험하려는 시대의 요구에 따라 유성영화 방식을 도입하면서 사회문화적, 기술적 환경의 변화를 이끌었으며, 외적 환경 요인과 내적 경험 사이의 균형점에 있는 경험을 유성영화가 제공하기 시작하면서 지배적 디자인으로 인정받게 만들었다.

좀 더 최근의 사례로, 아이폰을 떠올려보자. 사회문화적으로 사람들의 생활에 여러 가지 변화가 오면서 한때 시대를 풍미했던 데스크톱 컴퓨터는 이제 책상의 자리만 차지할 뿐 점차 메인 정보 기기로서 위상을 잃어가고 있었다. 바삐 움직이는 현대인들은 이동하는 도중에 웬만한 일을 처리할 수 있는 컴퓨터를 원하게 되었고, 아이폰으로 대변되는 스마트폰은 이를 효과적으로 충족시키는 가능성을 제공했다. 특히 모바일 프로세서의 기술이 우수해지면서 스마트폰은 데스크톱에 버금가는 성능을 갖추어갔다. 멀티터치multi-touch가 가능해지고, 대량생산으로 풀터치 LCD 가격이 획기적으로 낮아지고, 여러 가지 센서 기술이 탑재된 아이폰을 이용해 필요한 업무 대부분을 처리할 수 있게 되었다. 이러한 결과는 사용자 주도성이 높아지고 내재적 기인점이 가능한 기술 환경이 조성되었기 때문인 것으로 볼 수 있다. 즉 사람들이 원하는 경험과 환경적으로 구축이 가능한 경험이 조화를 이루는 균형점을 아이폰은 정확하게 겨냥했고, 이를 통해 지배적 디자인이 될 수 있었다.

시장을 지배하는 디자인의 효과

이렇게 만들어진 지배적 디자인의 가장 큰 영향은 바로 실질적 표준de facto standard의 효과이다. 해당 업계에서 경쟁하고 있는 제품이나 서비스가 하나의 지배적 디자인으로 통합되면, 비록 법적인 의미의 표준이 아니더라도 실질적으로 표준으로서의 장점을 충분히 갖게 된다. 그리고 특정 제품이나 서비스로 실질적 표준이 된 지배적 디자인을 가진 회사는 다른 회사가 쉽게 모방할 수 없는 경쟁 우위를 가지게 된다. 이렇게 되면 일단 규모의 경제 효과를 무시할 수 없다. 전체 시장의 대부분을 장악하기 때문에 적은 비용으로 많은 제품을 생산할 수 있게 된다. 또 사용자를 대상으로 한 학습 효과도 커져 경쟁사보다 빠른 속도로 제품 생산 방식이나 서비스 제공 방식의 질을 높일 수 있게 된다.

더욱이 지배적 디자인으로 특허권이나 지적재산권을 가지게 되면 독보적인 경쟁력을 획득하게 된다. 1장에서 사례로 들었던 삼성전자와 애플의 특허 소송을 다시 떠올려보자. 미국 법원이 갤럭시가 아이폰의 특허를 침해했다고 지적한 부분은 스마트폰의 지배적 디자인 요소와 상당 부분 일치한다. 미국 법원의 판결을 선뜻 받아들이기 힘든 이유가 무엇일까? 일단 지배적 디자인이 결정되고 나면 그 분야에 있는 다른 업체는 유사한 지배적 디자인을 적용할 수밖에 없다. 왜냐하면 동일한 시대적 환경 아래에서 특정 제품이나 서비스를 이용하는 대부분의 사람들이 원하는 경험은 지배적 디자인이 제공하는 경험의 균형점과 비슷할 수밖에 없고, 따라서 지금 이 시장에서 경쟁을 하고자 한다면 지배적 디자인과 비슷한 경험을 제공해야 하기 때문이다.

모든 법칙에는 예외가 있다

원리는 적용하기 간단할수록 좋다. 단순한 원칙일수록 다양한 상황에 적용할 수 있기 때문이다. 하지만 지금까지 설명한 내용을 모든 제품이나 서비스에 그대로 적용할 수 없는 이유가 몇 가지 있다.

첫 번째 이유가 바로 이 책의 2장에서 언급한 경험의 상대성 때문이다. 현재의 제품이나 서비스에 대한 경험은 이전 제품이나 서비스의 경험과 연결되어 있다. 즉 어떤 제품이나 서비스의 사용 경험이 절대적으로 어느 수준의 실재감과 기인점 그리고 관계의 응집도를 가지고 있느냐도 중요하지만, 이전에 사용해오던 다른 제품이나 서비스와 비교해 어떠한지가 더 중요할 수 있다는 것이다. 따라서 절대적으로 높은 수준의 실재감과 기인점, 응집도를 제공했을지언정 사용자가 상대적으로 좋은 경험을 하지 못했다면 아무리 높은 수준의 경험을 제공하더라도 사용자는 진정한 경험으로 느끼지 못할 것이다.

비교 대상이 모호한 것도 사용자 경험과 외부 환경, 그리고 지배적 디자인의 관계를 기계적으로 똑같이 적용하기 어려운 이유이다. 워낙 많은 제품과 서비스가 하루에도 수십 개씩 출시되고 있는 요즘에는 특히 무엇을 비교 대상으로 삼을지가 불명확한 경우가 있다. 그럴 때에는 바로 이전 버전의 제품이나 서비스가 비교 대상이 되는 것이 가장 간단하다. 예를 들어 iOS 6과 iOS 7을 비교해서 이 둘 사이의 실재감이나 기인점 또는 관계의 응집도를 판단하는 것은 그리 어려운 일이 아니다. 그러나 어떤 제품이나 서비스를 사용하면서 얻은 가치를 비교 기준으로 삼아야 한다면 어떨까? 주로 스마트폰을 시간 보내기용으로 사용한다면, 이때의 비교 대상은 경쟁사의 스마트폰이 아니라 신문이나 잡지, 게임 등이 될 수 있다. 따라서 신문이나 잡지, 게임보다 이 사람에게 스마트폰이 상대적으로 얼마나 더 높은 실재감과 기인점 및 응집도를 줬는지 생각해봐야 할 것이다.

앞서 살펴봤던 논리는 환경 요인을 모든 제품이나 서비스에 공통으로 적용한 것이었다. 그러나 똑같은 환경 요인이라 할지라도 제품이나 서비스의 특성에 따라 각기 다른 영향을 미칠 수 있다. 할리우드 유성영화 사례를 다시 떠올려보자. 일반적으로 경제적인 가용 자산의 범위가 줄어들면 사람들은 소비를 줄이고 감각적인 몰입도가 낮은 경험도 마다하지 않지만, 당시 미국은 대공황의 어려운 경제 상황에도 영화라는 문화가 가지는 특수성에 따라 기존의 자막영화보다 감각적 몰입도가 높은 유성영화를 더 선호했다. 경제적 여건이 좋지 않아도 사람들은 일정 시간 동안 현실을 망각하고 이상적인 상상의 세계에 몰입함으로써 일상생활에서 겪은 스트레스를 해소하고 싶어 했기 때문이다. 이는 유성영화의 비교 대상이 무성영화가 아닐 수도 있음을 시사한다. 예를 들어 영화 속의 장소로 떠나는 실제 여행이 유성영화의 비교 대상일 수도 있다. 오드리 헵번의 영화 〈로마의 휴일Roman Holiday〉을 유성영화로 보면서 느끼는 실재감은 무성영화로 보는 것보다 높지만 실제 로마를 방문해 직접 유적지를 보면서 사랑하는 여인과 데이트하는 것에 비하면 실재감의 수준이 무척 낮을 수밖에 없는 것이다.

앞서 이야기한 예외 사항들을 효과적으로 극복하기 위해서는 제품이나 서비스를 대상으로 사용 경험과 외부 환경 요인의 상호작용을 정밀하게 분석해야 한다.

첫째, 제품이나 서비스에 직간접적으로 영향을 미치는 다양한 사회문화적, 경제적, 기술적 환경 요인을 가능한 많이 도출한다. 일반적으로 모든 제품이나 서비스에 적용될 수 있는 요인과 특정 제품이나 서비스에 특수하게 영향을 줄 수 있는 환경 요인은 다를 수 있다.

둘째, 제품이나 서비스가 사용자에게 제공하는 경험의 수준을 가능한 정확히 측정한다. 다음과 같은 질문으로 답을 찾을 수 있을 것이다. 해당 제품이나 서비스가 제공하는 감각적 경험의 실재감은 어떠한가? 해당 제품이나 서비스가 제공하는 판단적 경험의 기인점은 어떠한가? 마지막으로, 해당 제품이나 서비스가 제공하는 구성적 경험의 관계의 응집도는 어떠한가? 이때 각각의 수준에서 가장 극단적인 양쪽을 지정해주고 그 극단과 비교해 해당 제품이나 서비스가 어느 정도에 위치하는지를 판단하는 것이 효율적이다. 관광 상품을 예로 들면, 비행기를 타고 해당 지역에 가서 모든 경험을 직접 하는 것을 가장 높은 실재감을 느끼는 경험으로 지정하고, 여행과 관련된 관광 가이드북을 읽은 것을 가장 낮은 실재감을 느끼는 경험으로 지정한 뒤 관광 상품의 실재감 수준을 분석할 수 있다.

셋째, 제품이나 서비스와 비교해 일반적으로 사람들이 선호하는 경험을 추정해볼 수 있다. 다음 질문으로 답을 찾을 수 있을 것이다. 지금의 제품이나 서비스보다 더 높은 감각적 경험의 실재감을 원하는가, 더 낮은 실재감을 원하는가 혹은 지금의 수준에 만족하는가? 지금보다 더 판단적 경험의 내재적 기인점을 원하는가, 더 외재적 기인점을 원하는가 혹은 지금의 수준에 만족하는가? 마지막으로 지금보다 더 높은 구성적 경험의 관계의 응집도를 선호하는가, 더 낮은 관계의 응집도를 선호하는가 혹은 지금의 수준에 만족하는가?

넷째, 각 환경 요인이 세 가지 경험의 실타래에 미치는 영향을 분석한다. 이 역시 다음 질문으로 답을 찾을 수 있을 것이다. 지금의 환경 요인이 감각적 경험의 실재감을 더 높은 수준으로 유도할 것인가, 더 낮은 수준으로 유도할 것인가 혹은 크게 상관 없을 것인가? 지금의 환경 요인이 판단적 경험의 기인점을 더 내재적인 위치로 유도할 것인가, 더 외재적인 위치로 유도할 것인가 혹은 크게 상관 없을 것인가? 마지막으로 지금의 환경 요인이 구성적 경험의 관계의 응집도를 더 높은 수준으로 유도할 것인가, 더 낮은 수준으로 유도할 것인가 혹은 크게 상관 없을 것인가?

마지막으로, 지금의 제품이나 서비스가 제공하는 경험과 사람들이 선호하는 경험, 그리고 환경이 유도하는 경험 사이의 새로운 균형점이 어디인지 찾는다. 새로운 균형점을 찾아가는 과정은 다음 장에서 좀 더 자세히 다루어보자.

요약

1

사회문화적, 경제적, 기술적 환경 요인은
세 가지 경험의 실타래에 직간접적인 영향을
미치며, 그 관계는 역으로도 성립한다.

- 온라인 공간의 특성에 맞춰 형성된
  생활 방식으로 사람들은 실재감이 높고,
  사용자 주도성이 높으며, 관계의
  응집도가 높은 경험을 선호한다.
- 경기 변동과 같은 거시 경제적 환경은
  개인이 느끼는 가용 자산과 밀접한
  연관성을 갖는데, 사람들은 주로 경제 여건이
  좋다고 생각할 때 실재감이 높고, 사용자
  주도성이 높으며, 관계의 응집도가 높은
  경험을 선호한다.
- 기술의 발전은 주로 실재감이 높고, 관계의
  응집도가 높은 경험을 유도한다.
- 일반인을 위한 기술은 외재적 기인점을
  유도하고, 전문인을 위한 기술은
  내재적 기인점을 유도하는 경향이 있다.

2

외부 환경 요인과 인간 경험의 요소 간의
상호 영향력이 균형을 이루는 점을 경험의
균형점이라고 한다.

3

경험의 균형점에 대응하는 실재감, 기인점,
관계의 응집도를 제공하는 제품이나 서비스는
진정한 경험을 제공한다.

- 진정한 경험을 제공하는 제품이나 서비스는
  시장에서 지배적 디자인으로 인정받게 된다.
- 지배적 디자인이란 특정 제품이나
  서비스군에서 공통적으로 적용되는 디자인의
  특징을 말한다.

생각해볼 주제

1

관심 있는 제품이나 서비스를 선정하고, 해당
분야에서 강력한 시장 지배력을 가지고 있는
지배적 디자인을 찾아보자.

2

지배적 디자인이 사용자에게 제공하는 세 가지
경험의 조절 요인 수준을 경험의 3차원 모형에
한 점으로 표시해보자.

3

선정한 제품이나 서비스가 속한 시장에서
대부분의 사용자가 선호하는 경험을 경험의
3차원 모형에 표시해보자.

4

제품이나 서비스의 사용자 경험에 영향을
미치는 사회문화적, 경제적, 기술적 환경 요인을
찾아보자.

5

각각의 요인이 세 가지 경험의 실타래에 어떤
방향으로, 그리고 얼마나 크게 영향을 미치는지
분석해보자.

4

새로운 경험을
위한 혁신 전략

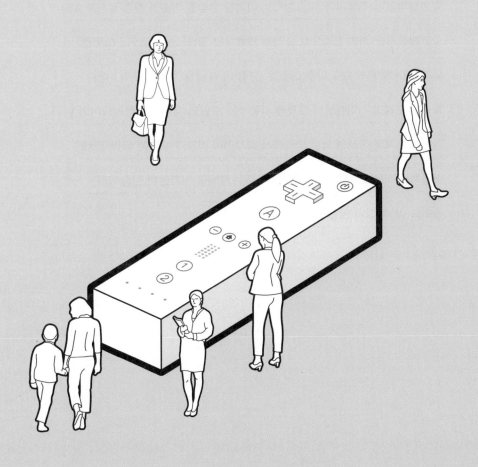

지금까지 우리는 외부 환경과 경험이 어떤 영향을 주고받는지 살펴봤다.

그리고 이 관계에서 균형점을 제시하는 제품과 서비스가 시장에서 지배적인

위치를 가진다는 것도 알았다. 디자인에서는 이를 지배적 디자인이라고

부른다. 그러나 모든 유기체의 운명이 그렇듯이 지배적 디자인도 결국 시간과

환경의 변화로 흥망성쇠를 겪는다. 물론 시간이 지날수록 더 큰 가치가 생기는

경우도 있지만 대부분의 디지털 제품이나 서비스는 예상보다 빠른 속도로

외면당하거나 도태된다. 지금까지는 이러한 현상을 기술적 환경 요인으로만

설명해왔지만 과연 전적으로 그것에 의해서만 결정되는 것일까? 어쩌면

우리가 이 책에서 계속 다루고 있는 '경험'이 해답을 주지 않을까? 이제

혁신의 프레임은 기술보다 그것을 사용하는 사람의 경험으로 환원되어야 한다.

경험의 시각에서 보면 기존의 지배적 디자인이 시간의 흐름에 따라 점차

소멸하는 이유도, 사람들이 경험할 새로운 지배적 디자인이 만들어지는

원리도 알 수 있지 않을까?

나는 가끔 사람들이 많이 몰려 있는 곳에서 그들을 관찰할 때가 있다. 특히 출퇴근 시간의 지하철이 매우 흥미로운데, 빽빽이 서 있는 사람들의 90퍼센트 이상은 똑같은 자세로 똑같은 행동을 한다. 바로 스마트폰을 응시하는 행동이다. 지하철뿐 아니라 횡단보도의 초록불을 기다리는 동안에도 동일한 풍경을 마주하게 된다. 잘못된 자세로 컴퓨터 앞에 오래 앉아 있으면 생기는 소위 '거북목 증후군'이 이제 어린아이들에게도 생기고 있다는 연구 결과가 보고되었다. 아직 뼈대가 무르고 머리가 무거운 서너 살 때부터 스마트폰을 가지고 놀다 보니 이상징후가 더 빨리 찾아온 탓이라고 한다. 초기 스마트폰은 비즈니스맨이나 CEO가 사업적으로나 사용하는 기호품이었지만, 이제는 부정할 수 없는 우리 사회의 커다란 패러다임 중 하나가 되었다. 과연 이렇게 급변하는 디지털 제품이나 서비스의 세계를 어떻게 설명할 수 있을까?

이쯤에서 우리는 디지털 업체가 어떤 방식으로 사용자 경험을 만들어내 전략적 제품이나 서비스로 승화하는지 고민해볼 필요가 있다. 지난 6년 동안 나는 한국을 대표하는 한 인터넷 포털사의 이사회에 참여했다. 막 참석하기 시작한 무렵의 이사회에서는 안건을 논의할 때 경영 성과를 크게 두 가지로 나누어 평가했는데, 바로 재무나 마케팅 성과와 서비스 이용률을 알아보는 트래킹tracking 성과가 그것이었다. 매달 신규 사용자 유입 수를 확인하고, 지속적으로 포털 서비스를 이용하는 사용자는 얼마나 되는지 그리고 얼마나 오랫동안 머물러 있는지 등을 주기적으로 보고받았다.

그런데 언제부턴가 회의 자료를 너무 '올드'하게 만들고 있다는 생각이 들었다. 사실 트래킹 성과를 측정하는 방식부터가 구식이었다. 소수의 사용자를 대상으로 그들이 언제 어떤 웹사이트에 접속해 어떤 일을 하는지 기록하는 소프트웨어를 데스크톱 컴퓨터에 설치하게 해 로그 데이터를 저장하는 방식으로 데이터를 추적하기 때문이다. 표본인 소수의 사용자에 포함되지 않은 불특정 다수의 사용자는 성과 측정에서 모두 제외되는 격이었다. 특히 데스크톱이 아니라 스마트폰과 같은 모바일 기기로 접속하는 사용자는 전혀 파악할 수 없었다.

당시 트래킹 성과를 측정할 때 모바일 기기 사용자까지 포함하는 것은 한계가 있었다. 한국의 개인 정보 보호법이 엄격했기 때문에 사용자를 파악할 만큼 충분한 정보를 모을 수 없었다. 그러나 정확한 성과를 내기 위해 제한된 범위에서라도 스마트폰으로 접속하는 사용자를 확인해 보기로 했다. 그리고 불과 1년 남짓만에 대반전의 결과가 나왔다. 모바일 기반의 접속자 수가 PC 기반의 접속자 수를 넘어선 것이다. 게다가 모바일 접속자 수는 가파르게 상승하는 곡선을 그리는 반면, PC 접속자 수는 서서히 하강하는 추세를 보여 그래프에 선명한 X자가 나타났다.

사실 변화의 징후는 꽤 오래전부터 시작되고 있었다. 휴대폰이 한국에 도입된지 약 3-4년의 시간이 흐른 2000년대 초반, 사람들은 조금 무리를 해서라도 휴대폰을 한 대씩 장만하려 했다. 그 시절 이동통신사의 신규 서비스 기획부 담당자의 책상에는 수많은 중소 애플리케이션 제작 회사들이 보내온 제안서가 사람 키를 훌쩍 넘을 만큼 쌓여 있었다. 휴대폰에 이것저것 많은 부가서비스를 추가하고 기존 서비스의 가격도 인상하면서 이동통신사의 고객 1인당 수익률은 계속해서 상승곡선을 그렸다. 그때 나는 국내 이동통신사 가운데 한 곳에서 차세대 전략 수립 모임의 일원으로 활동하고 있었다. 하루는 CEO와 사석에서 대화할 기회가 있었다. IT 산업의 움직임을 한 눈에 꿰뚫어 보는 혜안을 가진 그 CEO는 이런 말을 했다.

"김 교수, 나는 요새 끔찍한 꿈을 몇 번이고 꿉니다. 우리나라 사람들이 한 가족당 얼마나 비싼 통신료를 내고 있는지 압니까? 4인 가족 기준으로 통신비가 무려 몇십만 원이나 됩니다. 가장이 그나마 돈을 좀 벌면 낫겠지만, 우리나라 국민 평균 가처분 소득 기준이 얼만데, 몇십만 원을 허공에 날리고 있다는 것은 어쩌면 사회적 문제가 아닌가 싶습니다. 문제는 이렇게 돈을 쓰는 사람들이 과연 어떤 혜택을 받고 있느냐는 겁니다. 기껏해야 전화통화 몇 분 하고 문자 서비스 조금 쓰는 수준입니다. 과연 우리 기업이 제대로 소비자에게 편익을 돌려주고 있는가, 철저하게 반성하게 됩니다."

통신사의 최고경영자가 이런 고백을 한다는 것이 나에게는 큰 충격이었다. 그 당시 통신사들은 수많은 콘텐츠를 개발해 시장에 내놓았지만 대부분 실패하고 있었다. 문자와 통화 서비스는 그때까지도 수익 비중이 가장 큰 사업 모델이었다. 그러나 이조차도 사업자의 확실한 전략하에 만들어진 성과라기보다 시장 자체가 과점 상태였기 때문에 자연스럽게 만들어진 덕이 컸다. 다시 말해 매우 폐쇄적인 형태로 시장 운영을 한 결과라는 것이다.

그런데 2009년 아이폰이 한국에 도입되면서 애플리케이션 서비스 시장이 점차 활성화되기 시작했다. 특정 이동통신사 서비스와 상관없이 글로벌 표준으로 만들어진 애플리케이션을 누구나 사용할 수 있는 환경이 조성된 것이다. 그 와중에 엄청난 이익을 내는 모바일 애플리케이션 서비스가 생기기 시작했고, 이동통신사들이 모바일 산업 안에서 행사하는 영향력은 심각하게 위축되었다. 효자 사업 모델이었던 문자 메시지는 한순간에 외면당한 서비스로 전락했고, 급격하게 떨어지는 음성 통화 수입을 사수하려는 이동통신사들의 사활을 건 투쟁이 시작되었다. PC에서 모바일로, 그리고 이동통신사에서 제조사와 애플리케이션 시장으로 불과 몇 년만에 판도가 싹 바뀐 것이다. 이런 거시적인 흐름을 보면서 다음에 일어날 변화는 과연 어디에서부터 발생할지 무척 궁금해졌다.

지금 옆에 컴퓨터가 있다면 키보드를 한번 유심히 살펴보자. 왼쪽 상단 자판에 있는 알파벳을 차례로 읽으면 'QWERTY' 순서대로 배열되어 있음을 알 수 있다. 그래서 이것을 보통 '쿼티 자판'이라고 부른다. 사실 이 배열은 전 세계적으로 표준화된 것으로, 특수 자판을 제외하고는 거의 모든 키보드가 쿼티 자판으로 구성되어 있고, 컴퓨팅의 주 환경이 모바일로 넘어와서도 여전히 유지되고 있다. 과거에 기계식 타자기를 썼던 시절 글자를 찍는 레버가 엉키지 않도록 고안되었던 알파벳의 배열이 지금까지도 지배적 디자인으로 군림하고 있는 셈이다. 더 편하고 빠른 속도로 타이핑할 수 있다고 알려진 수많은 자판들이 개발되어왔지만 모두 시장에서 외면당했다.

　유럽 인시아드INSEAD 경영대학원 교수 헨리히 그리브Henrich Greve와 사이들 마크데이비드Seidel Marc-David에 따르면 시장에서 더 강력한 힘을 갖기 위해서는 '질'보다 '시장에 누가 먼저 들어가는가'가 중요하다.[1] 일단 선점우위를 점하는 업체가 나타나면 대중은 그 회사의 제품을 사용하기 때문에 해당 제품군에서는 그 회사의 제품이 가장 익숙해질 수밖에 없다. 이렇게 점차적으로 모든 업체에 해당 기술이나 활용 방식의 적응을 요구하는 '지배적 디자인'의 지위에 오르게 되는 것이다. 이것은 실질적 표준이자, 동종 업계의 제품이나 서비스가 비슷한 방식으로 경쟁하게끔 하는 일종의 규범이 된다. 지배적 디자인을 획득한 사업자는 더 큰 시장 경쟁력을 가지게 되고, 규모의 경제를 통해 절대적인 비용까지도 절감할 수 있다. 다시 말해 자기 마음대로 '판'을 짤 수 있는 막강한 권력을 갖게 되는 것이다. 한편 사용자는 한번 익숙해지면 그것에서 벗어나지 않으려 하는 '관성의 법칙'에 매이게 된다. 다른 것에 적응하는 시간과 비용을 아깝게 여기기 때문이다.

　그렇다고 한번 정해진 지배적 디자인이 영원한 것은 아니다. 어떤 이유에서든지 기존의 지배적 디자인은 도태되고 새로운 지배적 디자인이 등장한다. 경험의 관점에서 지배적 디자인의 위상을 가진 제품이나 서비스는 어떤 궤적을 그리며 쇠퇴할까? 이를 알기 위해서는 감각적, 판단적, 구성적 경험의 실타래 안에서 살펴봐야 한다. 제품이나 서비스에 대한 본격적인 이야기를 시작하기 전에 먼저 우리가 쉽게 접할 수 있는 미술, 자동차, 음악과 같은 교양 분야에서 지배적 경험의 특성이 어떻게 변하는지 알아보자.

실재감은 시대에 따라 변한다

2장에서 살펴봤듯이 감각적 경험의 중요한 조절 변수는 실재감인데, 무조건 실재감이 높을수록 좋은 경험을 제공하는 것은 아니다. 외부 환경의 변화에 따라 실재감은 높은 수준에서 낮은 수준으로 조절되기도 하며 그 반대로 변하기도 한다. 우리는 서양미술의 역사에서 이러한 흐름이 어떠한 원리로 형성되는지 찾아볼 수 있다.

성서의 시대였던 중세에는 자극적이거나 과도한 몰입을 조장하는 미술 작품을 금기시했다. 비잔틴 양식이나 고딕 양식의 회화를 보면 대체로 입체감을 배제한 채 최대한 평평하게 장면을 묘사한 것을 알 수 있다. 주제도 성서 속의 상황을 모티브로 다루는 것이 보통이었다. 결과적으로 실재감이 낮은 작품이 주로 만들어졌다.

그러나 14세기 이후로 흑사병이 돌고, 종교 전쟁으로 젊은이들이 무자비하게 죽어나가는 경험을 하면서 사람들은 지금 사는 이 세상이야말로 어쩌면 진리가 아닐까라는 생각을 하게 되었다. 이러한 사고관이 서서히 유행하기 시작하면서 특히 세네카Seneca 같은 철학자들은 인간 중심적 사고를 예술로 부활시켜보자고 주장했다. 페트라르카Petrarca, 단테Dante처럼 '지금 이 시기'가 사람이 살기에 가장 적합한 시기라고 예찬하는 예술가들도 늘었다. 르네상스 시대에 들어서는 모든 회화와 조각 작품의 주요 소재가 오로지 사람에 집중되었고, 묘사 기법도 전략적으로 변했다. 카라바조Caravaggio는 키아로스쿠로chiaroscuro 명암법으로 표현한 분명한 명암과 색조 대비를 통해 3차원 공간을 형상화하는 고농도의 감각 재현 기법을 제시했다. 다시 말해 르네상스 시대에는 미술의 실재감이 높았던 것이다. 르네상스 시대가 지나고 절대군주제 중심의 바로크 양식이 성행하자 미술의 방향은 더 심화되었다. 매너리즘 같은 화풍은 이전 시대보다 훨씬 더 자극적인 내용을 담았다. 젠틸레스키Gentileschi의 '홀로페르네스의 목을 베는 유디트Giuditta che decapita oloferne'나 틴토레토Tintoretto의 '최후의 만찬la Cène'이 대표적이다. 즉 실재감을 증가시키기 위한 표현법이 심화된 것이다.

로코코 양식이나 후기인상주의, 더 나아가 모더니즘 시대로 넘어오면서는 또다시 절제된 표현 양상으로 변한다. 많은 내용을 담거나 극한 대비를 추구하기보다는 단순하고 소박한 표현 양식이 주도권을 잡게 된다. 호거스Hogarth의 '결혼 풍속도'나 반고흐Van Gogh가 그렸던 '별이 빛나

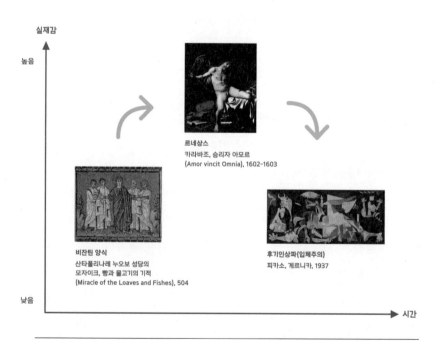

그림 1. 서양미술사로 본 실재감의 변화

는 밤La nuit étoilée', 피카소Picasso의 '게르니카Guernica'가 대표적이다. 모든 환경과 인물을 동일한 비중으로 강조하는 것이 아니라 작가가 중요하다고 생각하는 부분만 전략적으로 선택해 표현하는 마티스Matisse의 모더니즘도 감각적 경험의 실재감을 대폭 낮춘 형태의 작품이다.

이처럼 서양미술사의 흐름은 그림 1에서처럼 실재감의 수준이 사인곡선을 그리듯 위아래로 출렁이며 시대 상황과 맥락에 맞춰 달라졌다. 실재감이 낮은 방향에서 높은 방향으로, 또 실재감이 높은 방향에서 낮은 방향으로 시대에 따라 역동적으로 변했다.

기인점도 시대에 따라 변한다

시대와 상황에 따라 사람이 유용하다고 판단하는 기인점의 수준도 변한다. 자동차를 예로 들어보자. 판단적 경험의 기인점을 기준으로 근대 자동차의 역사를 세 단계로 나누어볼 수 있다. 현대적인 형태의 자동차가 처음 나온 1920년대부터 1940년대까지, 세계대전 이후의 1940년대부터 1960년대까지, 마지막으로 석유파동이 일어난 1970년대부터 1990년대까지이다.

1920년대부터 1940년대 세계대전이 끝나기 전까지 자동차는 마차와 말을 대체하는 운송 수단으로서 구조와 기능이 정립된 시기였다. 이시기에는 자동차의 기능적 가치를 강조하면서 원하는 곳으로 빠르고 안전하게 이동하는 것을 가장 중요하게 생각했다. 자동차를 소유한 귀족은 직접 운전하기보다는 전문 기사에게 맡기는 경우가 흔했고, 자동차를 구매할 때에도 지금처럼 일일이 맞춤형 옵션을 선택하는 등의 주도권은 없었다. 이 시기의 사람은 자동차를 사용하는 과정보다 수단으로서의 자동차를 중요하게 여겼던 것이다. 다시 말해 판단적 경험의 기인점이 외부에 있는 것이 사용자에게 더 유용한 경험을 주었다.

세계대전 이후의 1940년대부터 1960년대까지는 전기 점화 방식이나 표준화된 제동 시스템이 개발되면서 일반인도 직접 운전할 수 있는 수준까지 자동차의 편의성이 좋아졌다. 또한 곳곳에 자동차용 포장도로가 생기고 일상생활에서도 자동차가 필요한 일이 많아졌다. 이제 자동차는 단순한 이동수단을 넘어서는 부가 가치를 가지게 되었다. 특히 자동차를 마치 자기 자신처럼 생각하는 사람들이 늘어나면서 각 사회 구성원의 개성만큼이나 다양한 형태로 생산되기 시작했다. 미니쿠퍼Mini Cooper나 폭스바겐 비틀Volkswagen Beetle 같은 소형 자동차를 선호하는 사람이 있는 반면, 재규어Jaguar나 쉐보레 임팔라Chevrolet Impala 같은 머슬카muscle car를 분신처럼 여기는 사람도 있다. 아예 자신의 취향에 맞게 자동차의 내외부를 개조하는 튜닝도 마다하지 않는다. 이제는 운전하는 과정 자체를 즐기고, 이 과정을 스스로 제어할 수 있게 되었다. 다시 말해 사용자들은 자동차를 사용하는 판단적 경험의 기인점이 내부에 있는 것이 더 유용하다고 생각하게 되었다.

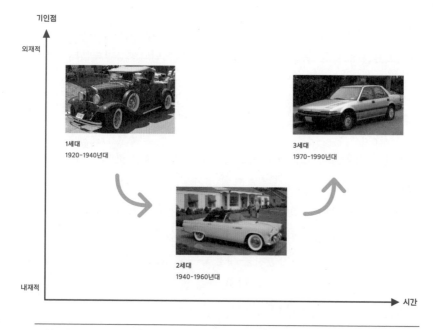

그림 2. 자동차의 역사로 본 기인점의 변화

그러나 1970년대로 넘어오면서 자동차 외에도 비행기나 기차처럼 교통 수단이 다양화되고, 오토매틱 기어처럼 자동화된 제어 시스템이 도입되기 시작했다. 운전자가 직접 조작해야 했던 복잡한 여러 가지 행위들이 이제는 자동화되어 사용자의 부담을 덜어줬다. 또 한편으로는 점점 차량용 도로가 복잡해지고 세계적으로 자동차 배기가스 배출 규제가 논의되기 시작했다. 특히 1973년 석유파동 이후에 석유값이 치솟으면서 자동차 연비가 중요한 이슈로 떠올랐다. 이 시기에는 연비가 효율적이며 잔고장이 거의 없고, 자동화 장치가 잘 구비되어 있는 일제 자동차가 주목받게 되었다. 한 지점에서 다른 지점으로 이동할 때에 가능한 적은 연료를 소모하는 자동차의 기능적 가치가 다시 부각된 것이다. 다시 말해 사람이 자동차를 사용하는 판단적 경험의 기인점이 외부에 있는 것이 더 유용해졌다.

이처럼 자동차 사례로 시대적 상황에 따라 판단적 경험의 기인점이 어떻게 달라질 수 있는지 알아보았다. 그림 2에서처럼 내재적 기인점이 더 유용할 수도 있고, 외재적 기인점이 더 유용하다고 판단될 수도 있다. 지배적 디자인의 기인점 역시 마찬가지로 어느 한 방향만이 아니라 양쪽으로 모두 움직일 수 있는 것이다.

관계의 응집도 역시 시대에 따라 변한다

구성적 경험에서 말하는 관계의 응집도 역시 시대적 상황에 따라 사람들이 적절하다고 느끼는 수준이 높을 수도 낮을 수도 있다. 지배적 디자인을 가진 제품이나 서비스가 주는 경험도 시대에 따라 관계의 응집도가 달라진다. 이 변화의 흐름은 음악 사조의 역사에서 찾아볼 수 있다.

16세기 말에서 17세기 초쯤 피렌체의 메디치Medic 가문은 우리가 익히 알고 있는 '오페라'의 시초를 만들었다.[2] 오페라는 메디치가의 모임에서 극이 포함된 성악곡 감상회를 시작하면서 비롯되었다. 지인이나 다른 가문의 사람과 함께 즐길 수 있는 자리를 마련하고 싶었던 메디치 사람들은 집 거실에 소형 무대를 설치했다. 그리고 몇몇 작곡가를 위촉해 손님이 식사나 와인을 즐기며 자유롭게 감상할 수 있게 했다. 당시에는 교회를 제외하면 사람들이 모일 기회가 거의 없었던 터라 이런 형태의 커뮤니티는 매우 혁신적이었다. 오페라와 함께 이를 전문적으로 뒷받침할 수 있는 기악음악이 발전하기 시작했고, 같은 시기에 실내악도 만들어졌다. 실내악은 한정된 청중을 상대로 공연하는 형태로, 각 악장을 단독 주자가 연주하고 악장과 악장 사이에 이른바 독주와 반주라는 주종관계 없이 대등하게 어우러지는 합주가 나온다. 실내악은 주로 왕궁이나 귀족의 저택 혹은 지역의 콘서트홀 같은 소규모 공간에서 진행되었다. 참석한 청중은 식사나 다과를 즐기며 자유롭게 음악을 감상했다. 실내악은 음악의 형태뿐만 아니라 감상하는 환경에서 청중과 음악 사이의 밀접한 관계를 중요하게 생각했기 때문에 관계의 응집도가 높다.

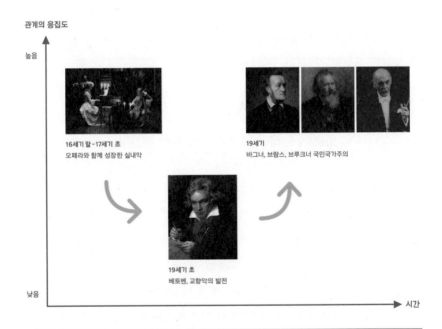

그림 3. 서양음악사로 본 관계의 응집도의 변화

130

19세기 초 베토벤Beethoven이 음악사에 등장하면서 지휘자 역할이 생겨나고 서양음악사상 전례없는 고도의 분업화 체제를 지향하게 되었다.[3] 작곡가도 건반음악, 현악, 성악, 오페라 등을 전문으로 하는 부류로 각각 나뉘었고, 연주자도 교향악단이라는 전문적인 조직에 소속되는 등 매우 체계적인 환경을 조성해갔다. 반면 연주자는 점점 본인의 파트에만 관심을 갖게 되었고 서로 어울릴 기회가 적어졌다. 또 청중은 과거처럼 사교를 즐기기보다 극장이나 홀에서 작품을 감상하기 위해 모였다. 불과 모차르트Mozart 때만 하더라도 '마술피리Die Zauberflöte'를 보면서 옆 사람과 대화하거나 커피를 마셔도 전혀 이상하지 않았지만, 베토벤 이후로는 공연장에서 기침만 해도 서로 눈을 흘기는 문화가 만들어졌다. 이렇듯 연주자든 감상자든 구성적 경험의 관점에서 관계의 응집도가 낮아지는 방향으로 변해갔다.

그러나 바그너Wagner라는 작곡가가 나타나면서 이러한 성향도 그리 오래가지 않았다. 다시 서양음악사에 급격한 반전이 시작된 것이다. 원래 좀 특이한 성향을 지닌데다 지나치게 다혈질이었던 바그너는 공산주의에 연루되었다는 이유로 쉰 살이 다 되도록 독일 사회에서 추방되어 지냈지만, 바이에른 왕국의 루트비히 왕이 바이로이트라는 지역에 대규모 극장을 짓고 '국민적인 음악' '국가적인 상징이 될 만한 음악'을 원하게 되면서 그의 입지가 달라졌다. 바그너는 루트비히 왕의 슬로건 아래 '뉘른베르크의 마이스터징어Die Meistersinger von Nurnberg' '탄호이저Tannhäuser' '니벨룽겐의 반지Der Ring des Nibelungen' 같은 명작 오페라 곡을 만들어냈다. 하나같이 북유럽 신화를 바탕으로 '위대한 독일'을 이야기하는 작품들이다. 음악사에서 다시 관계의 응집도가 살아나는 순간이었다. 이후 너나 할 것 없이 브루크너Bruckner, 브람스Brahms, 심지어 프랑스 작곡가들까지 바그너의 선율을 공부하고 그의 표현 양식을 연구하기 시작했다. 독일과는 그리 우호적이지 않았던 체코나 러시아의 작곡가들도 '국민국가주의'를 대변할 수 있는 음악들을 내놓기 시작했다. 체코의 스메타나Smetana, 드보르자크Dvořák, 러시아의 림스키코르사코프Rimsky-Korsakov, 보로딘Borodin이 대표적인 예이다. 이들은 무국적 기교 중심의 양적 음악인 교향관현악에서 탈피해 특정 민족이나 국가의 문화를 음악으로 표현하려 했다. 오래전부터 내려오던 그 나라와 민족의 전통 멜로디나 구조적 양식을 테마로 활용해 '우리는 한 국민'이라는 의식을 다지는 음악 콘텐츠가 확산되었다. 이 음악들은 전쟁과 분열이 만연한 시대에 사회적 단결을 도모하는 데에도 큰 영향을 미쳤다. 따라서 교향악에서 국민국가주의 음악으로 넘어간 흐름은 청중들의 시각으로 볼 때 관계의 응집도가 낮은 곳에서 높은 곳으로 변한 사례라고 할 수 있다. 그림 3에서처럼 지배적 디자인의 응집도 역시 그 당시의 외부 환경이나 분야적 특성에 따라 높아질 수도 있고 반대로 낮아질 수도 있다.

갈등과 모순이라는 이름의 동력

그렇다면 지배적 디자인에서 보이는 변화의 기본적인 동력은 무엇일까? 나는 그것이 바로 갈등이 아닐까 생각한다. 지배적 디자인과 시대 상황 그리고 경험 사이에서 발생하는 긴장관계나 갈등 말이다. '트리즈TRIZ'라는 창의적 문제 해결 모델을 만든 러시아 출신의 과학자 겐리히 알츠슐러Genrich Altshuller는 독특한 경력을 가지고 있다. 그는 특허사무소에서 일하다 스탈린 시대에 정치적 이유로 시베리아 수용소로 귀양을 가게 되었다. 알츠슐러는 그곳에서 같이 수감된 동료들과 함께 러시아 정부에 신청되어 있는 몇십만 건의 특허를 하나씩 분석해 그들 간의 공통점을 찾는 작업을 했다. 긴 시베리아의 겨울이 그에게는 오히려 방대한 자료를 수집하고 분석할 수 있는 기회를 준 것이다. 한때 시대를 풍미했던 발명품이 만들어진 원인과 과정을 파악한 결과, 그는 신기술 탄생의 대표적인 원인이 '갈등conflicts'이며 기술 발전의 과정은 바로 '갈등의 해소resolution'에 빗대 설명할 수 있다고 말했다.[4] 기존의 기술이 가지고 있는 갈등을 해소하는 것이 바로 새로운 기술의 등장이라는 것이다. 예를 들어 다른 장소로 이동하는 것을 돕기 위해 자동차라는 제품이 나왔다면, 이 제품은 배기가스로 환경을 오염시키는 갈등을 만들어냈다. 그리고 이 공해라는 갈등을 해소하기 위해 전기 자동차라는 신기술이 나왔다.[5]

사실 갈등이 사회 변화의 동력이라는 주장은 과거에도 많은 사상가들이 제기한 바이다. 정치철학자 토머스 홉스Thomas Hobbes는 인간의 본질이 폭력과 갈등임을 이야기했고,[6] 모든 세계를 정반합의 관점으로 봤던 게오르그 헤겔Georg Hegel은 하나의 역사가 완성되는 과정에서 필연적으로 발생하는 요소가 갈등이라고 전제하기도 했다.[7] 사회주의 철학자인 칼 마르크스Karl Marx도 인간의 역사는 과거 시대의 모순을 해결하기 위해 혁명을 일으키지만, 동시에 그 혁명 과정에서 새로운 모순이 잉태된다고 주장했다.[8]

재미있게도 혁신이 기업이나 국가 또는 개인에게서 계속 일어날 수밖에 없는 이유도 갈등과 모순에 있다. 어떤 문제가 발생하면 사람들은 머리를 맞대고 새로운 아이디어나 접근법을 찾아 그것을 돌파하려 한다. 성공한 혁신은 그 자체로 하나의 교과서가 된다. 하지만 시간이 지남에 따라 혁신은 스스로 자신의 역사를 잊고 다른 이론이나 주장을 억압하는 권위로 자리매김하게 된다. 결국 또 다른 갈등이 나타나는 셈이다.

미국의 철학자 토머스 쿤Thomas Kuhn은 이러한 갈등을 배격해온 역사가 바로 과학의 역사라고 이야기한다. 그는 과학의 역사가 정상 과학 normal science, 즉 강단에서 권위 있고 합리적이라고 받아들이는 법칙의 모순을 해결하기 위해 신과학new science이 성장하는 과정이었다고 말했다.[9] 학교에서 배우는 교과서, 연구 방법론, 실험 절차 같은 것들은 창의적인 과학 사상가들의 사고를 막을 뿐 아니라 제 역할을 하기보다 오히려 자신들의 모순을 덮는 정치적 도구로 활용되었다. 그리고 작지만 기존 과학으로 설명할 수 없는 이상치outlier, 정상 과학에 포함시킬 수 없어 무시해왔던 현상을 발견하게 되면서 새로운 이론이 만들어진다. 여기에서 끝이 아니다. 쿤의 설명에 따르면 사회가 새로운 패러다임의 필요성에 합의하면 그 사회는 패러다임의 전환을 이루게 된다. 새로운 패러다임은 기존의 패러다임과 전혀 다른 성격을 가진다. 왜냐하면 기존의 것이 해결하려 한 모순과 전혀 다른 모순을 가지고 있을 뿐만 아니라 사용하는 용어와 연구 방법 또한 매우 다르기 때문이다.

가장 대표적인 사례가 장밥티스트 라마르크Jean-Baptiste Lamarck의 용불용설을 뒤엎은 찰스 다윈Charles Darwin의 진화론이다. 그때까지만 하더라도 대부분의 사람들은 인류가 하느님의 창조로 만들어진 것이라고 믿었다. 하지만 몇몇 진화생물학의 근거를 발견한 학자들이 '창조에 의해 만들어졌지만, 때때로 자신의 유전형질에는 변화에 적응하는 모습을 담았다'고 주장하기 시작했다. 수십 년 동안 믿어온 라마르크의 적응형 진화론은 거의 경전에 가까웠다. 그러다 다윈이라는 영국 귀족 청년이 나타났다. 다윈은 갈라파고스 군도를 비롯해 전 세계를 돌아다니며 발견한 근거를 토대로 인간 또는 생물이 적응을 통해 진화한 것이 아니라 자연선택natural selection, 즉 환경에 따라 외재적으로 바뀌어온 것이라는 논리를 내놓았다. 처음에는 많은 사람들이 그의 주장이 잘못되었다고 비판했지만, 점차 다른 학자들도 '사회진화론'이나 '적자생존'의 논리를 언급하기 시작하면서 다윈의 진화론은 기존의 과학을 뒤엎은 새로운 패러다임으로 떠오르게 되었다.[10]

변화가 부른 인지 부조화

그렇다면 새로운 패러다임의 원리는 제품이나 서비스의 사용 경험과 어떻게 연결될까? 제품이나 서비스에서 일어나는 혁신은 크게 두 가지로 접근 가능하다. 첫째는 사용자의 관점에서 말하는 혁신이고, 다른 하나는 그것을 제공하는 기업이나 기관의 관점에서 말하는 혁신이다. 그리고 이 둘에 영향을 미치는 환경 요인의 변화까지 생각해보면, 크게 기업과 사용자 그리고 환경 간의 갈등과 이를 해소하려는 메커니즘으로 혁신을 설명할 수 있다.

먼저 사용자 관점에서 일어나는 갈등과 이것이 혁신적 제품이나 서비스의 탄생에 미치는 영향을 살펴보자. 3장에서 경험에 영향을 주는 세 가지 외부 환경으로서의 사회문화적 요인, 경제적 요인 그리고 기술적 요인을 다뤘다. 이 세 가지 요인이 고정되어 있고, 사람들도 항상 변하지 않는다면 지배적 디자인은 영원히 지속될 수 있다. 사실 사용자나 지배적 디자인을 보유한 기업은 변화를 원하지 않기 때문이다. 그런데 이 세 가지 요인 모두 언젠가는 변할 뿐만 아니라 변화 양상도 매우 다양하게 일어난다. 사회문화적 요인은 초기에는 변화 속도가 무척 느리다. 하지만 가속도가 붙으면 매우 큰 진폭으로 변한다. 반면 경제적 요인은 변화를 예측하기 어렵고 정책 등이 바뀌면 작위적으로 변하는 속성도 있다. 마지막으로 기술적 요인은 변화가 매우 빠르고 비연속적인 편이다. 그림 4에서도 볼 수 있듯이 이 세 가지 요인의 매우 다른 변화 양상 때문에 우리의 경험에 미치는 영향력도 상황에 따라 다를 수밖에 없다.

환경 요인은 경험을 구성하는 세 가지 측면에서도 갈등을 초래할 수 있다. 예를 들어 감각적 경험의 관점에서 기술적 요인은 좀 더 실재감이

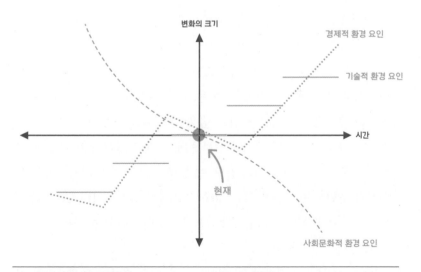

그림 4. 외부 환경 요인의 변화 양상

높은 경험을 가능케 하지만, 경제적 요인은 실재감이 높은 경험을 즐기는 여유를 막을 수 있다. 또 너무 자극적인 기술이 넘쳐 나면서 발생하는 사회문화적 요인으로 오히려 낮은 실재감을 선호하게 될 수도 있다. 판단적 경험 관점에서 기술적 요인은 외재적 방향으로 사람의 경험을 몰아가는 반면, 사회문화적 요인은 오히려 내재적 가치를 중요하게 생각하는 방향으로 발전하도록 영향을 줄 수도 있다. 구성적 경험 관점에서는 기술적 요인으로 응집도를 높일 수 있는데, 사회문화적 요인으로는 오히려 너무 높은 응집도를 부담스러워하는 경향이 생길 수도 있다.

세 가지 환경 요인은 각기 다른 방향으로, 각기 다른 속도로 사람의 경험에 영향을 준다. 그리고 이런 차이가 커지면 커질수록 사람들은 갈등과 불편을 느낀다. 판이하게 다른 두 가지 영향을 동시에 받는 사람은 내부적으로 갈등을 느끼고 불편해할 수밖에 없다. 이 책에서는 환경 요인과 경험 간의 불편한 상태를 '인지 부조화cognitive dissoance'라는 관점으로 바라보고자 한다. 레온 페스팅거Leon Festinger라는 미국의 사회심리학자가 1960년대에 처음 제안한 이 개념은 지금까지도 사람의 행동과 심리 상태를 설명하는 중요한 이론으로 자리 잡고 있다.[11]

사람은 크게 세 가지 상황에서 인지 부조화로 인한 정신적 스트레스와 불편함을 느낀다. 첫 번째, 두 개 이상의 상반된 신념이나 가치관을 동시에 가지고 있는 경우이다. 예를 들어 감각적으로는 더 화려한 신형 스마트폰을 가지고 싶은데, 판단적으로는 신형 스마트폰이 나에게 별로 유용하지 않다고 생각하는 것과 같다. 두 번째, 자신의 신념이나 가치관과 상반되는 새로운 정보가 나타나는 경우이다. 예를 들어 높은 응집도를 유지하며 사람들과 관계 맺기를 원하는데, 온라인 개인 정보 유출과 관련된 뉴스를 접하게 되는 것과 같다. 세 번째, 스스로가 자신의 신념이나 가치관과 상반되는 행동을 하는 경우이다. 예를 들어 시험 공부를 해야 하는데 유튜브로 게임 중계를 보는 데 감각적으로 몰입해 공부를 못 하는 것과 같다.

이런 인지 부조화 상태에 이르면 다음과 같은 현상이 발생한다.[12] 첫째, 다양한 부정적 감정을 느낀다. 불편이나 짜증, 심지어 절망이나 분노를 느끼기까지 한다. 감각적 경험 측면에서 타격을 받는 것이다. 둘째, 자신이 구입하기로 결정한 제품이나 사용하고 있는 서비스가 정말로 유용한 것인지 의문을 가지게 된다. 판단적 경험 측면에서 의구심을 갖게 되는 것이다. 셋째, 제품을 구입한 경로나 절차에 의구심을 가진다. 제품을 구입하면서 그 기업이나 다른 사람에게서 정당한 대우를 받지 못했다고 의심하는 것은 구성적 경험 측면에서 부정적인 경험을 한 것으로 볼 수 있다.

따라서 인지 부조화를 느끼게 되면 사람들은 자신의 경험을 구성하는 감각적, 판단적, 구성적 측면 모두에서 갈등을 겪게 된다. 이때 사람들은 갈등을 해소하고 싶은 열망을 갖는다. 사람에게는 자신의 일상생활에서 경험하는 갈등을 이해하고자 하는 본질적인 욕구가 있기 때문이다. 이런 열망이 모여 결국 삶을 이해하고 갈등을 해소할 새로운 패러다임이 발전하는 동력이 된다.[13] 마찬가지로 제품이나 서비스에서도 외부 환경 요인이 다양하게 변하면서 지배적 디자인과 사용자 경험 사이에 갈등의 골이 깊어질수록 사람들은 심한 인지 부조화를 느끼게 된다. 그리고 인지 부조화를 해소하려는 시장의 열망이 높아지면서 새로운 패러다임을 만들어내는 동인으로 작용한다.

갈등은 새로운 경험을 위한 절호의 기회

그러나 패러다임을 바꾸는 혁신의 동인을 사람들의 인지 부조화만으로 설명할 수는 없다. 패러다임의 전환을 위해서는 인지 부조화를 기회로 삼아 실제 새로운 기술이나 제품을 만들어내는 기업이 있어야 하기 때문이다. 경제학자 조지프 슘페터Joseph Schumpeter가 주장했듯이, 갈등을 전략적으로 이용해 기존 제품의 문제를 읽어내고 자신의 역량을 확장하려는 창의적인 기업가와 기업이 필요한 것이다. 그러므로 창의적인 기업과 기업가에게는 갈등이 오히려 좋은 기회가 될 수 있다.

여기서 중요한 개념이 '열망 수준aspiration level'이라는 변수이다.[14] 조직이나 사람이 성장할 때에는 현재와 다른 무언가를 지향하게 되는데, 이 열망 수준과 현재 수준의 갈등 속에서 변화와 혁신이 일어난다. 네트워크 이론가이자 전략 연구자인 조 라비앙카Joe Labianca는 이것을 발전시켜 '차이'라는 개념을 만들었다.[15] 그는 조직의 성장이라는 관점에서 조직이 지니는 열망 수준과 자신의 성과 간의 차이를 '경쟁적 차이competitive discrepancy'라고 명명했다. 그리고 자신이 이상적으로 생각하는 조직의 성과 수준과 자신이 현재 속한 조직의 성과 수준 간의 차이를 '갈망적 차이 striving discrepancy'라고 명명했다.

경쟁적 차이는 동종업계 경쟁사의 동향과 관련 있다. 그렇기 때문에 현재적이고 유행을 따른다. 대부분의 기업이 경쟁사의 기술 동향을 포착하곤 한다. 기술에 관련된 극비 내용은 알기 어렵더라도 경쟁사가 고객에게 어떤 경험을 제공하는지는 판단 가능하다. 여기서 경쟁사와의 괴리를 느낀 기업들은 지속적인 기술 투자로 경쟁적 차이를 극복하려 한다. 반면 갈망적 차이는 조금 더 먼 미래까지 생각하는 것으로, 기업이 추구하는 이상과 현재의 차이에서 발생한다. 환경의 변화나 사용자의 잠재욕구가 기업의 이상에 영향을 주는데, 이상과 현재 사이에 갈망적 차이가 발생하면 기업은 선행 기술팀이나 R&D 부서를 통해 극복하려 한다.

매우 다른 두 가지 종류의 혁신

여기에서 경쟁적 차이나 갈망적 차이와 밀접한 혁신의 개념을 알아보자. 하버드대학 교수 클레이튼 크리스텐슨Clayton Christensen이 구분한 '지속적 혁신sustaining innovation'과 '파괴적 혁신disruptive innovation'이 바로 그것이다.[16]

지속적 혁신은 기존의 제품이나 서비스를 점진적으로 개선해 미처 채우지 못한 사람들의 욕구를 충족시키는 혁신이다. 대표적인 사례가 반도체이다. 매번 기존의 것보다 더 빠르고 작은 반도체가 새로 나오지만, 사람들은 여전히 더욱더 빠르고 작은 반도체가 나오기를 기대한다. 3장에서 다룬 기술생명주기론에서도 조금 언급했듯이, 이처럼 지배적 디자인이 형성된 다음 일정 기간 동안 점진적으로 진행되는 혁신이 바로 지속적 혁신이다.

반면 파괴적 혁신은 기존 시장을 파괴하고 새로운 시장을 창출하는 혁신을 의미한다. 파괴적 혁신의 대표적인 사례로 일본 자동차 제조업체의 미국 진출을 들곤 한다. 처음 일본 업체들은 소형차 시장을 중심으로 값싸고 연비 좋고 잔고장 없는 제품을 들고 나왔다. 그때 미국 자동차 제조업체들은 소형차 시장이 규모가 작은 만큼 수익도 적다며 별 관심을 갖지 않았다. 좀 더 크고 호화로운 대형 세단이나 SUV처럼 큰 이익이 나는 시장에 집중했다. 결국 미국은 소형차 시장을 일본 자동차 업체에 헌납한 셈이 되었다. 소형차에서 시작한 일본 자동차 업체의 미국 진출은 중형차와 대형차를 지나 급기야 SUV 시장까지 잠식했기 때문이다. 이는 앞서 토머스 쿤이 이야기한 패러다임의 변화와 관련 있기도 하다. 일본 자동차 제조업체는 기존 패러다임이 목표로 하던 것과 전혀 다른 측면에서 문제를 규정하고 풀어나간 것이다.

이 같은 혁신 사례는 기업의 패러다임을 바꾸는 새로운 제품이나 서비스에 대한 이해를 돕는다. 하지만 정작 사용자 경험의 패러다임에서 일어나는 변화는 설명하지 못한다. 이것이 무척 아쉽다. 그렇다면 사용자 경험에서는 언제, 어떤 방향으로 지속적 혁신과 파괴적 혁신이 나타나는 것일까?

경험의 혁신적 균형점

지금까지 지속적 혁신과 파괴적 혁신으로 일어나는 지배적 디자인의 변화를 개인이 느끼는 '인지 부조화'와 기업이 느끼는 '차이'로 설명했다.

앞서 살펴봤듯, 사회문화적, 경제적 그리고 기술적 환경 요인은 사람들이 경험하는 세 가지 성격의 경험에 각각 다른 방향과 속도로 영향을 미친다. 이때 개인은 인지 부조화를 느끼고 기업은 지배적 디자인을 기준으로 경쟁적 차이를 느끼는데, 그 차이를 좁히기 위해 지배적 디자인이 특정 방향으로 변화를 일으키도록 유도하기도 한다.

그러나 이런 점진적 변화는 다양한 환경이 요구하는 모든 변화를 동시에 충족시키지 못한다. 기존의 지배적 디자인을 유지하려다 보면 관성에 따라 그중 어느 일정한 방향만을 강조하게 되기 때문이다. 지속적 혁신이 계속 진행될수록 지배적 디자인의 틀 안에서 경쟁적 차이를 극복하려는 기업의 노력은 소비자가 원하는 경험에서 오히려 멀어지고, 개인이 느끼는 인지 부조화는 심각해진다. 이러한 현상이 지속될수록 기존의 지배적 디자인으로는 더 이상 사람들이 느끼는 갈등을 해소할 수 없게 된다.

반면 이러한 갈망적 차이를 인지하는 기업은 기존의 지배적 디자인과 전혀 다른 방향으로 사람의 경험에 작동하는 새로운 제품이나 서비스를 만든다. 이는 기존의 지배적 디자인 안에서 지속적으로 변하던 경험과는 전혀 다른 방향으로 전혀 다른 문제를 해결할 수 있게 한다. 즉 지속적 혁신으로 인해 누적된 인지 부조화를 완전히 새로운 방법으로 해소해주는 패러다임의 변화가 발생하는 것이다. 이것이 결국 파괴적 혁신을 가져온다.

위의 이야기들은 다소 관념적이고 추상적이기 때문에 이해하기 어려울 수 있다. 이해를 돕기 위해서 구체적인 사례를 살펴볼 필요가 있다. 우선 세 가지 경험의 실타래를 기준으로 지속적 혁신의 패턴을 살펴보고, 그 다음 파괴적 혁신의 패턴도 알아보도록 하자.

감각적 경험의 지속적 혁신

UHD TV를 떠올려보자. UHD TV는 Full HD TV보다 선명한 초고화질 해상도로 실물에 가까운 생생한 화질을 제공하는 것이 특징이다. 기존 HD TV와 비교하면 화소가 적게는 네 배에서 많게는 열여섯 배 더 정밀하다. HD TV는 사람의 모공이 희미하게 보이는 데 비해 UHD TV는 모공뿐만 아니라 어린아이의 피부에 난 솜털까지 볼 수 있다. 또 UHD TV는 단순히 해상도만 높아진 것이 아니라 색 재현력도 좋아지면서 입체감 있는 화면을 전달할 수 있게 되었다. 이에 발맞춰 오디오 기술도 10.1 채널에서 최대 22.2 채널까지 구현해 앞뒤 좌우뿐 아니라 상하 수직의 입체적이고 실감 나는 음향을 청취할 수 있다. 따라서 기존 HD TV를 보던 사람들에 비해 UHD TV를 시청하는 사람들의 경험이 좀 더 TV 속 대상의 존재감을 선명하게 느낄 수 있게 진화되었다.

　이러한 방향은 이동용 게임기에서도 비슷하게 나타난다. 기존의 닌텐도 DS나 다마고치 게임기는 해상도가 낮고 입체감이 없어 실재감을

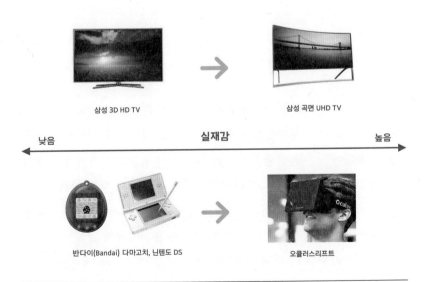

삼성 3D HD TV　　　　　　　　삼성 곡면 UHD TV

낮음　　　　　　　　　　실재감　　　　　　　　　　높음

반다이(Bandai) 다마고치, 닌텐도 DS　　　　　오큘러스리프트

그림 5. 감각적 경험의 지속적 혁신 사례

느낄 요소가 많지 않았다. 게임 자체의 특성상 사용자가 게임에 몰입하더라도 그것이 꼭 감각적 경험의 실재감 때문이라고 보기는 어려웠다. 하지만 최근에 나온 오큘러스리프트Oculus Rift라는 가상현실 게임 장비를 생각해보자. 헤드셋을 쓰면 장치가 머리의 움직임을 실시간으로 감지해 어느 방향으로 움직여도 그에 맞는 시각을 제공한다. 이때 오른쪽과 왼쪽 렌즈는 오목하게 굽어진 파노라마 디스플레이 영상을 보여준다. 머리의 방향을 좇는 센서와 양쪽 눈에 제공되는 각각의 디스플레이는 마치 사용자가 게임 속에 실제로 들어와 있다는 착각을 하게 만든다. 즉 이동용 게임기도 사용자가 더 높은 실재감을 느끼는 방향으로 발전되어왔다고 볼 수 있다.

이러한 경향은 3장에서 이야기했던 기술적이거나 사회문화적 환경의 변화와도 일치한다. 기술이 발전함에 따라 감각적으로 좀 더 생동감을 주고 즉각적으로 피드백하는 환경이 가능해졌고, 특히 사람들이 온라인 환경에 익숙해지면서 감각적으로 좀 더 높은 실재감을 느낄 수 있는 자극을 선호하는 경향이 생겼다. 따라서 감각적 경험은 실재감을 높이는 쪽으로 지속적으로 변화되어온 것을 확인할 수 있다.

판단적 경험의 지속적 혁신

내비게이션은 운전자가 낯선 목적지에 제대로 도달할 수 있게 경로를 탐색해주는 용도로 탄생되었지만 초기에는 별로 대중화되지 못했다. 수동으로 조작해야 하는 불편함 때문이었다. 이 사용법은 운전자에게 큰 위험을 초래하기도 했다. 이후 내비게이션은 자동화 기술과 함께 진화해왔다. 미국이 2000년부터 GPS 위성 자료를 전면 개방하면서 위성 신호를 활용한 내비게이션 시스템이 탄생했고, 이것은 운전자에게 정확한 위치를 자동으로 알려주는 데 크게 공헌했다. 이후로도 계속해서 내비게이션에는 여러 가지 자동 기능이 추가되었다. 그중 가장 대표적인 것이 실시간

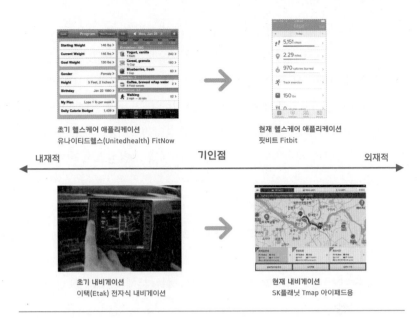

초기 헬스케어 애플리케이션
유나이티드헬스(Unitedhealth) FitNow

현재 헬스케어 애플리케이션
핏비트 Fitbit

내재적 ← 기인점 → 외재적

초기 내비게이션
이택(Etak) 전자식 내비게이션

현재 내비게이션
SK플래닛 Tmap 아이패드용

그림 6. 판단적 경험의 지속적 혁신 사례

교통 상황을 고려해 목적지까지 최단 경로를 계산해주는 기능이다. 이 기능은 기계가 운전자 대신 작업을 대신 수행해 운전자의 인지적 부담을 줄였다. 즉 판단적 경험의 기인점이 외재적으로 진화한 것이다.

또 다른 예로 개인용 헬스케어 기기도 있다. 초기 헬스케어 기기 또한 사용자가 일일이 수작업으로 개인의 건강 상태나 운동량 등의 정보를 입력해야 했다. 그러나 최근 웨어러블 디바이스와 연동되는 스마트 헬스케어 시스템은 사용자가 귀찮아서 잘 챙기지 못하는 일들을 대신하도록 개발되었다. 최근에 나온 핏비트Fitbit의 핏비트 차지Fitbit Charge는 1일 누적 이동 거리, 1일 누적 걸음 수, 1일 누적 칼로리 소모량, 1일 누적 활동 시간 등 필수 운동량을 자동으로 측정하고 보여준다. 이와 같은 운동 관련 데이터뿐 아니라 수면모드로 전환하면 총 수면 시간, 수면 중 뒤척이거나 깨어난 횟수 등을 자동으로 측정해 수면 효율 및 패턴을 분석하고, 가장 최적의 타이밍에 진동이 울려 사용자가 기분 좋게 깨어날 수 있게 유도하는 등 자동화된 건강 관리 프로그램을 제공한다. 개인용 헬스케어 기기는 무의식의 수면 패턴까지 자동으로 기록하는 등 앞으로 점점 더 외재적인 방향으로 기인점을 변화시켜갈 것으로 예상된다.

두 가지 사례에서 볼 수 있듯이 지배적 디자인이 결정되고 나면 사람들은 기기가 좀 더 자동화되는 방향으로 발전하기를 원한다. 이는 앞서 3장에서 이야기했던 바와 같이 기술적 환경의 변화 방향과도 부합한다. 즉 판단적 경험의 지속적인 혁신은 좀 더 외재적 기인점으로 변화한다.

구성적 경험의 지속적 혁신

구성적 경험의 관점에서 지속적으로 진화하는 사례로 SNS를 살펴보자. SNS는 개인 홈페이지, 블로그, 싸이월드 미니홈피 등에서 시작해 비교적 짧은 기간 동안 지금의 페이스북과 트위터 그리고 인스타그램으로까지 발전했다. 특히 SNS는 스마트폰이나 태블릿PC의 확산과 데이터/와이파이의 보급 등으로 언제 어디서나 자신의 상태를 업데이트할 수 있고, 다른 사람들과 실시간 정보를 공유할 수 있어 더욱 많은 사람들과 긴밀하게 의사소통할 수 있는 기반을 제공한다. 실시간으로 일어나는 현상이나 자신의 활동을 이미 아는 사람뿐 아니라 공통된 관심사를 가지고 있는 불특정 다수의 사람들과도 공유해 관계를 긴밀하게 가져갈 수 있는 환경이 마련되었다. 즉 SNS를 사용하는 사람들의 구성적 경험이 점점 더 응집도가 높은 쪽으로 변하고 있는 것이다.

관계의 응집도가 높은 방향으로 지속적으로 진화하는 것은 사람과 사람의 관계뿐 아니라 사람과 제품이나 서비스의 관계에서도 공통적으로 나타나는 현상이다. 예를 들어 현재 구글이 통합적으로 제공하고 있는 웹서비스를 생각해보자. 구글은 언제 어디서든 일을 처리할 수 있는 환경을 제공한다. 인터넷 브라우저인 크롬을 기반으로 다양한 서비스를 통합해 어떤 기기에서든지 자신의 정보와 연결되어 있는 서비스를 이용할 수 있다. 더 나아가 다른 사업자들이 제공하는 서비스와도 연동해 구

각종 프로그램 및 서비스   구글의 통합 서비스

낮음   관계의 응집도   높음

싸이월드 미니홈피   모바일 페이스북

그림 7. 구성적 경험의 지속적 혁신 사례

글 계정으로 페이스북이나 드롭박스와 같은 클라우드 서비스를 원활하게 사용할 수 있도록 돕는다. 다양한 서비스 사이의 응집도를 더욱 높인 사례이다.

위의 두 가지 사례에서 볼 수 있듯이 구성적 경험에서 일어나는 점진적 변화는 주로 관계의 응집도가 높아지는 방향으로 진화하는 경향이 있다. 일단 지배적 디자인이 정해지고 나면 그 범위 안에서 점진적으로 좀 더 많은 경험 요소들을 밀접하게 연결하는 방향으로 진화한다. 이는 3장에서 이야기한 기술의 진화 방향과도 비슷하고 사회문화적 환경이 변하는 방향과도 비슷하다.

감각적 경험의 파괴적 혁신

감각적 경험에서 파괴적 혁신이 일어난 사례로 2000년 초반에 한동안 선풍적인 인기를 몰았던 넷북netbook을 들 수 있다. 넷북은 '인터넷internet'

과 '노트북notebook'의 합성어로, 웹사이트의 간단한 콘텐츠 열람이나 전자우편, 채팅 같은 기본적인 작업 위주로 사용하는 목적에서 개발되었다. 상대적으로 가볍고 작아 휴대하기 편한 퍼스널 컴퓨터personal computer로 주목받았다. 하지만 넷북의 컴퓨팅 사양은 일반 노트북과 달라 3D 영상과 같은 콘텐츠를 소화하기 어려웠다. 당시에 노트북 컴퓨터가 좀 더 빠른 프로세서와 선명하고 큰 화면, 사실적인 음향을 제공하면서 실재감을 높이는 방향으로 발전하고 있었다면, 넷북은 작은 화면과 적당한 수준의 프로세서를 제공하는 대신 저렴한 가격으로 출시되어 시선을 끌었다.

그 무렵 나는 넷북 사용자 410명을 대상으로 설문조사를 진행했다. 왜 이렇게 넷북과 같은 저사양 휴대용 컴퓨터가 각광받을 수 있었는지를 알아보기 위해서였다. 설문조사를 시작하기 전에는 넷북의 성공 요인이 상대적으로 저렴한 가격이라고 짐작했다. 그러나 조사 결과는 조금 달랐다. 물론 저렴한 값도 중요한 이유 중의 하나였지만, 못지 않게 중요한 이유는 사람들이 넷북에 고마움을 느꼈기 때문이었다. 사람도 아니고 한낱 기계에 무슨 고마움을 느끼는지 의아했다. 그래서 좀 더 자세한 분석을 시도했고, 그 지점에서 매우 흥미로운 사실을 발견할 수 있었다. 넷북은 노트북보다 상대적으로 단순한 구조이다 보니 사용자가 별로 어렵지 않게 제품을 사용할 수 있다는 점이 중요했다. 더 나아가 사용자 스스로 이 정도의 기기쯤은 큰 노력이나 수고 없이 쓸 수 있다는 점에서 자신감을 느꼈다. 이러한 요인들에 넷북 사용자들은 고마움을 느꼈고, 더군다나 가격까지 저렴했기 때문에 넷북이 예상했던 것보다 더 많은 인기를 누릴 수 있었던 것이다. 넷북의 장점은 그 다음 세대에서 아이패드나 갤럭시패드와 같은 태블릿 기기로 전승되었다. 따라서 요즘 태블릿 기기들이 각광받고 있는 이유도 넷북과 마찬가지로 감각적 경험 측면에서 나타나는 파괴적 혁신으로 설명할 수 있을 것이다.

파괴적 혁신의 또 다른 예로 미니멀리즘 디자인을 채용한 애플의 제품들을 들 수 있다. 스마트폰이나 기타 가전 기기의 대부분은 실재감을 높이는 방향으로 디자인을 채택하는 반면, 애플의 아이폰, 아이패드, 아이맥iMac 등은 장식적인 요소를 최소화한 디자인 콘셉트로 미니멀리즘이 적용된 대표적인 사례라고 볼 수 있다. 예술사에서 미니멀리즘은 예술적인 기교를 최소화하고 사물의 본질만을 표현해 현실과 작품의 괴리를 최소화함으로써 리얼리티를 달성한다. 애플은 미니멀리즘 디자인을 아이폰뿐 아니라 아이패드나 기타 다른 제품들에 공통적으로 적용했고, 이를 통해 다른 제품들과 차별화되는 새로운 시장을 창출했다. 화려하고 선명한 실재감을 강조하는 다른 제품에 비해 단순하지만 세련된 실재감을 제공함으로써 감각적 경험의 파괴적 혁신의 예를 잘 보여주고 있다.

이러한 흐름으로 보건대 제품이나 서비스가 제공하는 감각적 경험은 사람들이 지각하는 실재감을 높이는 방향으로 지속적으로 발전하다가, 어느 순간이 지나면 사람들이 바라는 수준보다 훨씬 더 높은 감각적 실재감을 제공하는 제품들이 나타나기 시작한다. 그러나 사람들은 사회문화적으로 원하는 수준이나 경제적으로 지출할 용의가 있는 수준보다

넷북
아수스(Asus) EeePC 1015PN

노트북
후지쯔(Fujitsu) Life Book LH531

낮음   실재감   높음

미니멀리즘 디자인
애플 iMac 27

사실성 질은 디자인
에이서(Acer) Aspire X1700

그림 8. 감각적 경험의 파괴적 혁신 사례

훨씬 더 높은 수준의 실재감을 제공하는 제품이나 서비스를 접하면 인지 부조화를 느끼게 된다. 갈등은 결국 사용자에게 불안감이나 불만족을 준다. 그리고 갈등이 심화될수록 파괴적 혁신의 가능성은 높아진다. 그렇기 때문에 파괴적 혁신은 결국 지나치게 높아진 실재감을 확연하게 낮추는 방향으로 진행된다.

판단적 경험의 파괴적 혁신

판단적 경험 측면에서 파괴적 혁신이 이루어진 대표적인 예로 UCC 동영상을 들 수 있다. UCC는 일반 사용자의 자발적 참여로 만들어져 온라인상의 다른 사용자들과 공유되는 사용자 제작 콘텐츠를 의미한다.[17] 기존에 온라인에서 유통되는 대부분의 콘텐츠가 방송사나 신문과 같은 전문적인 콘텐츠 제작업체가 만든 것이었다면, 지금은 일반 사용자들이 자발적으로 참여해 제작한 콘텐츠가 유행하고 있다. 요즘은 일반 사용자들도 활발하게 블로그나 홈페이지에 개인의 의견이나 경험을 담은 게시물을 올리고, 직접 찍은 사진이나 동영상을 업로드한다. 이런 의미에서 UCC는 인터넷의 패러다임을 단방향에서 양방향으로 바꾼 큰 변화로 여겨지고 있다.[18] 즉 기존의 미디어 환경에는 전문 제작자가 콘텐츠를 제작해 사용자에게 제공하는 단일 통로만 존재했다면, 지금은 UCC를 통해 콘텐츠의 제작 형태와 유통 경로가 훨씬 다양해졌다.[19]

나는 2010년에 UCC를 활발하게 제작하고 공유하는 130명을 대상으로 그들의 동기를 연구했다.[20] 그 결과 흥미로운 사실들을 알게 되었는데, 적극적인 UCC 사용자의 내재적 동기가 서비스 이용에 강력한 영향을 미치고 있었다. 특히 자신이 만든 UCC가 스스로에게 매우 중요한 가치를 준다고 생각했다. 영상을 만드는 과정의 시작과 끝 모두 자신의 재량으로 진행하며 원하는 대로 편집하고 보정할 수 있다는 점에서 매우 높은 자율성을 갖기 때문이었다. 반면 금전적인 보상이나 유명해지고 싶어 하는 외재적 동기들은 서비스를 사용하는 데 크게 영향력을 미치지 못하는 것으로 밝혀졌다. 더욱 재미있는 것은 이렇게 내재적 동기로 UCC를 만든 사람들의 동영상은 꽤 창의적이고 완성도가 높다고 평가받는다는 사실이다. 따라서 UCC의 출현은 기존의 방송사나 신문사와 같은 전문가가 만든 콘텐츠를 수동적으로 소비하기만 하던 외재적 방향에서 완전히 돌아서 내재적 기인점이 작용했다고 볼 수 있다. 최근에는 UCC 콘텐츠만을 전문으로 제공하는 서비스업체에서 TV로 공중파를 시청하는 것과 동일한 방식으로 온라인 콘텐츠를 볼 수 있도록 서비스하면서 내재적 동기로 만들어진 UCC 콘텐츠가 더욱 각광받고 있다. 어쩌면 아마추어가 만들어 조금은 투박한 UCC가 세련되었지만 그다지 흥미를 끌지 못하는 전문 방송 콘텐츠를 잠식할 것 같은 생각도 든다.

좀 더 최근의 사례로는 필립스Philips에서 만든 휴hue라는 스마트 전구를 들 수 있다. 그 동안 대부분의 전구는 기능적인 목적에만 충실하게 사용되었다. 물론 몇몇 디자이너의 작품처럼 조명 기기에 감성적인 부분을

그림 9. 판단적 경험의 파괴적 혁신 사례

부각시키는 경우도 있었지만 극히 제한된 시장에 국한되어 있었다. 지금까지 전구에서 가장 중요한 것은 얼마나 적은 전력으로 얼마나 오래 빛을 발하느냐였다. 그러나 최근 주목받고 있는 제품인 휴는 사용자에게 내재적 가치를 제공하는 방향으로 변하고 있다. 휴는 조명의 전원이나 밝기 등을 스마트폰 애플리케이션으로 조작할 수 있는데, 사용자는 애플리케이션으로 원하는 조도와 색을 직접 선택한다. 이 제품의 특징은 스마트폰을 통해 기존의 전구보다 더 다양한 즐거움을 누릴 수 있다는 점이다. 예를 들어 2014년 브라질월드컵을 위해 개발된 '휴 월드컵' 애플리케이션은 축구 경기를 관람하는 내내 긴장감과 환희 혹은 놀람의 감정을 휴의 다양한 조명 효과로 표현할 수 있게 했다. 자신이 응원하는 나라를 선택하면 휴의 조명 색이 해당 국기 색으로 변한다. 그뿐만 아니라 각 나라의 국가를 재생하면 리듬에 맞춰 전구 색이 다채롭게 변한다. 대한민국을 선택하면 애국가 음원이 재생되면서 빨간색, 하얀색, 파란색 위주로 전구의 색이 리듬에 맞춰 변한다. 제품의 목적이 기능 일변도에서 감성적 즐거움으로 전환되면서 판단적 경험이 지금까지 외재적 방향으로 진화해왔던 흐름에서 내재적 방향으로 역행한 파괴적 혁신의 한 사례라고 볼 수 있다.

위의 두 사례에서 보듯이 판단적 경험에서 나타나는 기인점의 변화는 일반적으로 외재적 방향으로 점차 진화한다. 일단 지배적 디자인이 결정되고 나면 관성의 법칙에 따라 계속해서 더 외재적인 방향으로 나아간다. 그러나 어느 순간 사용자가 사회문화적으로 원하는 수준을 넘어서게 되면 이때부터 실제 사용자가 원하는 것과 점진적으로 발전한 지배적 디자인 사이에서 역동적인 갈등이 발생하고, 그 갈등이 심화되면 역방향으로 급격히 돌아서는 파괴적 혁신이 일어날 확률이 높아지는 것이다.

구성적 경험의 측면에서 파괴적 혁신이 발생하는 사례로 웨어러블 디바이스의 출현을 들 수 있다. 휴대용 기기에서 지배적 디자인을 보여주는 대표적인 제품이 스마트폰이다. 스마트폰은 수많은 기능을 하나의 기기로 수행할 수 있는 융합형 제품이다. 이렇게 한 제품 내에서 기능 간 관계의 응집도가 높아지면 여러 가지 기능을 연결하기도 수월해지고, 한 기기만 가지고도 다양한 일을 편리하게 해결할 수 있다.

그러나 관계의 응집도가 높아질수록 필연적으로 시스템은 복잡해진다. 시스템이 복잡해지면 효과적인 수행을 위해 더 빠른 프로세서와 더 많은 메모리가 필요한데, 이는 곧 제품 가격의 상승을 불러온다. 그뿐만 아니라 사용자가 수행하는 과업도 복잡해져 점점 제어하기 어려운 제품이 되고 만다. 그러나 최근 들어 기하급수적으로 출시되고 있는 웨어러블 디바이스는 매우 간단한 구조와 한 가지 기능에 특화된 제품으로, 제품 내 기능 간에 관계의 응집도를 대폭 낮추는 추세를 보이고 있다. 이는 구성적 경험에서 파괴적 혁신이 발생한 사례라고 볼 수 있다.

또 다른 사례로 한계형 SNS^{constrained SNS}를 생각해볼 수 있다. 페이스북이나 트위터와 같은 SNS들은 관계의 응집도를 더 높여주는 쪽으로 꾸준히 발전되어왔다. 더 많은 사람과 관계를 맺도록 도와주고, 관계 안에서 친밀도를 높여주는 방향으로 새로운 기능이나 서비스를 개선하는 등 사람들이 더 가깝게 연결될 수 있는 방법을 꾸준히 제공했다. 그러나 이렇게 관계의 응집도 수준이 높아지다 보니 여러 가지 부작용들이 나타나기 시작했다. 너무 많은 사람들과 정보가 공유되면서 정보의 과부화 현상이 발생한 것이다. 더불어 개인 정보 보호가 중요한 이슈로 대두되면서 사용자들은 한 서비스 안에서 친구 관계가 늘어나는 것에 점점 거부감을 느끼기 시작했고, 다른 사람에게 노출되는 자신의 개인 정보에 민감하게 반응하게 되었다. 이러한 상황에서 한계형 SNS가 등장했다.

한계형 SNS의 대표적인 예로는 시간적 한계를 부여하는 스냅챗

웨어러블 디바이스   스마트폰
핏비트 Fitbit Charge

낮음   관계의 응집도   높음

한계형 SNS   일반적 SNS
스냅챗, 돈톡   페이스북, 트위터

그림 10. 구성적 경험의 파괴적 혁신 사례

snapchat이나 돈톡DonTalk을 들 수 있다. 스냅챗은 정보를 공유하되 정보가 무제한으로 저장되지 않도록 휘발성 메시징 시스템을 도입했다. 기존 채팅이나 문자 서비스에서 사용자들이 으레 기록된 대화 내용을 상기하며 관계의 친밀도를 높였던 것과는 반대로, 스냅챗은 일정 시간이 지나면 대화 내용이 자동으로 소멸된다. 따라서 사용자는 어떤 내용을 주고받았는지 신경 쓸 필요가 없고, 이전에 받았던 메시지에 반드시 답해야 하는 의무감도 덜게 되었다.

일반적으로 제품이나 서비스의 구성적 경험은 주로 관계의 응집도를 높이는 방향으로 발전되었으나, 어느 지점에서 응집도가 너무 높아지면 사람들은 사회문화적으로 이를 수용하는 것을 어려워하게 되고 경제적으로 지불할 수 있는 범위를 초과했다고 여기게 된다. 그 정도가 크면 클수록 더 큰 갈등을 느껴 결국 관계의 응집도를 낮추는 방향으로 파괴적 혁신이 발생할 확률이 높아진다.

기술뿐 아니라 그 기술을 사용하는 사용자 경험에도 지속적 혁신과 파괴적 혁신이 모두 존재한다. 이러한 혁신은 사회문화적, 기술적, 경제적 환경의 변화와 변화를 받아들이는 사용자의 상태, 이를 활용하는 기업이라는 세 가지 구성 요소 간의 상호작용 속에서 만들어진다. 일단 지배적 디자인이 형성되면 기업은 경쟁우위를 유지하기 위해 단방향으로 점진적 변화를 지속하고자 한다. 그러나 일정 수준을 넘어서면 점진적 혁신은 사용자에게 인지 부조화를 초래하기 시작하는데, 부조화가 심해지면 더 이상 기존의 지배적 디자인으로 부조화를 해결할 수 없게 된다. 이때 갈망적 차이를 이용하는 똑똑한 기업이나 사업가에 의해 점진적 혁신이 추구하던 방향과는 정반대의 파괴적 혁신이 시작되면서 새로운 지배적 디자인이 만들어진다.

과거에는 사용성 평가를 할 때 주로 점진적 혁신에 초점을 맞춰 진행했다. 기존 제품이나 서비스의 사용성에 문제가 있는지를 파악해서 이를 개선하는 방안으로 새로운 인터페이스나 인터랙션을 제공했기 때문이다. 그래서 기존의 인간 중심 디자인 방법론은 점진적 혁신에 더 적합한 디자인 방법론이라고 평가되기도 한다.[21] 따라서 사용자 경험의 관점에서 파괴적 혁신을 다룬 사례는 그리 많지 않다. 파괴적 혁신이 시도되는 빈도도 적고 성공 확률도 그다지 높지 않기 때문이다. 그러나 우리가 파괴적 혁신에 주목해야 하는 이유는 시장의 지배적 디자인을 극복하고 새로운 지배적 디자인의 창출을 도모할 수 있는 절호의 기회이기 때문이다.

다만 너무 섣부르게 파괴적 혁신을 도모하는 것은 바람직하지 않다. 왜냐하면 사람들이 느끼는 인지 부조화의 갈등이 충분하지 않은 상태는 곧 대부분의 사용자가 현재의 지배적 디자인에 어느 정도 만족하고 있다는 의미이기 때문이다. 따라서 이 단계에서는 지배적 디자인 범위 안에서 다른 기업과 경쟁적 차이를 줄이는 점진적 혁신에 주력해야 한다. 즉 현재의 지배적 디자인이 중점을 두고 있는 부분에서 다른 경쟁 기업보다 더 좋은 성과를 나타내는 제품이나 서비스를 디자인해야 한다. 그러나 갈등이 충분히 커지고 갈망적 차이를 줄일 수 있는 방법이 있으면 더 이상 기존의 지배적 디자인에 연연하지 말고 파괴적 혁신을 이룰 제품이나 서비스를 적극적으로 도모해야 한다. 이를 위해서는 몇 가지 선행 조건이 필요하다.

첫째, 현재의 지배적 디자인을 사용자 경험 측면에서 이해해야 한다. 즉 지배적 디자인이 실재감이나 기인점 그리고 관계의 응집도 관련해서 어떤 특징을 가지고 있는지 면밀히 파악해야 한다. 이를 위해서는 3장에서 다룬 경험의 3차원 모형을 작성해보는 것이 도움이 될 것이다.

둘째, 지금까지 점진적 혁신이 진행되던 방향과 수준을 이해해야 한다. 즉 제품이나 서비스에서 지배적 디자인이 정해진 이후로 감각적 경험의 실재감은 주로 어떤 방향으로 변했는지, 판단적 경험의 기인점은 어떤 방향으로 변했는지, 구성적 경험의 관계의 응집도는 어떤 방향으로 나아가고 있었는지를 파악해야 한다. 앞서 일반적으로는 실재감이 높아지고, 기인점이 외재적으로 이동하며, 관계의 응집도가 높아지는 방향으로 변한다고 언급했지만 이는 어디까지나 일반적인 경향일 뿐이다. 제품이나 서비스의 특성에 따라 얼마든지 다른 방향성을 가진 파괴적 혁신이 일어날 수도 있다.

셋째, 사용자가 현재의 지배적 디자인에 느끼는 인지 부조화의 수준을 측정해야 한다. 두 가지 방법으로 측정 가능하다. 먼저 세 가지 경험의 실타래에 대해 사용자가 원하는 실재감, 기인점, 응집도의 수준과 현재 지배적 디자인이 제공하는 수준의 차이를 파악하는 것이다. 차이가 크면 클수록 인지 부조화는 높을 수밖에 없다. 또 다른 한 가지 방법은 인지 부조화로 인해 나타나는 부정적 증상을 측정하는 것이다. 앞서 이야기한 바와 같이 인지 부조화는 감각적 경험의 측면에서 절망과 짜증, 판단적 경험의 측면에서 자신의 판단에 대한 의구심, 그리고 구성적 경험의 측면에서 제품 구입 절차나 상대방에 대한 불만 등으로 측정된다.

위와 같은 방법으로 경험의 새로운 균형점을 도출하면, 그 다음 단계에서는 사람들에게 새로운 경험을 제공하기 위한 효과적인 방법을 찾아야 한다. 즉 감각적 경험의 실재감을 높이거나 낮출 수 있는 경험 요인, 판단적 경험의 기인점을 내재화하거나 외재화하도록 조절하는 경험 요인, 마지막으로 구성적 경험의 관계의 응집도를 높이거나 낮추는 경험 요인으로 어떤 것들이 있을지 전략적으로 생각해야 한다. 그리고 이렇게 발견한 경험 요인을 실제 제품이나 서비스에 어떻게 반영할 수 있을지 적용 가능한 여러 디자인 요소를 고민해야 한다. 이에 대한 답은 남은 장에서 찾아보자.

요약

1

지배적 디자인은 시간에 따라 변하기 마련이다. 영원한 지배적 디자인은 없다.

2

혁신은 거시적 환경 요인의 변화, 사람이 느끼는 인지 부조화, 기업이 가지고 있는 차이 간의 갈등을 통해 결정된다.

3

기업은 경쟁 제품이나 서비스에 대항해 기존의 지배적 디자인의 범위 안에서 지속적 혁신을 도모한다.

- 일반적으로 지속적 혁신은 감각적 몰입도를 높이고 외재적 기인점을 강조하며 관계의 응집도를 높이는 방향으로 이뤄지는데, 이것은 인간과 기업에 관성의 법칙이 작용하기 때문이다.

- 지속적 혁신이 오래 진행될수록 지배적 디자인은 인지 부조화를 초래하는데, 이것이 심해질수록 갈망적 차이는 커진다.

4

갈망적 차이를 이해한 기업은 새로운 지배적 디자인을 만드는데, 이것을 파괴적 혁신이라고 한다.

- 파괴적 혁신은 기존의 점진적 혁신이 추구해왔던 경험의 방향을 정반대로 돌려놓는 새로운 패러다임을 만든다.

생각해볼 주제

1

관심 있는 제품이나 서비스 분야에서 현존하는 지배적 디자인을 찾아보자. 그리고 지배적 디자인에 대한 경험의 3차원 모형을 작성해보자.

2

관심 있는 제품이나 서비스 분야의 점진적 혁신이 어떤 방향으로 얼마나 진행되고 있는지를 분석해보자.

3

지배적 디자인에 영향을 미칠 수 있는 외부 환경의 변화를 SET 프레임을 이용해 분석해보자.

4

지배적 디자인에 대해 사용자가 가지고 있는 인지 부조화의 수준을 분석해보자.

5

지배적 디자인에 대해 기업이 가지고 있는 갈망적 차이와 경쟁적 차이를 분석해보자.

6

지배적 디자인이 가지고 있는 거시적 환경의 변화, 사용자가 느끼는 인지 부조화, 기업이 가지고 있는 갈망적·경쟁적 차이를 바탕으로 새로운 지배적 디자인은 어떤 방향으로 변할지 예측해보자.

7

관심 있는 제품이나 서비스 분야의 파괴적 혁신이 어떤 방향으로 어떻게 진행될지 예측해보자.

5

센스 있는 경험을 위한 디자인

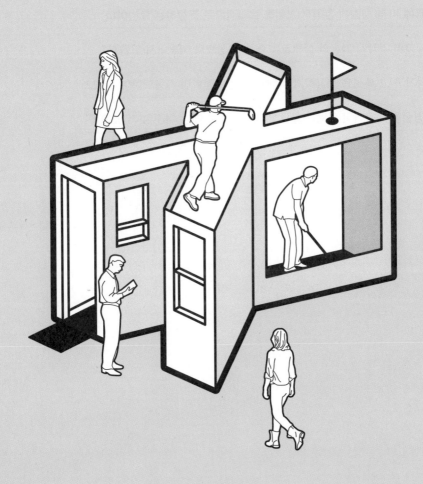

어떤 사람을 보며 '참 센스 있다'고 생각할 때가 있다. 나서야 할 때와 기다려야 할 때를 알고 제 역할에 충실한 사람을 주로 그렇게 표현한다. 이와 비슷하게 제품이나 서비스의 특성을 과하지도 그렇다고 모자라지도 않게 실감하는 경험을 센스 있는 경험이라고 한다. 이것을 감각적 경험의 실재감으로 설명할 수 있다. 사용자가 사용하는 제품이나 서비스의 존재를 얼마나 뚜렷하게 지각하느냐를 의미한다. 실재감은 외부 환경의 변화에 따라 사람의 감각적 경험을 효과적으로 조절하는 요인이다. 그렇다면 감각적 경험의 실재감은 어떤 속성으로 이루어져 있을까? 사용자가 그 특성을 실감하기 위해서는 어떤 경험이 제공되어야 할까? 그 경험을 제공하기 위해서 필요한 디자인 요소에는 어떤 것이 있을까?

빌딩 숲 속에서도 골프를 친다

나는 골프를 못 친다. 안식년을 미국에서 보내며 한두 달 배워본 적은 있지만 한국에서는 골프장을 가본 적이 거의 없다. 하루를 통째로 비우고 서울 근교에 있는 골프장을 다녀올 만큼 시간적으로 여유 있는 삶을 살지 못하고 있는 탓이기도 하지만, 한 번에 최소 몇십만 원이나 되는 비용을 지불해야 한다는 부담감도 골프장을 가지 않는 이유이다.

그런데 최근 몇 년에 걸쳐 골프와 관련된 흥미로운 사실 하나를 관찰할 수 있었다. 각 산업체의 고위 관리자를 대상으로 하는 MBA 수업을 진행하면서 그들에게 국내 제품이나 서비스 가운데 혁신적인 경험을 제공하는 사례를 조사하게 했는데, 한 학기에 한 팀 이상은 꼭 스크린골프를 선정해오는 것이었다. 스크린골프는 실내에서 스크린을 보면서 18홀을 경기하는 시뮬레이션 게임이다. 저렴한 비용과 시간 절약이라는 이점이 있지만, 나에게는 꽉 막힌 공간에서 스크린만 쳐다보며 골프채를 휘둘러야 하는 곳이라는 선입견이 있었다. 그러나 매년 학생들이 좋다고 하니 약간의 호기심이 생겨 직접 체험해보기로 했다.

스크린골프장을 처음 방문했을 때 가장 놀란 것은 화면의 해상도였다. 내가 간 스크린골프장은 각 방에 선명한 해상도를 자랑하는 큰 화면이 하나씩 있어 실감나는 공간을 재현했다. 스피커를 통해 간간이 들리는 새소리 덕분에 에어컨에서 나오는 바람도 실제 야외에서 불어오는 바람처럼 느껴지기까지 했다. 게임을 시작하기 전에 자신이 원하는 골프장 환경을 선택할 수 있는데, 국내뿐 아니라 해외 유명 골프장까지 시뮬레이션되어 있었다. 예전에 한두 번 간 경험이 있는 골프장을 선택했더니 지형지물을 거의 똑같이 묘사해놓아 흠칫 놀랐다.

게임을 시작하면 사용자는 실제 필드에서 골프를 치는 것과 동일한 방식으로 게임을 즐길 수 있다. 실제 골프채와 실제 골프공을 사용하기 때문이다. 처음 멀리 칠 때는 드라이버, 벙커에 빠지면 샌드웨지, 마지막 퍼팅에는 퍼터로 각 상황에 맞는 골프채를 바꿔가며 진행한다. 특히 인상적이었던 것은 센서의 정확도였는데, 예를 들어 공이 매트 위에 정확히 위치해야만 센서에 불이 들어오고 공을 칠 수 있는 식이었다. 센서가 공과 골프채의 궤적을 측정해 게임을 시뮬레이션하는 원리로, 직접 쳐본 결과 실제 필드에서 칠 때와 비슷한 비거리가 나오고 구질 역시 거의 정확했다. 여러 가지 방면에서 실제 필드에서 운동하는 것과 상당히 비슷했다. 가끔씩은 실제 야외에서 골프 라운딩을 돌고 있다는 착각이 들 정도였으니, 매 학기마다 MBA학생들이 혁신적인 서비스의 사례로 스크린골프 사례를 가지고 오는 것도 충분히 이해되었다.

실재감에 영향을 미치는 경험 고리

2장에서 살펴봤듯이 감각적 경험은 내가 보고 듣고 만지면서 경험한 직접적이고 구체적인 경험이다. 또한 감각적 경험은 판단적 경험이나 구성적 경험의 기초 자료를 제공해주는 것으로, 단지 지각하는 것뿐 아니라 지각한 것에 반응하는 우리의 행동까지도 포함한다. 스크린골프장에서 어디선가 들려오는 새소리를 듣고 잔잔한 에어컨 바람을 맞으면서 골프채의 각도를 조절하는 행위 모두가 감각적 경험이라고 할 수 있다. 이런 과정에서 감각적 경험의 품질을 결정하는 중요한 전략적 조절 요인이 실재감이다. 스크린골프장은 실재감이 높은 경험에 속한다. 화면에 영사되는 골프장이 실제 골프장과 동일한 환경과 구도를 재현해 마치 그 골프장을 실제로 방문한 것처럼 느꼈을 뿐 아니라, 인터넷을 통해 멀리 떨어진 곳에 있는 친구와 함께 게임할 수 있어 마치 친구가 옆에 있는 것 같았다. 그림 1은 내가 경험한 스크린골프장을 경험의 3차원 모형으로 표현한 것이다.

　감각적 경험의 실재감을 구성하는 속성은 크게 '지각적 속성'과 '행동적 속성'으로 나눌 수 있다. 지각적 속성은 우리가 오감으로 느끼는 자극이 얼마나 사실적인지를 의미한다. 실제 대상과 아주 비슷한 그림은 실재감이 높다고 볼 수 있다. 신라 시대 황룡사에 있는 솔거가 그린 벽화 속의 소나무가 실제와 매우 비슷해 새들이 날아와 앉으려다 벽에 부딪쳤다는 극단적인 일화도 있지 않은가. 반면 행동적 속성은 우리가 어떤 행동을 했을 때 그 행동에 얼마나 사실적으로 반응하는지를 의미한다.[1] 스크린골프장에서 시스템을 작동시키는 방법이 복잡해 경기가 자주 중단되는 것보다 끊김 없이 부드럽게 경기를 이어갈 수 있을 때 좀 더 높은 실재감을 느낄 것이다.[2]

그렇다면 사용자 경험에서 말하는 감각적 경험의 실재감을 결정하는 중요한 경험 요인에는 어떤 것이 있을까? 실재감에 대한 과거 연구들을 기반으로, 대표적인 지각적 속성으로는 '생동감vividness'을, 대표적인 행동적 속성으로는 '상호작용성interactivity'을 들 수 있다.[3] 이제부터 그 요인들을 자세히 살펴보자.

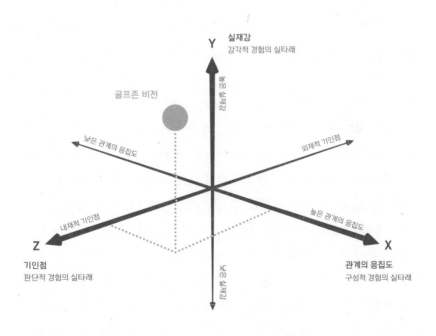

그림 1. 스크린골프장 경험의 3차원 모형

요즘 극장에 가면 4D라는 단어를 어렵지 않게 볼 수 있다. 이는 기존의 3D 필름에 물리적인 효과를 추가한 것인데, 로봇 전투 장면에서 실제 화약 냄새를 풍기거나 추운 겨울 장면에서 차가운 바람을 내보내는 식이다. 3D 영화보다 더 선명한 화질과 함께 촉각이나 후각 자극을 제공해 더욱 생생한 경험을 제공한다.

반면 호텔 라운지나 병원 대기실에서 흔히 들을 수 있는 라운지음악 lounge music을 떠올려보자. 라운지음악은 공간의 분위기를 조성하는 목적으로 사용되기 때문에 가급적 사람들의 주의를 끌지 않아야 한다. 그렇다 보니 주로 조용하고 잠잠하며 자극적이지 않은 이지리스닝easy listening 장르의 편안한 음악이 선곡된다. 생동감이 매우 낮은 사례라고 할 수 있다.

생동감은 어떤 매체를 통해 사람의 감각에 제공되는 자극의 특성이 얼마나 풍부하게 표현되었는지를 의미한다.[4] 구체적이고 자세한 정보가 추상적인 정보보다 더 생생하고, 그림이나 동영상이 글보다 더한 생동감을 준다.[5] 생생한 디자인의 웹사이트를 보면 시각이나 청각 등 인간의 감각을 이용해 감각적으로 풍부한 내용을 전달한다. 이런 생생한 자극은 우리의 감성을 자극하고 상상을 불러일으킨다.[6]

과거에는 주로 자극을 전달하는 매체의 기술적 특성을 기준으로 생동감을 생각했다. 이러한 기준에 따르면 생동감은 두 가지 기술적 요소로 정의되어왔다. 하나는 '자극의 넓이', 다른 하나는 '자극의 깊이'이다.[7] 자극의 넓이는 동시에 제공할 수 있는 감각 채널, 즉 감각 전달 경로의 다양성을 의미한다.[8] 우리가 일반적으로 이야기하는 시각, 청각, 촉각, 후각, 미각이 여기에 해당되고 혹자는 우리 몸의 기본 평형 감각도 감각 채널의 하나로 간주한다. 라운지음악은 청각에만 의존하기 때문에 자극의 넓이가 상대적으로 좁은 반면, 4D 영화는 시각, 청각, 촉각, 후각을 모두 사용하므로 라운지음악에 비해 상대적으로 자극의 넓이가 크다고 할 수 있다. 자극의 깊이는 각각의 감각기관을 통해 지각된 자극의 품질이라고 할 수 있다. 일반적으로는 자극에 대한 정보를 처리한 분량이나 그것을 전달한 경로의 대역폭으로 결정된다. 라운지음악은 음질이 그다지 좋지 않아도 무관하기 때문에 음원 파일의 크기가 상대적으로 작은 편이지만, 4D 영화는 영상의 해상도가 매우 높으므로 영상 파일이 크다.

따라서 실재감과 관련 있는 감각 채널의 수와 자극의 질을 조절해 생동감을 높이면 실재감도 높아진다.[9] 당연하게도 시각적 자극이나 청각적 자극 중 어느 하나만 제공되는 것보다 모두 제공되었을 때 좀 더 높은 실재감을 느낄 수 있기 때문에 라디오보다 TV가, TV보다 4D 영화가 더 높은 실재감을 준다.[10] 또 시각 자극의 해상도가 높고 시청 거리가 짧을수록 더 높은 실재감을 준다. 실제 사진이나 영상이 간단한 스케치나 애니메이션보다 더 높은 실재감을 불러일으키는 것도 마찬가지 이유이다.[11] 자극의 종류나 자극의 깊이가 우리가 느끼는 생동감을 구성하고 있고, 이들이 각각 실재감에 영향을 미치고 있기 때문에 생생한 자극을 제공할수록 더 높은 실재감을 느낄 수 있다.

상호작용성, 대표적인 행동적 속성

애플에서 제공하는 기본 프로그램 중 개러지밴드garage band라는 소프트웨어가 있다. 일반인이든 전문가든 쉽게 사용할 수 있는 작곡 프로그램이다. 이 프로그램으로 키보드나 기타뿐 아니라 타악기, 보컬까지도 자유자재로 소리 내어 새로운 음악을 만들 수 있다. 내 마음대로 원하는 악기를 선택해 원하는 리듬과 멜로디를 바로 악보에 그릴 수도 있다. 작곡하면서 연주해보고 마음에 안 드는 부분은 즉시 수정 가능하다. 사용자의 조작에 따라서 기타 줄의 떨림과 같은 미세한 부분도 임의로 조작할 수 있다.

반면 지상파 방송이나 주요 일간지의 기사는 어떤가. 대부분의 제작은 전문 방송인이나 기자의 몫이고 시청자와 독자의 참여는 거의 일어나지 않는다. 방송이나 보도 이후 반응에 따라 다음 회차에 정정 보도가 나올 수는 있으나, 이미 배포된 방송이나 신문 기사의 내용을 수정할 수 있는 방법은 없다.

상호작용성은 사용자가 대상을 얼마나 변형시킬 수 있느냐를 의미한다. 변형의 종류는 크게 세 가지로 구분할 수 있다. 첫째, 상호작용의 속도 또는 반응 속도이다. 가장 빠른 속도는 당연히 실시간으로 반응하는 것이다. 가상 환경에서 사용자가 해당 시스템의 형태나 내용을 실시간으로 변형시킬 수 있으면 상호작용성이 높은 것이다. 애플의 개러지밴드는 실시간으로 음악을 변형할 수 있기 때문에 상호작용성이 높다고 할 수 있다. 둘째, 상호작용의 범위이다. 얼마나 많은 속성을 얼마나 다양하게 바꿀 수 있는지로 따져볼 수 있다. 방송이나 일간지처럼 시청자나 독자가 기껏해야 독자평을 쓴다든지 편집자에게 전화를 거는 것 외에는 소통할 수 있는 방법이 없는 경우를 상호작용의 범위가 좁다고 말한다. 셋째, 상호작용의 매핑mapping이다. 사람이 시스템을 사용하는 행위가 일상 행위와 얼마나 일치하는가로 판단한다. 예를 들어 자동차 레이스를 하는 컴퓨터 게임에서 게임 전용 핸들을 왼쪽으로 틀면 차의 진행 방향도 왼쪽으로 바뀌고, 오른쪽으로 틀면 오른쪽으로 바뀌는 것은 매핑의 수준이 매우 높은 것이다. 반면 컴퓨터 게임에서 자동차 속도를 줄이기 위해 브레이크 페달을 밟는 대신 왼쪽 마우스를 클릭해야 하는 것은 매핑의 수준이 낮은 것이다.

인간과 인간, 인간과 시스템, 인간과 메시지 등 어떤 상호작용에서든지 속도와 범위 그리고 매핑의 수준은 곧 상호작용성의 수준을 결정한다. 다시 개러지밴드를 예로 말하자면, 남들이 작곡해놓은 음악을 그저 듣는 것만으로는 음악의 실재감을 느끼는 것에 한계가 있을 수 있다. 그러나 음악을 들으면서 감상자가 그 음악을 직접 변형할 수 있으면 이야기는 달라진다. 개러지밴드는 감상자가 임의로 음조나 템포를 조절해볼 수 있고, 그 방식이 작곡가들이 실제 작곡 기계를 만지는 방식과 일치하기 때문에 음악의 실재감이 더욱 크게 느껴진다. 이는 대상과의 상호작용성이 높을수록 대상에 대한 실재감도 높아지기 때문이다.

생동감과 상호작용성 사이에서
선택할 수 있는 경우의 수

다시 위의 예들을 살펴보자. 스크린골프장에 간 당신이 직접 경기하는 대신 다른 사람이 경기하는 것을 구경만 할 경우, 아무리 실제 모습과 유사한 스크린 속 골프장을 눈으로 볼 수 있다 할지라도 보는 것만으로 실제 골프장 필드 위에 있다는 느낌을 받기는 어려울 것이다. 또 스크린골프장이 아닌 일반 PC로 골프 게임을 할 때처럼 공이 어느 지점에 떨어졌는지 그저 문자 정보로만 받는다면 실재감은 현격하게 감소할 것이다. 여기에서 실재감을 높이기 위해서는 생동감과 상호작용성을 모두 높여야 한다. 하지만 라운지음악처럼 의도적으로 실재감을 낮추고 싶으면 생동감과 상호작용성 모두 줄여야 효과적이다. 또 경우에 따라서는 평이한 수준의 실재감을 제공하기 위해서 생동감을 높이고 상호작용성을 낮추거나, 생동감을 낮추고 상호작용성을 높일 수도 있다. 즉 실재감을 효과적으로 조절하기 위해서는 생동감과 상호작용성을 독립적으로 제어하는 방법을 알아야 한다.

그런데 여기서 주의할 점이 있다. 자극이 가지고 있는 생동감이나 상호작용성보다 자극을 경험한 사용자가 느끼는 생동감과 상호작용성이 더 중요하다는 점이다. 결국 실재감이라는 것은 사람이 감각적으로 느끼는 경험이기 때문이다. 따라서 제품이나 서비스의 사용자가 최적화된 수준의 생동감과 상호작용성을 느끼게 만들기 위해서는 실재감의 두 가지 속성과 직접 연결된 사용 경험 요인을 파악해야 한다. 또 생동감과 상호작용성을 이해한 뒤 실재감의 다양한 디자인 요소까지 도출해야 한다. 구체적인 요소를 알아보기 위해서는 먼저 다양한 사례를 살펴볼 필요가 있다. 여덟 가지 사례를 통해 생동감과 상호작용성 사이에서 가능한 경우의 수를 나눠보자.

표 1과 같이 어떤 제품이나 서비스의 실재감을 분석할 때에는 생동감이 매우 높거나 낮은 경우와 상호작용성이 매우 높거나 낮은 경우로

	높은 생동감		낮은 생동감	
높은 상호작용성	골프존 비전	수 노래방	닌텐도 Wii	SBS 고릴라
낮은 상호작용성	삼성전자 UHD TV	케이라이브	아마존 킨들	라운지음악

표 1. 다양한 생동감과 상호작용성을 보여주는 대표적인 지배적 디자인 사례

구분하면 유용하다. 각각의 경우에 제품 한 가지와 서비스 한 가지를 선정해 총 여덟 가지 사례를 뽑았다. 여기에서 언급하는 제품이나 서비스는 최근까지도 지배적 디자인의 위치에 있던 사례들이다. 생동감이나 상호작용성 측면에서 선명한 특징을 가지고 사용자에게 좋은 경험을 제공해준 셈이다. 각 사례가 왜 이렇게 구분되는지는 해당 제품이나 서비스를 구체적으로 들여다보면 더 명확해질 것이다. 이러한 사례들을 정밀분석함으로써 생동감이 높은 경우에는 어떤 사용 경험 요인이 중요하게 작용하고 어떤 디자인 요소들로 구현할 수 있는지를 파악할 수 있다. 상호작용성이 높은 경우도 마찬가지이다.

골프존 비전: 골프 시뮬레이터

스크린골프의 정식 명칭은 골프 시뮬레이터이다. 스크린골프는 기본적으로 스크린을 향해 골프공을 치는 동작과 화면에 영사된 골프장에서 공이 날아가는 모습 사이에 일어나는 자연스러운 상호작용을 전제로 한다. 2012년 출시 된 골프 시뮬레이터 개발업체인 골프존의 새로운 시뮬레이터 골프존 비전Golfzon Vision은 첨단기술을 접목해 공의 움직임을 정확하게 구현하고 특수 매트 설치로 골프장에서 경기하는 것과 흡사한 환경을 재현하는 데 주력한 제품이다. 특히 정교한 센서 기술과 정확한 데이터 분석은 기존의 스크린골프보다 더 원활한 사용자와의 상호작용을 가능하게 해준다. 화면에 방향이나 속도 등을 더 정교하게 표현해 생생함을 주며, 실제와 유사하게 골프 코스의 모습이나 주변 환경을 정밀하게

보여줌으로써 생동감을 준다. 따라서 골프존 비전은 생동감과 상호작용성 모두 높은 제품이다.

수 노래방: 노래 연습 시설

수 노래방은 특유의 밝고 산뜻한 이미지로 친구, 가족과 함께 노래방에서 할 수 있는 다양한 활동을 서비스하고 있다. 기계음 반주 대신 가수가 실제 음원을 녹음할 때 만든 MR 반주를 서라운드 스피커로 제공해 음질을 높였고, 노래와 영상의 적절한 조화와 화려한 조명 장치로 공간을 꾸며 생동감을 높였다. 여러 가지 기기들은 사용자가 다양한 범위의 경험을 할 수 있도록 돕기 위해 상호작용성을 높였다. 에프터 믹싱, 녹음, 반주 조절 등의 서비스가 가능하고 녹음한 결과물을 바로 확인해 개인 저장 장치로 옮길 수 있다. 노래방 공간을 실제 무대나 녹음실과 유사하게 구성한 점 또한 노래방 서비스의 실재감을 극대화하는 효과라고 볼 수 있다.

삼성전자 UHD TV

UHD TV는 실물을 직접 보는 듯 감각 정보를 충분히 채우고도 남을 만큼의 자세한 시각 정보를 제공한다. 이렇게 강화된 시각 정보는 우리가 머릿속에서 그려내는 이미지를 선명하게 만들어 생동감을 매우 높여준다. 또한 TV의 상호작용성을 높이기 위해 스마트 기능을 탑재하고 있다. 그러나 사용자 대부분이 스마트 기능을 별로 사용하지 않는다. 총 사용 시간의 99.6퍼센트가 일반 TV 시청과 라디오 청취에 집중되는 것으로 나타났다. 따라서 기술적으로는 상호작용성이 높을 수 있으나, 사용자가 실감하는 상호작용성은 낮은 편이다.

케이라이브: 케이팝 홀로그램 콘서트 상영관

케이팝 홀로그램 콘서트를 상영하는 케이라이브는 다양한 시청각적 장치를 활용해 매일 빅뱅, 2NE1, 싸이 등 국내 한류스타의 공연을 상영한다. 홀로그램 효과와 함께 콘서트를 구성하는 파노라마 영상, 미디어 파사드, 레이저 등의 화려한 조명 효과로 풍부한 시각 정보를 제공하고, 다채널의 음향 효과로 청각 정보를 제공할 뿐 아니라 촉각 등의 다양한 감각 자극을 관객이 동시에 느낄 수 있게 만들어 높은 생동감을 준다. 반면 상호작용성의 수준은 매우 낮다. 케이라이브를 찾는 관객은 공연이 진행되는 동안 일방적으로 자극을 수용하게 된다. 사용자의 행동이나 피드백이 공연에 영향을 미치거나 내용을 바꾸지 못하는 만큼 상호작용은 거의 이루어지지 않는다고 볼 수 있다.

닌텐도 Wii

2006년에 출시된 닌텐도Nintendo Wii는 2013년 기준 전 세계 판매 기록 1억 대가 넘는 공전의 히트를 쳤다. 닌텐도 Wii는 생동감 수준이 그다지 높지 않다. 비록 시각, 청각, 촉각의 자극을 모두 제공하기 때문에 자극의 넓이는 넓은 편이지만 자극의 깊이는 무척 열악해 경쟁사 소니의 플레이스테이션Playstation이나 마이크로소프트의 엑스박스Xbox 360과 비교했을 때 비디오 화면의 해상도나 사운드 음질이 떨어진다. 그렇다 보니 닌텐도에서 제공하는 게임의 캐릭터는 단순하고 조악한 수준이다. 반면 닌텐도 Wii의 상호작용성은 매우 높은 편이다. 사용자의 동작과 그에 따른 피드백 속도가 무척 빠르다. 또 현실 공간에서 사용자가 마음대로 동작할 수 있기 때문에 화면상의 캐릭터를 변형시킬 수 있는 범위도 크다. 무엇보다 사용자의 몸의 움직임을 그대로 반영해 게임을 제어하기 때문에 일상에서 사용자가 하는 행동과 게임상에서 사용자가 하는 행동이 밀접한 매핑 수준을 보여 상호작용성이 높은 게임 환경을 제공한다. 생동감은 낮추는 대신 상호작용성을 높여 적은 비용으로 높은 실재감을 제공한 성공 사례라고 할 수 있다.

SBS 고릴라: 라디오 애플리케이션

모바일로 실시간 라디오를 들려주는 이 서비스의 생동감은 그다지 높은 편이 아니다. 특히 시각과 청각 자극에 의존하는 영상 방송 서비스와 비교하면 화질과 음질이 현저하게 떨어진다. 실시간 방송에서 콘텐츠가 끊기는 것을 방지하는 데 최적화된 적은 용량의 데이터를 송신하기 때문이다. 사용자가 방송을 재생하는 기기 역시 모바일 환경이기 때문에 안정적인 콘텐츠 지원을 우선시한다. 그럼에도 모바일 라디오 서비스가 라디오 방송 팬들에게 각광받고 있는 이유는 바로 높은 상호작용성 때문이다. 청취자가 실시간 방송에 더욱 적극적으로 참여할 수 있도록 여러 가지 기능을 서비스한다. '보이는 라디오'를 통해 스튜디오 상황을 전달하고, 곡 리스트 등 방송 정보를 실시간으로 제공하며 청취자에게 친근하게 다가갈 수 있도록 노력한다. 실시간 댓글과 채팅 기능은 커뮤니케이션 창구 역할을 해 청취자의 의견이 실시간으로 방송에 반영될 수 있다. 기존의 라디오 방송이 단방향 서비스였던 것에 비하면 매우 높은 상호작용성을 가진 양방향 플랫폼이다.

아마존 킨들: 전자책 단말기

전자책은 출판물의 글과 이미지 등을 디지털 형태로 만든 것이다. 과거에는 기존의 출판물을 단순히 전자책으로 옮긴 것이 많았으나 지금은 전자책으로만 출판되는 콘텐츠도 급격하게 증가하고 있다. 인터넷 서점 아마존Amazon에서 만든 전자책 전용 단말기 킨들Kindle은 종이책을 읽는 듯한 효과를 주는 방법과 함께 개발되었다. 그런 만큼 눈의 피로도를 낮추고 내용에 몰입할 수 있도록 생동감과 상호작용성의 범위도 최소화한다. 전자책이 사용자에게 제공하는 것은 대부분이 글이고, 가끔 삽화를 포함하는 정도이다. 시각에만 집중되어 있을 뿐이며 그나마의 자극도 검정과 흰색으로 이루어져 어찌 보면 따분한 자극이다. 또 책갈피, 밑줄긋기, 전자사전 등 상호작용을 위한 기능도 제공되지만 사용 빈도는 낮은 편이다. 다른 전자 기기에 비하면 상당히 제한된 수준의 생동감과 상호작용성을 제공한다. 그러나 이런 낮은 생동감과 상호작용성이 사용자에게는 오히려 책의 내용에 더욱 집중할 수 있게 돕는 역할을 한다. 낮은 실재감이 도움이 되는 좋은 사례이다.

라운지음악

어느 상점이나 마트에 가더라도 음악이 없는 곳이 거의 없을 정도로 일상생활에서 음악을 접할 기회는 많다. 라운지음악은 사람들의 주목을 끌기 위한 목적이 아니기 때문에 대개 장소의 분위기를 조성하기 위해 듣는 사람이 거슬리지 않을 음량으로만 재생된다. 생동감을 의도적으로 낮추는 것이다. 한편 음악이 장소와 시간, 목적에 따라 사람의 행동을 유도하거나 마케팅 수단으로 활용되기도 한다는 점에서 라운지음악은 어느정도 상호작용성을 포함한다고 볼 수도 있지만, 그 목적이나 기능을 노골적으로 드러내지는 않기 때문에 결과적으로 상호작용성 또한 낮다.

이처럼 여덟 가지 사례에서 볼 수 있듯이 생동감이나 상호작용성이 무조건 높다고 좋은 경험을 주는 것은 아니다. 중요한 점은 제품이나 서비스의 용도에 맞는 적절한 수준의 실재감을 제공하는 것이고, 기술적으로 가능한 생동감과 상호작용성보다 사람들이 실제로 경험하는 생동감과 상호작용성을 고려해야 한다는 것이다. 그렇다면 지금부터는 위의 사례들에서 찾은 생동감과 상호작용성을 위한 사용 경험 요인의 종류를 좀 더 구체적으로 살펴보자. 그런 다음 사용 경험 요인을 실제로 구현할 수 있는 디자인 요소도 함께 파악해보자.

서사성, 생동감을 높이는
첫 번째 경험 요인과 디자인 요소들

스크린골프를 다시 예로 들어보자. 스크린골프장에서 게임을 시작할 때 화면에는 가장 먼저 연습장 모드가 켜진다. 본 게임에 들어가기 전에 비거리는 물론 스윙 속도와 탄도 구질까지 미리 점검해야 하기 때문이다. 실제 골프를 칠 때에도 먼저 연습장을 찾는 것과 비슷하다. 연습장 모드가 끝나고 본 게임에 들어가면 첫 번째 홀에서부터 경기를 시작하게 된다. 골프채는 드라이버, 페어웨이우드, 웨지, 퍼터 순서로 사용하며 홀을 공략한다. 중간에 가끔 실수로 공이 물에 빠지기도 한다. 총 18 홀을 모두 돌고 경기가 종료되면 승점을 챙기고 마무리한다. 연습 게임에서 시작해 1홀을 기점으로 18홀까지 진행되는 전체 과정이 순서대로 연결되어 있다.

이처럼 시간에 따라 발생하는 여러 가지 사건의 인과관계를 '서사성 narrativity'이라고 한다.[12] 사용자 경험에서 서사성은 콘텐츠의 구성보다 콘텐츠에 대한 사용자의 반응을 생각한다.[13] 서사성에는 소설이나 영화에서 말하는 개념만 있는 것이 아니다. 예를 들어 헬스장에서 흔히 볼 수 있는 러닝머신은 사용자의 운동 효과를 위해 다양한 운동 코스를 제공한다. 각 코스마다 이야기를 만들어 어떤 코스는 험난한 계곡을 주파하는 경험을 주고, 어떤 코스는 평탄한 초원을 걷는 경험을 제공한다. 자칫 지루하게 느껴질 수 있는 러닝머신 위를 걷는 행위에 이야기를 얹어서 생동감을 높여준다. 그런 의미에서 서사성은 어떤 경험을 통해 우리 마음속에 형성된 이야기이다. 스크린골프의 사례로 다시 돌아가면, 연습 게임을 시작으로 본 게임이 끝나고 점수를 계산하기까지 시간 순서대로 발생한 사건들은 마치 하나의 이야기처럼 우리 마음속에서 표상을 형성하는데, 그 표상이 생생할수록 서사성이 높은 경험이라고 할 수 있다.[14]

서사성은 사람들이 시간적 인과관계를 마음속에 구성하는 내적 표상 mental representation이다. 내적 표상은 크게 네 가지 요소로 구성되어 있다. 사람들이 지각하는 '세계관 또는 환경', 그 환경 속의 '등장인물', 그들과 관련된 특정 '행동이나 사건', 그리고 이들을 관통하는 '시간의 흐름'이다. 즉 스크린골프의 경험을 예로 들어보면, 스크린에 나타나는 골프장 환경, 게임에 참여한 나와 친구들, 각 홀에서 진행하는 게임과 게임 중에 일어나는 사건들, 그리고 연습 게임부터 18홀이 끝날 때까지 전 과정을 관통해 흐르는 시간이 모두 모여 경험의 서사성을 이룬다.

서사성이라는 것은 '있다 없다'의 관점으로 보기보다 '수준'을 따지는 개념으로 볼 수 있다. 자극이나 콘텐츠가 제공된 경험을 통해 사용자가 얼마나 명확하게 사건 간의 인과관계를 내적으로 구축할 수 있는가의 수준이다. 즉 시간의 흐름 안에서 어떤 사건이 왜 일어났는지, 앞으로 일어날 일에 어떤 영향을 미칠지 정확하게 파악하고 사건과 행동의 관계를 구체적으로 이해하는 수준을 의미한다.

그렇다면 서사성은 생동감에 어떻게 작용할까? 경험은 통계자료보다 이야기로 전달되어야 더 높은 생동감을 느낄 수 있다.[15] 예를 들어 스크린골프를 치면서 18홀 중 어떤 홀에서 총 몇 타를 쳤는지와 같은 수치를 제공하는 것은 별다른 생동감을 주지 못한다. 하지만 "내가 8홀에서 티샷을 쳤는데, 이게 연못으로 퐁당 했지 뭐야." 하는 식의 이야기로 전달된 타인의 경험은 좀 더 생생하게 연상할 수 있다. 왜냐하면 이야기가 구체적인 사실을 포함할 뿐 아니라 많은 것을 상상하게 만들기 때문이다.[16]

경험의 서사성이 높을수록 그 경험 속에 나타나는 캐릭터를 더 깊이 이해할 수 있고 일련의 사건이 갖는 인과관계도 명확하게 이해할 수 있다. 사건의 인과관계가 구체적일수록 우리 마음속에서 모형이 원활하게 그려지기 때문에 서사성이 높으면 마음속으로 그 일련의 사건을 쉽게 상상해볼 수 있다. 이때 사람들이 마음속에서 일련의 사건들을 연결하며 이야기를 전개해나가는 것을 내적 시뮬레이션mental simulation이라고 한다. 내적 시뮬레이션이 원활하게 이루어질수록 더 많은 내용을 상상하고 더 풍부한 감성을 느끼게 되어 생동감이 높아진다.

자극의 서사성이 높으면 비록 외부에서 지각적으로 받아들이는 자극의 깊이가 깊지 않더라도 상상을 통해 간접적으로 자극을 느낄 수도 있다. 왜냐하면 상상을 통해 사건들의 인과관계에 대한 탄탄한 내적 모형이 만들어지기 때문이다. 직접 경험하지 않아도 인과관계를 바탕으로 예측 가능한 자극들을 떠올릴 수 있는 것이다. 따라서 경험의 서사성이 높아질수록 좀 더 생생한 경험을 할 수 있게 된다.

서사성이 생동감을 높이는 데 큰 도움을 준다는 주장을 뒷받침하는 대표적인 사례로 상업 광고를 들 수 있다. 요즘 상업 광고에서는 서사성을 강조해 30-60초라는 짧은 시간에 감동적이거나 흥미로운 이야기를 넣어 사람들 머릿속에 각인시키려 시도한 것이 종종 보인다. 예를 들어 2012년 기아자동차의 '쏘울SOUL' 광고를 떠올려보자. 무채색으로 연출한 로봇 전쟁 장면에 쏘울을 타고 나타난 화려한 옷차림의 햄스터 세 마리가 당시 유행하던 셔플댄스를 추며 전쟁터를 파티장으로 바꾼 뒤 다시 차를 타고 유유히 빠져나가는 내용이었다. 이 광고가 제공하는 자극은 시각과 청각이 전부이고 자극의 해상도 또한 낮은 편이었지만, 당시 북미를 강타한 댄스음악과 귀여운 햄스터의 춤사위에 전쟁터의 험악한 분위기가 녹아내리는 연출 덕에 그 해 최고의 광고라는 평가를 받았다.

이처럼 사람들에게 기억되기 위해서는 서사성을 향상시키는 디자인 요소를 적절하게 잘 쓸 수 있어야 한다. 서사성을 향상시키는 디자인 요소는 크게 세 가지가 있다.

메타포 기반의 인터페이스

메타포metaphor, 즉 비유는 일반적으로 어떤 현상이나 사물을 직접 설명하지 않고 다른 비슷한 현상이나 사물에 빗대어 표현하는 것을 의미한다. 디자인에서 비유를 사용한다는 것은 원천 영역source domain과 목표 영역target domain이라는 서로 다른 영역을 연결하는 디자인 행위를 의미한다.[17] 쉽게 예를 들어 설명해보자. 원천 영역이란 이미 사람들이 잘 알고 있는 익숙한 영역이다. '콘서트'가 무엇인지 모르는 사람은 없을 것이다. 우리는 오랜 기간 경험한 것을 통해 이미 그 특성을 잘 알고 있다. 원천 영역이란 이처럼 익숙한 것이다. 반면 목표 영역은 사람들이 아직 잘 알지 못하고 익숙하지 않은 영역이다. 예를 들어 케이라이브와 같은 3차원 홀로그램 콘서트를 상영하는 서비스는 아직 경험해보지 못한 사람이 많을 것이다. 이것이 바로 목표 영역이다. 메타포를 기반으로 한 디자인은 캐릭터나 배경과 같은 서사의 개념을 이용해 새로운 제품이나 서비스의 인터페이스를 디자인하는 것이다.[18] 실제 공연장에서 가수가 공연하는 것처럼 홀로그램으로 연출한 케이라이브 상영관은 그림 2와 같이 타임머신을 타고 여행하는 이야기 구조로 빅뱅, 2NE1 그리고 싸이의 공연

그림 2. 케이라이브 홀로그램 콘서트 상영 장면

을 즐길 수 있도록 꾸며져 있다. 관람자에게 공연장은 시공간 여행을 가능하게 하는 거대한 타임머신이라는 비유의 상징으로 인식된다. 이처럼 서사에 나오는 등장인물이나 대상, 환경 등은 비유를 위한 상징이 된다. 상징으로 정보나 기능을 제공할 수 있게 디자인하면 사용자가 느끼는 서사성이 높아지고, 이를 통해 생동감도 높이는 데 공헌할 수 있다. 상징으로서 역할하는 등장인물이나 대상, 환경은 이야기의 맥락을 함께 가지고 있기 때문에 제품이나 서비스에서 사용자가 더 많은 감정을 느끼고 더 많은 상상을 할 수 있게 한다.

메타포 기반의 인터랙션

제품이나 서비스의 사용법을 메타포를 이용해 사용자가 직관적으로 알 수 있도록 보여줄 수 있다.[19] 즉 가상공간에서 일어나는 특정 행위를 마치 현실공간에서 발생한 것으로 여기고 현실공간에서 일어나는 반응과 최대한 동일한 반응을 가상공간에 표현하는 것이다. 예를 들어 실제 골프장에서 골프채를 휘두르는 것처럼 스크린골프장에서도 실제 골프채를 휘두를 수 있게 하는 것과 같다. 또 실제 경기에서 골프공의 비거리나 구질를 따지는 것처럼 스크린골프장의 시스템에서도 골프채를 휘두른

그림 3. 골프존 비전의 다양한 인터랙션 장치

결과를 확인할 수 있게 데이터를 제공해주는 것도 바로 메타포를 이용한 것이다. 특히 스크린골프장은 화면에 나오는 가상 골프장의 환경에 따라 사용자가 서 있는 바닥을 가상공간과 동일한 경사면으로 재연해 경험의 서사성을 높여주는데, 이 또한 메타포를 이용한 원리이다. 스크린골프장에서 실제 골프공이 경사면에서 날아가는 감각과 비슷한 감각을 재연해주는 것도 서사성을 더욱 높이는 방법이다. 그림 3처럼 여러 가지 시스템을 메타포를 기반으로 작동시킴으로써 서사성을 높이고 더 나아가 생동감을 높이는 효과를 가지고 올 수 있다.

서사를 이용한 정보 구조
서사를 이용해 정보 구조를 만들 수도 있다. 서사는 시간에 따른 사건 간의 인과관계를 기본으로 한다. 따라서 서사를 이용한 정보 구조는 시간의 인과관계를 기본으로 사건 순서에 따라 앞뒤가 연결되도록 순차적으

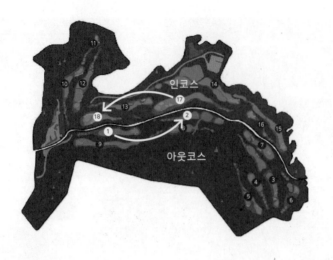

로 나열된 정보 구조를 잡아가는 것이다.[20] 순차적인 정보 구조는 정보 공간이 서술적이거나 시간의 흐름에 따르는 경우, 또는 구성 요소 간의 명확한 논리적 구조가 있는 경우에 적합하다. 순차적 구조 속에서 이동하는 방법은 기본적으로 두 가지가 있다. 하나는 바로 앞에 있는 사건이나 내용으로 이동하는 방법이고, 다른 하나는 바로 뒤에 있는 사건이나 내용으로 이동하는 방법이다. 그림 4의 스크린골프장처럼 1홀 뒤에 2홀을 배치하고, 18홀 전에 17홀을 배치하는 것이 서사를 이용한 정보 구조라고 할 수 있다. 만약 그런 서사 구조가 없다면 사람들은 그저 좀 다른 경기를 열여덟 번 할 뿐이라고 느낄 것이다. 그러나 순차적인 정보 구조를 제공하면 서사성을 높이고 더 나아가 생동감을 높일 수 있다.

구체성, 생동감을 높이는
두 번째 경험 요인과 디자인 요소들

앞서도 말했듯 스크린골프장에서 가장 감탄했던 것은 실제 골프에서 경험할 수 있는 요소를 매우 구체적이고 사실적으로 제공하는 점이었다. 스크린골프장에서 경기를 시작하기 전에 사용자는 여러 가지 환경 설정을 할 수 있다. 그중에는 게임 배경이 되는 골프장 선택도 있는데, 각 골프장은 실재하는 전 세계 유명 골프장을 항공 촬영해 만들어낸 이미지를 사용한 것이다. 또한 진짜 필드에서 골프를 치는 것과 같은 느낌을 주기 위해 화면에 나타나는 지형에 따라 바닥의 경사면이 자동으로 조정되는데, 이를 스윙 매트라고 한다. 스윙 매트가 제공되기 때문에 사용자 스스로 퍼팅할 때 시야 각도를 정밀하게 조정해 바꿀 수 있다.

감각적 경험의 측면에서 보았을 때 이처럼 '구체성concreteness'이 높다는 것은 뚜렷한 실체나 내용을 갖춰 사용자가 직접 보거나 접촉해 지각할 수 있다는 것을 의미한다. 구체성은 그로 인한 여러 가지 자극들이 실제와 비교해 얼마나 세밀하게 표현되었는지로 평가할 수 있다. 따라서 감각 자극의 구체성이 높을수록 이미지 연상이 더 잘 일어난다.[21]

그렇다면 구체성은 생동감에 어떠한 영향을 미치는가? 일반적으로 사용자 경험은 기본적인 감각 자극만 주어지는 것보다 현실에 있는 그대로 묘사하거나 차용해 나타나는 감각에서 좀 더 생동감을 느낀다.[22] 예를 들면 숲에서 들려오는 새소리와 골프를 치는 행위는 상관관계가 높지 않다. 그러나 스크린골프장에서도 실제 필드에서 들은 적 있는 자연의 소리가 들려오면 사용자는 비록 실내에 있지만 조금이나마 야외에 있는 기분을 느낄 수 있어 좀 더 생생한 경험을 할 수 있다.

구체성이 높을수록 생동감이 높아진다는 사실을 보여주는 대표적인 사례로 뮤지컬 '캣츠Cats'를 들 수 있다. 이 뮤지컬은 실제 고양이의 시각에서 본 세상을 재현하기 위해 폐타이어, 구두, 타자기 등 무대 소품을 실제 크기보다 최대 10배까지 크게 제작했다. 그뿐만 아니라 인간세계에

179

서 들려오는 다양한 소음을 만들어내 생생함을 높였다. 또한 객석까지 무대장치를 설치해 하나의 큰 무대로 이용하며 연출하기 때문에 관객들은 눈앞까지 다가온 배우들의 완벽한 분장이나 표정, 몸짓까지 하나하나 세밀하게 볼 수 있어 더욱 생동감 있는 이야기로 느낄 수 있다.

이처럼 사람들에게 생생한 경험을 제공하기 위해서는 구체성을 향상시키는 디자인 요소를 정확하게 이해하고 적절하게 쓸 수 있어야 한다. 구체성을 향상시키는 디자인 요소는 크게 두 가지가 있다.

포스 피드백 인터랙션

제품이나 서비스에서 사용자의 행위와 직계된 피드백을 제공할 수 있다. 피드백은 일반적으로 사용자의 행동에 대한 결과로 시스템이 사용자에게 보내는 반응을 일컫는다.[23] 피드백이 너무 간접적이거나 추상적이면 그것이 무엇을 의미하는지 사용자가 이해하기 어려워진다. 이러한 경험에서는 생동감을 보장할 수 없다. 직접적인 피드백을 제공하기 위한 디자인 요소 가운데 대표적인 예가 물체의 힘을 재생하는 포스 피드백force feedback이다. 이것은 기계적 인터페이스를 이용해 사용자가 힘과 운동감을 느끼게 만드는 원리이다. 게임을 할 때 화면 속 흔들림이나 충격에 맞

그림 5. 포스 피드백을 제공하는 닌텐도 Wii

쳐 컨트롤러에도 진동이 느껴지면 가상공간에서 일어나는 것과 같은 감각을 직접 느낄 수 있으므로 시각 자극의 구체성을 높이는 기제로 작용한다. 움직임의 변화에 대한 피드백으로 진동을 주는 것이 시각적인 피드백으로만 나타나는 것보다 훨씬 더 자연스럽기 때문이다.[24] 그림 5와 같이 닌텐도 Wii로 테니스 게임을 할 때 공을 정확히 맞히면 컨트롤러가 진동을 울린다. 실제로 테니스 라켓에 공이 맞았을 때와 비슷한 울림이 팔에 느껴지도록 직접 자극을 전달하는 것이다. 이를 통해 좀 더 정확하고 구체적인 감각적 자극을 받을 수 있기 때문에 사용자는 좀 더 생동감 있는 경험을 할 수 있다.

마이크로 피드백 인터페이스

자세하고 세밀한 피드백 인터페이스를 디자인하면 사용자가 '아니, 이런 것도 놓치지 않고 피드백을 하네'라고 생각하게끔 만들 수 있다. 사용자와 시스템은 제품이나 서비스를 사용하는 과정에 깊숙이 동화되어 서로 대화 상대로서 역할하게 된다.[25] 이때 시스템이 사용자에게 더 정밀하고 세밀한 피드백을 제공해 사용자를 극진하게 배려하고 있다는 표시를 할 수 있다.[26] 예를 들어 스크린골프장은 지면이 평평한 페어웨이와 굴곡이

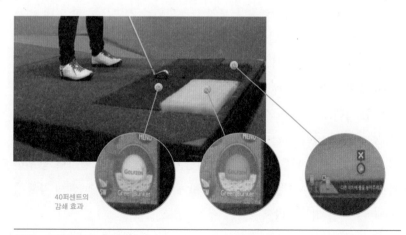

그림 6. 스크린골프의 세 가지 매트

181

심한 러프, 그리고 모래 구덩이 속에 빠진 공을 칠 때의 벙커라는 세 가지 매트를 제공한다. 공을 칠 때는 세 가지 중 어느 매트에 두고 칠지 수동으로 조정해야 하는데, 그에 따라 매우 세밀한 피드백을 제공받는다. 그림 6처럼 공이 벙커에 빠진 상황일 때 사용자가 그대로 러프 위에서 공을 치려고 하면 "다른 위치에 볼을 놓아주세요"라는 메시지가 뜨면서 게임을 진행할 수 없게 제어한다. 반면 같은 상황에서 사용자가 공을 페어웨이에 놓고 치려 하면 게임 진행은 가능하지만, 벙커에서 치는 것보다 결과가 더 잘 나올 수 있는 환경이므로 시스템이 공의 비거리를 적당히 감쇄시킨다. 페어웨이에서 치더라도 벙커샷을 쳤을 때와 비슷한 결과가 나오도록 세밀한 피드백을 주는 것이다. 시스템이 제공하는 세밀한 피드백을 통해 사용자가 가상의 골프 시뮬레이션 경험에서도 구체적인 경험을 하게 만들고, 이는 곧 사용자 경험의 생동감을 높이는 요인 중 하나로 작용하게 된다.

매체의 풍요성, 생동감을 높이는
세 번째 경험 요인과 디자인 요소들

스크린골프는 비록 가상공간을 보여주는 화면을 기반으로 한 실내용 게임이지만 화면 안에는 다양한 정보와 감각을 자극하는 요소가 포함되어 있다. 스크린골프장에서 제공하는 페어웨이 매트, 러프 매트, 벙커 매트는 게임 속의 각 상황에 맞는 환경을 만들어 시스템의 인위적인 조작으로 인한 거리 감소 없이 실제와 비슷한 샷을 그대로 구현할 수 있게 돕는다. 또 지형에 따라 바닥의 경사면을 미세하게 조정하기 때문에 이를 통해 사용자는 실제 필드의 손맛을 경험할 수 있다. 이처럼 얼마나 풍부한 정보가 포함된 메시지를 얼마나 정확하게 제공하는지가 '매체의 풍요성 media richness'을 좌우한다.[27]

제품과 서비스의 사용 경험에서 매체의 풍요성 수준이 높은 것은 사용자에게 다양한 수단과 방법으로 정보를 제공한다는 것을 의미한다. 이는 사용자의 불확실성을 줄여준다. 실제로 어떤 콘텐츠가 어떤 정보를 얼마나 제공하느냐보다 그것을 사용자가 어떻게 받아들일지가 더 중요하다. 개개인에 따라 대상에 대한 배경지식이나 사전 정보의 양에 차이가 있기 때문이다.[28]

그렇다면 매체의 풍요성은 생동감에 어떤 영향을 미칠까? 생동감은 특히 세부적인 정보의 양, 밝기, 선명도, 윤곽의 정밀도 등과 관련 있다.[29] 홈페이지를 만들 때 음악, 애니메이션과 같은 풍부한 미디어 도구를 활용하면 사용자가 그 홈페이지를 방문했을 때 느끼는 생동감이 증가한다. 감각적으로 풍부한 콘텐츠가 여러 종류의 감각기관을 통해 제공될 때 생동감이 더욱 높아지는 것이다.[30]

매체의 풍요성이 생동감을 높이는 데 큰 도움이 된다는 사실을 증명하는 대표적인 사례로 4D 영화를 들 수 있다. 국내 멀티플렉스 영화관 중 하나인 CGV의 4DX 상영관에서는 대형 스크린과 풍부한 사운드뿐 아니라 움직이는 의자, 바람, 냄새, 물을 뿌리는 효과 등 오감을 자극하는 서비스가 제공된다. 특히 움직이는 의자는 한 방향이 아니라 상하좌우는 물론 앞뒤로 흔들리기까지 해 실제 자동차를 타거나 하늘을 나는 듯한 느낌을 준다. 시각, 청각, 후각, 촉각까지 다양한 자극이 제공되며, 자극의 깊이도 깊어 영화를 보는 내내 우리에게 생동감 있는 경험을 준다.

이처럼 사람들에게 생생한 감각을 전달하기 위해서는 매체의 풍요성을 향상시키는 디자인 요소를 적절하게 잘 쓸 수 있어야 한다. 매체의 풍요성을 향상시키는 대표적인 디자인 요소로는 크게 세 가지를 들 수 있다.

감각 정보와 작업의 매핑

여러 감각 정보를 포함하는 제품이나 서비스를 디자인할 때 각각의 감각 정보는 나타내고자 하는 작업에 자연스럽게 매핑되어야 한다.[31] 즉 사용자에게 어떠한 경험을 주려고 하는지 목적을 명확히 하고 그에 맞춰 감각 정보가 알맞게 제공되도록 디자인하는 것이다. 예를 들면 케이라이브

홀로그램   진짜 사람

그림 7. 케이라이브의 홀로그램과 실제 무대장치

는 홀로그램 콘서트를 상영하는 주 목적이 실제 콘서트장에 온 것처럼 느끼게 만드는 것인 만큼 무대 위에 있는 가수를 진짜처럼 생생하게 재생시킨다. 케이라이브 상영관에서는 그림 7처럼 홀로그램으로 만들어진 가수와 함께 콘텐츠를 좀 더 풍족하게 만들 공연팀이 무대에 선다. 홀로그램 영상은 실제 사람과 홀로그램 가수가 구별되지 않을 정도로 뚜렷한 이미지를 만들어내 관객에게 콘서트와 관련된 구체적인 시각적 표상을 가능하게 만들어준다. 또 이러한 효과와 함께 14.2채널의 서라운드 음향 시스템으로 관객이 실제 콘서트장에서 음악을 듣는 듯한 느낌을 준다. 시청각 장치 외에도 안개 효과를 공연에 활용하는 등 각종 특수 효과를 결합해 관객에게 실제와 유사한 콘서트 경험을 제공한다. 이와 같이 각종 감각에 닿는 자극이 명확한 목적을 위해 구체적인 정보를 사용자에게 제공하면 사용자는 매체의 풍요성 수준을 높게 인식하고, 비록 실제 가수가 출현하지 않을지라도 생생한 콘서트를 경험하게 된다.

증강정보

증강정보augmented information는 실제 세계의 정보와 가상의 정보를 결합해 표현함으로써 사용자에게 풍부한 정보를 효과적으로 전달하는 증강현

실 기술을 미디어 환경에 활용한 것이다.[32] 컴퓨터 모니터에서 글 형식의
콘텐츠를 읽을 때 밑선이 들어간 단어에 커서를 가져가면 자세한 설명
등이 팝업 형태로 제공되는 것도 이에 해당된다.[33] 미디어 분야의 사례로
〈무한도전〉이라는 프로그램을 생각해볼 수도 있다. 〈무한도전〉은 여섯
명의 출연자가 다양한 설정에 따라 대본 없이 하나의 에피소드를 채워나
가는 형식으로 만들어지는 프로그램이다. 대본이 없는 만큼 예상치 못한
전개나 재미있는 장면이 많이 등장하는데, 이때 시청자들이 무한도전을
극찬하는 이유 중 하나가 바로 각종 상황에 맞는 자막이나 애니메이션,
적절한 컴퓨터그래픽을 더해 만들어내는 또 다른 재미 요소 때문이다.
이 장치들은 영상이 시청자에게 전달될 때 보조적으로 증강정보를 제공
해 프로그램의 재미를 배가시키고, 결과적으로 콘텐츠의 몰입을 이끌어
내는 것이다. 상황과 맥락에 대한 이해를 도울 뿐 아니라 출연자의 특성
을 정확하게 잡아내는 다양한 아이콘, 의성어나 의태어, 감탄사의 연발
은 오락 프로그램에서 제 역할을 충분히 하고 있다. 이렇게 배가된 재미
와 이해를 돕는 장치들은 프로그램 내내 내용을 더욱 생동감 있고 역동
적으로 전달한다. 증강정보를 제공하는 예는 스크린골프에서도 찾아볼
수 있다. 그림 8처럼 스크린골프에서 실행되는 연습장 모드는 스윙 자세
를 촬영해 즉각적으로 내 모습을 확인할 수 있게 한다. 실제로 골프를 칠

그림 8. 스크린골프의 증강정보

때에는 없는 과정이지만 이를 통해 더욱 풍부한 정보를 제공받아 풍부한 경험을 만들 수 있다. 실제 골프장에서 공을 친 뒤에는 공이 어떻게 날아가는지 확인하기 위해 공의 움직임을 좇아야 하는데, 그에 비해 스크린 골프장에서는 공의 궤적과 속도 정보가 즉시 제공되어 확인할 수 있다. 이처럼 사용자가 제품이나 서비스를 사용하는 상황에서 다양한 소스를 활용해 증강정보를 제공하는 것은 제품이나 서비스를 사용하는 상황을 충분히 이해할 수 있게 도와 사용자가 더욱 생동감 있는 경험을 하는 데 공헌한다.

터치와 모션의 복합 자극

화면을 터치해 조작하는 형태는 모바일 인터랙션에서 흔히 볼 수 있다. 그러나 최근의 모바일 기기에는 가속도계accelerometers나 자이로스코프gyroscopes와 같이 모션을 감지하는 모션 센서도 탑재되어 있어 사용자에게 더욱 풍부한 감각적 경험을 제공한다. 터치와 모션 센싱의 광범위한 확산으로 상호보완적인 감각 양식을 만드는 것이 가능해졌다. 터치와 모션 간에 발생하는 시너지 효과를 통해 새로운 인터랙션 기술을 체험할 기회를 제공할 수도 있다.[34] 또 사용자의 다양한 감각을 복합적으로 자극하고 활용하는 다채널 시스템은 다양한 감각 자극을 직접적으로 제공하

그림 9. 스크린골프의 복합 자극

는 동시에 적절한 자극을 지속적으로 제공하기 때문에 매체의 내용을 좀 더 풍성하게 느낄 수 있게 한다.[35] 따라서 터치와 모션의 복합 자극을 통해 매체가 제공하는 자극과 정보의 풍요성을 높일 수 있다. 최근 스크린 골프 업계에서 정밀한 센서를 개발해 실제로 공을 쳤을 때 공이 날아가는 위치나 속도 등을 정확히 재현하기 위해 많은 노력을 기울이고 있지만, 가장 감탄스러운 것은 그림 9처럼 바닥의 경사면이 화면 속 골프장 환경에 맞춰 움직이는 것이다. 경사에 따라 공을 치는 힘이나 자세 등에 미세한 변화가 생기기 때문에 화면에 보이는 환경과 동일한 환경일수록 올바른 자세를 잡고 골프를 치는 경험을 할 수 있다. 공을 치는 사용자의 동작과 그 공이 맞는 타격감을 동시에 조작함으로써 스크린골프를 좀 더 풍성한 매체로 인식하게 한다.

제어성, 상호작용성을 높이는 첫 번째 경험 요인과 디자인 요소들

닌텐도 Wii를 떠올려보자. 게임을 시작하기 전에 사용자는 세부적인 조작으로 원하는 게임을 선택하고 자신의 취향에 맞는 게임 캐릭터를 포함한 여러 가지 사항을 설정한다. 이때 닌텐도 Wii 시스템은 사용자의 선택에 맞춰 반응하며 필요에 따라 추가 선택을 요구한다. 이처럼 시스템을 사용할 때에는 사용자의 입력과 제품의 반응이 끊임없이 이어진다. '제어성controllability'은 사용자가 시스템을 사용하는 전체 과정에서 얼마나 큰 영향을 미치는지를 의미한다.[36] 제품이나 서비스를 사용할 때 시스템으로부터 제공받는 자극과 사용자 행동을 조절하는 정도에 따라 제어성도 다르게 나타난다. 예컨대 웹사이트를 이용할 때 사용자가 웹사이트의 색상이나 템플릿을 얼마나 자유롭게 변경할 수 있는지는 해당 서비스의 제어성을 평가하는 척도가 된다.

제어성은 크게 세 가지 단계로 나눠 순차적으로 살펴볼 수 있다. 첫 번째 단계는 사용자가 입력하는 방식을 선택하는 단계이다. 키보드, 마우스를 이용하거나 버튼 입력, 터치 등으로 시스템에 값을 입력할 수도 있다.[37] 두 번째 단계는 시스템에 입력된 사항을 수정하는 단계이다. 앞서 선택한 입력 방식으로 사용자가 입력 정보를 추가, 변경, 삭제해 시스템에 수정을 가하는 것이다.[38] 여기까지는 사용자의 직접적인 행동을 통한 시스템의 제어이다. 세 번째 단계는 사용자가 입력한 정보에 따라 시스템이 어떻게 반응할지 스스로의 행동을 선택하는 것인데, 이를 전환규칙transfer rule이라고 한다. 이 단계에서는 사용자가 직접적으로 제어하는 것이 사실상 거의 없다고 볼 수 있지만, 두 번째 단계까지 입력한 사항에 대해 시스템이 어떻게 반응하는지에 따라 사용자는 제어성의 수준에 대해 높고 낮음을 판단하게 된다. 이렇게 인간과 시스템 간의 행동과 그에 따른 반응으로 전체 경험의 제어성을 평가한다. 따라서 선택할 수 있는 입력과 수정사항이 많아질수록 제품이나 서비스가 사용자와 대응하는 경우의 수는 커진다. 즉 제어성이 높을수록 상호작용의 선택지는 매우 다양하고 복잡해진다.[39]

위키피디아는 제어성과 상호작용성의 관계를 잘 나타내는 사례이다. 컴퓨터로 위키피디아에 들어가 '김진우'란 사람에 대한 정보를 찾는다고 가정해보자. 먼저 사용자는 키보드로 '김진우'란 글자를 입력하고 검색 결과를 확인할 것이다. 필요한 정보를 찾기 위해 세부 정보를 추가로 입력할 수도 있다. 그러면 위키피디아 시스템은 사용자의 입력 사항을 사이트 내부의 검색 알고리즘에 따라 위키피디아에 축적된 정보의 자료 구조와 끊임없이 비교해보고 가장 유사한 정보를 제시한다. 실제로 위키피디아에서 김진우라는 이름을 찾아보면 야구선수, 탤런트, 언어학자 등 다양한 인물들이 검색 결과에 함께 나타난다. 이와 같은 검색 결과 화면이 앞에서 이야기한 제어 과정의 세 단계를 거친 결과이다. 하나의 입력 체계를 사용해 정보를 입력하고, 한 개의 정보를 시스템 내부의 알고리즘에 따라 가장 유사한 정보와 비교해 검색 결과를 제공하는 것은 가장 단순한 상호작용 과정이다. 그렇기 때문에 실제로 원하는 정보를 한 번에 찾기에는 어려움이 있을 수 있다.

　그럼 제어성의 세 가지 단계를 조절해 사용자와 시스템 간의 상호작용성을 높이는 방법을 한번 생각해보자. 앞에서 든 예를 계속 이어서 살펴보면, 위키피디아에 검색어를 입력할 때 키보드로 '김진우'라는 글자를 입력할 수도 있고, 사진이나 이미지를 입력해 검색어 대신 활용할 수도 있다. 또 음성 인식 기능을 이용해 목소리로 '김진우'라는 글자를 입력할 수도 있다. 입력하는 정보 역시 출생연도, 직업 등 검색하고자 하는 키워드 외의 부가 정보를 추가로 입력할 수 있다. 이런 식으로 입력 사항이 많아지면 그에 따른 시스템의 대응 사항도 많아지게 된다. 먼저 시스템은 각각의 입력 사항을 인식하기 위해 처리해야 할 정보의 양이 늘어나고, 입력된 정보와 시스템 내부의 자료 구조와의 비교 역시 복잡해진다. 좀 더 높은 품질의 검색 결과를 보여주기 위해 위키피디아 시스템은 1차 검색 결과 목록을 제시하고, 사용자는 그중 본인이 적절하다고 생각하는 것을 선택하거나 원하는 정보가 없으면 재검색을 시도한다. 즉 입력 사항을 수정하는 작업을 거치는 것이다. 이러한 과정은 사용자가 원하는 김진우라는 사람에 대한 만족할 만한 정보를 얻을 때까지 계속될 것이다. 이 과정에서 사용자의 제어성은 점점 높아지고 위키피디아 시스템과 사용자 간의 상호작용 역시 점점 많아진다. 사용자의 행동과 그에 따른 시스템의 반응이 복잡해지고 다양해질수록 사용자가 취할 수 있는 선택 사항이 늘어나게 되고, 이는 사용자의 제어성을 높인다.

　제어성을 향상시키는 디자인 요소로 아래 두 가지를 들 수 있다.

선택적 인터페이스

선택적 인터페이스라는 것은 앞서 이야기한 입력이나 수정 작업에 사용되는 인터페이스를 디자인할 때 입력 값의 범위를 넓게 선택할 수 있도록 설정하는 것이다.[40] 이러한 선택 범위에는 웹사이트 내 링크 개수처럼 단순히 선택지의 양을 늘리는 것부터 마우스 클릭, 키보드 입력 등 입력 모드의 다양성을 높이는 것까지 포함된다. 수정의 범위도 입력 단어

그림 10. 닌텐도 Wii 기본 컨트롤러와 핸들 인터페이스
출처: www.engadget.com/products/nintendo/wii/wheel/specs

의 개수와 선택 가능한 입력 방법을 수정하는 것과 이미지, 음성, 모션 등 입력의 유형을 다양하게 하는 것 역시 포함된다. 이러한 다양성이 높아 질수록 시스템에 대한 사용자 경험의 제어성이 높아진다. 결과적으로 제 어성이 높을수록 시스템의 결과물이 적절하게 추출되며 상호작용성 역 시 높아지게 된다.[41] 예를 들어 닌텐도 Wii로 마리오카트 같은 운전 게임 을 할 때에는 사용자가 기본 컨트롤러나 전용 핸들을 이용해서 게임을 진행할 수 있다. 무엇을 사용하든 모두 동일하게 게임을 진행할 수 있지 만 사용자가 경험하는 운전 경험에는 차이가 생긴다. 그림 10처럼 기본 컨트롤러를 이용할 경우 방향키와 버튼을 이용해 운전할 수 있지만 평소 우리가 운전하는 방식과는 차이가 있다. 따라서 입력에 대한 시스템 반 응이 자연스럽지 못할 수 있다. 그러나 핸들을 사용해 게임을 진행할 경 우에는 휠의 방향과 캐릭터의 진행 방향이 일치해 사용자는 핸들을 사용 하므로써 자연스럽고 즉각적인 피드백을 받을 수 있게 된다. 결과적으로

선택적 인터페이스의 강화로 더 다양한 사용자의 상호작용성을 보장할 수 있는 여건이 마련되는 것이다.

감각적 인터페이스

제어성을 향상시키는 두 번째 인터페이스 유형은 바로 사람의 감각을 이용해 제품이나 서비스의 요소를 직접적으로 느낄 수 있게 하는 인터페이스이다.[42] 이러한 인터페이스는 직접적인 경험이나 유사한 경험을 통해 인간의 감각을 활성화한다. 예를 들면 손에 든 컨트롤러를 통해 무게를 느끼거나 작업에 대한 반응으로 진동을 느끼는 것처럼 인간의 오감을 통한 자극의 인지를 말한다. 이는 앞서 설명한 시스템의 반응과 밀접한 관계가 있다. 시각, 청각, 촉각을 활성화하는 자극을 통해 나타나는 시스템의 반응이 사용자가 느끼는 제어성에 영향을 미치기 때문이다.[43] 이러한 자극들이 잘 제시된 예로 골프존을 들 수 있다. 그림 11처럼 골프존의 골프 시뮬레이터는 컴퓨터 장비를 이용한 시청각 자극뿐 아니라 직접 골프채를 휘두르며 실제 필드에서 골프를 치는 것에 가까운 서비스 경험을 제공하고 있다. 특히 골프채와 골프공 등 실제 장비를 사용해 게임을 하기 때문에 정밀하게 제시된 감각 정보를 받게 된다. 이렇게 평소에 사용하던 감각기관을 활성화해 들어오는 정보는 사용자에게 더 적절한 반응을 유도할 수 있다. 반면 오른쪽 그림처럼 화면을 보고 모션 리모컨으

그림 11. 골프존 비전 골프 시뮬레이터와 닌텐도 Wii 골프 게임

로만 게임을 진행하는 경우에는 단순한 휘두르기의 강도만으로 게임 결과가 결정되기 때문에 게임을 세세하게 제어하기 어렵고 그 행동을 통해 받아들이는 자극도 상대적으로 활성화 수준이 낮다고 볼 수 있다. 진짜 골프채를 가지고 진짜 골프공을 치는 것에 비해 아무래도 활성화된 감각이 낮을 수밖에 없다.

의미교환성, 상호작용성을 높이는
두 번째 경험 요인과 디자인 요소들

인터넷 라디오 방송의 예를 생각해보자. 흔히 라디오를 감성 매체라고 한다. 청취자들이 라디오 방송에 직접 사연을 보내면 진행자가 그것을 읽어 다른 사람과 공유하기 때문이다. 단순하게 "이런 일이 있었군요" 하고 끝나는 것이 아니라 필요할 때는 상담을 해주기도 한다. 기쁜 일에 같이 기뻐하고 힘들 때는 위로해주며 공감대를 형성한다. 비단 방송 진행자나 게스트뿐만 아니라 방송을 청취하는 사람들 역시 방송이라는 틀 안에서 함께 의미를 만들고 나눈다. 예전에 우연히 들었던 아침 라디오 방송이 기억에 남아 있다. 프로그램 애칭을 바꾸면 좋겠다는 한 청취자의 의견이 전파를 탔다. 진행자는 사연을 읽으면서 그 청취자가 제안한 애칭이 의미도 깊고 부르기도 좋다며 감사의 말을 전했고, 그 순간부터 새로운 애칭으로 방송을 소개하고 진행을 이어나갔다. 그리고 십여 년이 지난 지금까지 그 방송의 애칭은 그때 그 청취자가 추천한 이름으로 불리며 사람들과 이야기를 만들어가고 있다. 이처럼 사람이 사람 또는 매체나 시스템과 유기적으로 소통하며 새로운 의미를 만들고 호혜적인 관계를 이끌어나가는 특성을 '의미교환성exchange of meaning'이라고 한다.[44]

경험의 측면에서 보았을 때에 의미의 교환은 사용자가 정보의 속성을 얼마나 잘 이해하고 해석할 수 있는가로 생각해볼 수 있다. 사용자는 제품이나 서비스를 이용하면서 다양한 정보를 접한다. 이때 시스템을 통해 전달된 기호를 토대로 사용자는 해당 기호가 가지고 있는 의미를 파악하는데, 시스템의 속성과 개인의 이해력에 따라 기호의 의미가 다르게 이해될 수 있다.[45] 예를 들어 인터넷 검색을 하다가 사이트에서 HTTP 404 에러 코드를 보게 되었다고 가정해보자. 이 에러 코드는 검색한 페이지를 찾을 수 없다는 의미이다. 인터넷 코드에 대한 기본 지식이 있는 사람이 이 코드를 본다면 사이트 운영자에게 알리는 등의 적절한 대응 방안을 생각해낼 것이다. 그러나 이 코드에 대해 잘 알지 못하는 사람은 적절히 대응하지 못하기 때문에 해당 사이트의 이용을 중단하는 식의 행동을 취할 수밖에 없다. 결과적으로 코드가 상징하는 의미를 이해하는 것에 따라 사용자와 사용자, 사용자와 시스템 간의 소통이 단절될 수 있다. 따라서 의미의 교환은 관계 안에서 이해 가능한 정보를 교환할 수 있는가에 대한 문제로 해석할 수 있다.

이러한 의미의 교환은 크게 세 단계의 과정을 거치게 된다. 첫 번째 단계는 '의미의 구성'이다. 제품과 서비스 안에서 제공되는 기술적인 방법을 통해 본인이 나타내고자 하는 의미를 해당 시스템 사양에 맞게 구성한다. 두 번째 단계는 '의미의 전달'이고, 세 번째 단계는 전달된 정보에 대한 '의미의 해석'이다. 수신된 정보를 통해 의미를 재구축하는 과정을 포함한다. 의미의 교환이 얼마나 원활하게 일어나는가는 양방향으로 이루어지는 소통의 질과 양을 통해 측정할 수 있다. 즉 사용자가 제품을 이용하면서 시스템 자체에 또는 다른 사용자에게 내가 생각하는 바를 전달할 수단이 있는지, 그리고 해당 수단을 통해 얼마나 정확하게 나의 생각을 전달하고 이에 대한 피드백을 받을 수 있는지를 의미한다.

그렇다면 의미의 교환은 상호작용성에 어떤 영향을 미치고 있는가? 이는 커뮤니케이션의 방향성이나 의미 전달자의 주도권과 밀접한 연관이 있다.[46] 의미 교환은 양방향 커뮤니케이션의 기본적인 전제 조건이며 당사자 간의 호혜적인 소통 관계를 구축하는 데 필수 조건이다.[47] 의미의 교환이 잘될수록 사용자는 시스템과 지속적인 상호작용을 유지할 수 있다. 의미의 교환이 제대로 이루어졌다는 것은 사용자와 시스템 또는 사용자 간의 권한이 적절하게 분배되어 전달하고자 하는 메시지를 명확하게 전달했다는 것을 의미하기 때문이다. 또한 명확한 의미의 전달은 2차 상호작용을 유발한다. 이러한 순환 구조 속에서 시스템이 더 많은 변화를 일으킬 수 있는 가능성을 만들어 상호작용성을 높인다.

의미의 교환이 상호작용성을 높이는 데 큰 도움이 된다는 주장은 다음 사례에서도 확인 가능하다. 모바일 메신저 라인은 기존의 메신저와 차별성을 두고 개발되었다. 일반적으로 메신저는 문자로 자신의 메시지를 전달하고, 이미지는 보조적인 수단으로 첨부하는 방식이었다. 그러나 라인은 자신이 피력하고자 하는 의견과 이에 대한 맥락을 이미지로 표현할 수 있게 '스티커'라는 기능을 제공해 다양한 방법으로 의미를 전달할 수 있는 계기를 만들었다.

이처럼 상호작용성을 높이기 위해서는 의미의 교환을 지원할 수 있는 시스템 디자인이 필요하다. 여기에 해당하는 디자인 요소로는 두 가지를 들 수 있다.

참여형 인터페이스

참여형 인터페이스는 사용자의 능동적 참여와 정보 교환에 초점을 맞춘 방식이다. 다수가 참여하는 인터랙티브 매체에는 세 가지 유형의 사용자 역할이 있다. 첫째, 단순히 미디어에 순응하는 관람자이다. 이들은 물리적 환경과 심리적 변화에 따라 참여하는 잠재적 사용자 또는 행위자이다. 둘째, 매체를 통해 주어진 과제를 수행하는 단순 사용자이다. 마지막은, 적극적인 연출 태도로 시스템의 단순한 사용을 넘어서는 창작 행위자이다. 사용자는 역할이 수동적인 관람자에서 능동적인 사용자로 변하면서 제품이나 서비스뿐 아니라 다른 사용자와 관계를 맺다가 더 나아가서는 적극적인 참여를 통해 행위자로 변모하게 된다.[48] 창작 행위자를 위한 참여형 인터페이스는 사용자와 콘텐츠의 관계를 표현하고 연결해야 한다. 기본적으로 자신을 표현할 수 있는 프로필과 콘텐츠를 보여주는 인터페이스, 실시간으로 의견을 입력하고 게시할 수 있는 인터페이스로

사용자 댓글창

그림 12. SBS 고릴라 라디오 애플리케이션의 댓글 기능

사용자와 시스템 그리고 네트워크 정보를 제공함으로써 메시지를 전달하고 받아들일 수 있는 기반을 제공해야 한다. 특히 서비스 제공자가 관리하는 정보 이외에도 다른 사용자와 의견이나 생각을 공유하도록 해 서비스 제공자와 이용자가 평등한 위치에서 의견을 교환할 수 있는 디자인이 주를 이룬다. 예를 들어 그림 12에서 볼 수 있듯이 인터넷 라디오 방송 애플리케이션은 방송 내용에 따라 실시간으로 의견을 남길 수 있도록 댓글창을 따로 마련하고 방송 프로그램별로 의견을 모아 게시하도록 도와주고 있다. 이러한 서비스 기능들은 해당 서비스를 이용하면서 콘텐츠와 관련된 다양한 의미를 교환하고 진행자와도 지속적인 상호작용을 할 수 있는 계기를 마련한다.

정보의 다각화를 위한 보조 정보

보조 정보란 주 정보에 의존적인 비독립적 정보를 뜻한다. 보조 정보는 시스템의 정확성을 높이는 수단으로 널리 활용된다.[49] 보조 정보의 대표적인 사례로 메타 정보를 들 수 있다. 메타 정보는 일반적으로 어떤 정보 자원에 관한 구조화된 정보를 의미한다.[50] 이때 메타 정보의 요소와 사용 규칙을 모은 것을 스키마 혹은 스킴이라고 하는데, 정보를 설명하는 의미 구조와 내용의 규칙 등을 포함한다. 보조 정보를 제시할 때 이러한 스키마에 따라 구조화하는 것이 사용자가 해당 콘텐츠에 대한 의미를 파악하고 이해하는 데 중요한 역할을 한다. 스크린골프를 예로 들면 사용자에게 제공되는 코스 길이, 난이도, 홀 특성, 공략법 등의 정보가 보조 정보라고 할 수 있다. 골프를 치는 동안 이 같은 보조 정보를 이용해 정보 교환이 이루어진다. 그림 13은 사용자의 샷을 세세하게 분석한 자료이다. 스크린 골프를 이용할 때 스크린에 보조 정보로 제공된다. 해당 정보들은 스크린골프를 즐기는 데 필수적인 정보는 아니지만, 골프를 이용하는 사람들의 스키마에 맞게 구성된 정보가 제시되고 있다. 그림 13에서 제시하는 형태의 보조 정보는 정보의 의미와 사용자의 의도에 따라 다

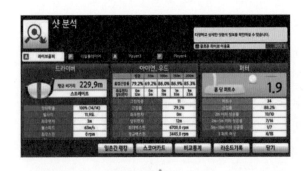

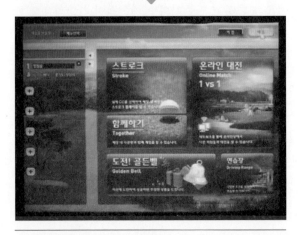

그림 13. 스크린골프의 보조 정보와 정보의 활용

양한 방법으로 활용될 수 있다. 샷이나 점수와 관련된 보조 정보에는 유용한 공략법이나 코스 정보가 포함되어 있어 사용자가 다시 스크린골프를 이용할 때 결과적으로 사용자 경험에 영향을 준다. 이러한 정보들은 게임을 진행하는 도중에도 제공되어 사용자가 잘못된 자세 등의 오류를 즉시 바로잡아 경기 성적을 향상시키는 데 도움이 되는 보조적인 역할을 하고, 실제 필드에서 경기할 때에도 적용할 수 있는 유용한 정보로서 기능한다. 이렇게 보조 정보는 간접적인 의미의 교환을 가능하게 해 사용자와 시스템 간의 지속적인 상호작용을 위한 기초적인 토대를 마련한다.

동시성, 상호작용성을 높이는
세 번째 경험 요인과 디자인 요소들

다시 닌텐도 Wii로 돌아가보자. 닌텐도 게임 중 마리오카트는 사용자가 컨트롤러를 기울이는 동작에 따라 게임 속 자동차의 방향을 조정해 사용자에게 직접 운전하는 듯한 경험을 제공한다. 또 다른 예로 Wii 스포츠 게임 역시 같은 원리로 게임을 진행하는데, 사용자가 컨트롤러를 이용해 조작을 가하는 타이밍에 따라 캐릭터가 즉각적으로 반응해 동작이 이루어지고, 이는 곧 승부에 매우 중요한 영향을 미치게 된다. 이처럼 사용자의 조작에 따라 시스템이 즉각적으로 반응하며 피드백을 제공하는 것을 '동시성synchronicity'이라고 한다.[51]

　동시성은 제품이나 서비스의 시스템이 사용자의 조작에 얼마나 빠르게 반응하는지로 평가할 수 있다. 사용자의 조작은 매우 다양한 방식으로 이루어진다. 게임에 따라 컨트롤러를 잡고 기울이거나 흔드는 식이다. 이때 조작과 반응 사이에 시간 차가 생기면 게임 경험이 크게 반감된다. 사용자가 컨트롤러를 휘두르고 한참 뒤에 게임 속 캐릭터가 움직이면 사용자가 게임 환경에 제대로 적응하고 게임 진행을 지속할 수 있을까? 동시성은 사용자가 어떤 작업을 수행하는 동안 동작이 이루어지고 있음을 인지하는 데 중요한 요인이다. 즉 동시성은 사용자와 사용자 혹은 사용자와 시스템 간의 커뮤니케이션에서 조작과 반응 사이의 시간을 줄여 사용자 경험을 실제 경험으로 치환해 사고하게 한다. 예를 들어 두 사람이 테니스 게임을 한다고 생각해보자. 게임 속에서 공이 오고 가는 타이밍에 맞춰 사용자가 컨트롤러를 조작하면 게임 속 캐릭터는 조작에 따라 즉각적으로 경기를 진행한다. 이는 곧 상대방과 실제 경기하는 듯한 경험으로 연결된다. 상대방과 마주보고 직접 공을 주고받지 않아도 시스템을 통해 조작과 반응이 즉각적으로 오고 가면서 게임에 대한 경험의 동시성을 함께 느끼게 된다.

그렇다면 동시성은 상호작용성에 어떤 영향을 미칠까? 일반적으로는 사용자의 조작에 따라 시스템의 변형이 즉각적으로 일어날수록 상호작용성은 높아진다. 동시성은 상호작용성의 세 가지 측면 중 '속도'에 미치는 영향을 극대화할 수 있는 요소이기 때문이다. 사용자가 시스템을 조작할 때 그에 대한 반응이 한참 뒤에 일어나면 사용자는 해당 제품이나 서비스를 이용하는 데 불편함을 겪을 뿐 아니라 매우 낮은 수준의 상호작용성을 느끼게 될 것이다. 반면 동시성이 높은 경험에서는 사용자가 즉각적으로 반응하는 시스템을 통해 빠르게 작동 원리를 이해하고 수월하게 시스템을 변형할 수 있다. 즉 사용자의 조작이 즉각적으로 반영되어 나타나는 피드백이 제공될수록 사용자는 자신이 예상했던 피드백과 시스템이 제공하는 피드백을 빠르게 비교해 판단하고 다음 조작을 진행할 수 있는 것이다. 이로써 동시성은 상호작용성의 두 번째 요인인 의미 교환성을 높이는 효과도 가져올 수 있다.

동시성을 향상시키는 디자인 요소로는 두 가지 요소를 들 수 있다.

타이밍 정보 알림 기능

타이밍 정보 알림 기능timing notification은 실시간으로 사용자의 조작이 얼마나 정확한 타이밍에 이루어졌는지 알려주는 디자인 요소로, 다양한 제품이나 서비스에 이미 응용되고 있다.[52] 자동차의 변속 타이밍을 알려

야구방망이를
휘두르는 타이밍에
맞춰 타격 효과를
주는 알림이 나타남

그림 14. 닌텐도 Wii 야구 게임
출처: www.pixlbit.com/feature/2374/marketing_101_nintendo/page5

주거나 게임의 조작 타이밍을 평가해 제공하는 등 다양한 서비스 형태
로 일상생활에서 널리 쓰이고 있다. 닌텐도 Wii에서도 확인할 수 있는데,
특히 Wii 스포츠에서 자주 나타난다. 그림 14처럼 야구를 하면서 정확한
타이밍에 맞춰 투수의 공을 가격할 경우 그에 따른 하이라이트 효과가
화면과 컨트롤러 내 스피커를 통해 제공된다. 이렇게 사용자 조작을 가
해야 하는 타이밍을 알 수 있도록 도와 사용자와 시스템의 동시성을 높
이며 효과적인 상호작용성을 유도한다.

진행 상태 알림 기능

진행 상태 알림 기능progress indicator은 상태 바progress bar라고도 부르며, 파
일의 전송이나 복사 과정 및 상태를 나타내는 기본적인 디자인 요소이
다.[53] 이는 시스템의 성능을 조작해 직접적인 반응 속도를 높이기보다 사
용자가 시스템의 반응과 변화를 즉각적으로 확인할 수 있도록 해 동시성
을 지원한다. 즉 사용자의 조작이 시스템에 가해지고 난 뒤에 진행 상태
알림 기능을 통해 시스템의 반응과 변화 상태를 즉각적이고 지속적으로
사용자에게 알려준다. 사용자와 시스템의 커뮤니케이션을 지속 가능하
게 만들고, 사용자가 시스템의 상태를 지속적으로 인지할 수 있게 해 동

센싱된 골퍼의 데이터를
바탕으로 공이 날아가는
장면과 궤적을 보여줌

그림 15. 스크린골프의 실시간 궤적 정보 알림

시성을 높인다. 그림 15처럼 스크린골프장에서 골프를 칠 때 골프공의
속도나 방향과 함께 공이 날아가는 궤적을 나타내는 진행 상태 알림 기
능을 제공해 스윙 후 결과가 나올 때까지 지루하기 않게 기다릴 수 있다.
따라서 사용자의 조작에 따른 시스템의 변화를 지속적으로 나타내주는
진행 상태 알림 기능을 적절히 활용하는 것은 경험의 동시성을 높이고
나아가 상호작용성을 높이는 방법이 될 수 있다.

요약

1

실재감은 외부 환경의 변화에 대응해 감각적 경험의 실타래를 조절하는 데 효과적인 개념이다.

2

실재감은 지각적 속성과 행동적 속성에 영향을 받는데, 바로 생동감과 상호작용성이 대표적이다.

- 생동감은 사람들이 지각하는 자극의 깊이와 넓이에 따라 결정된다.
- 상호작용성은 사용자가 대상을 변형할 수 있는 정도를 의미하며, 속도, 범위, 매핑의 정도에 따라 결정된다.

3

생동감을 높이기 위해 서사성을 제공할 때에는 메타포 기반의 인터페이스, 메타포 기반의 인터랙션, 서사를 이용한 정보 구조를 만드는 것이 효과적이다.

- 생동감을 높이기 위해 구체성을 제공할 때에는 포스 피드백 인터랙션과 마이크로 피드백 인터페이스를 제공하는 것이 효과적이다.
- 생동감을 높이기 위해 매체의 풍요성을 제공할 때에는 감각 정보의 작업과 매핑, 증강정보, 터치와 모션의 복합 자극를 제공하는 것이 효과적이다.

4

상호작용성을 높이기 위해 제어성을 제공할 때에는 선택적 인터페이스, 감각적 인터페이스를 제공하는 것이 효과적이다.

- 상호작용성을 높이기 위해 의미교환성을 제공할 때에는 참여형 인터페이스와 보조 정보를 제공하는 것이 효과적이다.
- 상호작용성을 높이기 위해 동시성을 제공하기 위해서는 타이밍 정보 알림 기능과 진행 상태 알림 기능을 제공하는 것이 효과적이다.

생각해볼 주제

1

최근 제품이나 서비스를 사용하면서 생동감이 높거나 낮았던 사례를 생각해보자. 어떤 이유로 생동감이 높고 낮다고 생각했는가? 생동감이 높고 낮은 경험을 촉진시킨 디자인 요소는 어떤 것이 있었나?

2

최근 제품이나 서비스를 사용하면서 상호작용성이 높거나 낮았던 사례를 생각해보자. 어떤 이유로 상호작용성이 높고 낮다고 생각했는가? 상호작용성이 높고 낮은 경험을 촉진시킨 디자인 요소는 어떤 것이 있었나?

6

가치 있는 경험을
위한 디자인

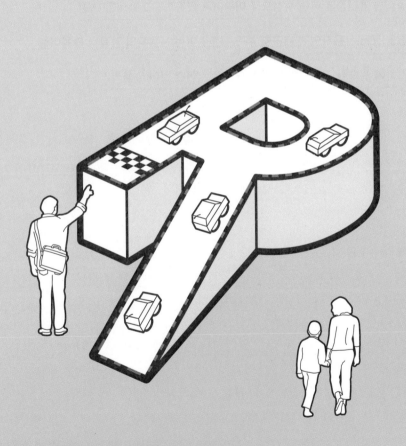

우리가 제품이나 서비스를 이용하면서 바라는 것은 목적를 충족시키는

유용한 경험일 것이다. 바로 판단적 경험에서 말하는 유용함이다.

이를 위해서는 사용자가 중요하게 생각하는 가치의 종류를 알아야 하고,

어떤 방법으로 그 가치를 실현할 수 있을지 고민해야 한다. 여기서

필요한 전략적 조절 요인이 앞서 살펴본 기인점이다. 외부 환경의 변화에

따라 판단적 경험을 효과적으로 조절할 수 있는 요인이 바로 기인점이다.

그렇다면 기인점은 어떤 속성으로 이루어져 있을까? 그 속성은 어떤

경험을 통해 사용자에게 제공할 수 있을까? 이런 사용자의 경험을 만들어줄

시스템에 필요한 구체적인 디자인 요소로는 어떤 것이 있을까?

어느 날인가 주민등록등본을 급하게 발급받아야 할 일이 있었다. 그러나 동사무소나 구청을 방문해 이런 류의 민원을 처리하는 것이 그다지 유쾌한 일은 아니다. 가급적이면 짧은 시간 안에 필요한 일을 해결하고 학교로 돌아가 수업 준비와 논문 지도를 해야 하는데, 현실은 그렇지 않을 때가 많기 때문이다. 일과 중에 짬을 내서 직접 동사무소를 방문하는 것도 어려울뿐더러 어렵게 시간을 만들어 찾아가도 주변에 주차할 공간마저 없어 곤란하게 한다. 어쩌다 간신히 주차하고 입구에 들어서면 생각보다 많은 사람들이 제 순서를 기다리고 있어 긴 시간을 허비해야 하는 경우도 종종 있다. 게다가 복잡한 민원서류를 사람들 틈바구니를 비집고 서서 작성해야 하는 점도 나를 지치게 한다. 기껏 인내하고 기다려도 필요한 제반 서류를 미처 준비하지 못해 허탕 친 적도 있다.

이번에도 그러면 어쩌나 싶어 지레 걱정하고 있는데 아내가 좋은 정보를 알려줬다. 아내는 정부가 '민원24'라는 온라인 민원 서비스를 대대적으로 개시했다며 이제는 동사무소를 직접 방문하지 않아도 된다고 했다. 과연 그런가 하는 약간의 의심을 품은 채 해당 서비스를 검색해보고는 내심 뜨끔했다. 우리나라 행정 서비스가 이렇게 발전하도록 나는 아무것도 모르고 구세대에 살고 있었구나 하는 자성 때문이었다. 민원24의 가장 좋은 점은 24시간 내내 어디서든 온라인 접속만으로 서비스를 받을 수 있다는 점이었다. 직장을 다니는 사람들은 사소한 서류를 발급받기 위해 일과 시간을 방해받으며 동사무소까지 방문하는 것을 원하지 않는다. 어느 때고 서비스를 이용할 수 있다는 점은 나에게도 정말 다행스러운 일이다.

민원24는 실제 민원처리 과정의 많은 부분이 자동화되어 있었다. 몇 가지 단계로 나눠 사용자 동의를 거친 뒤에 다음 단계로 이동하는 절차가 있지만, 각 단계를 따르는 것이 번거롭지 않아 하다 보면 어느새 민원 신청 마지막 단계에 도달한다. 민원 신청 양식을 작성하는 과정 또한 매우 편리했다. 실제 동사무소를 방문하면 빈칸의 모든 정보를 일일이 손으로 기입해야 한다. 하지만 온라인 신청 페이지에서 공인인증서로 로그인을 하면 상당 수의 개인 정보가 자동으로 입력된다. 추가로 필요한 정보만 별도로 간단히 입력하면 모든 서류 작성이 끝난다. 또 마지막 단계에서 온라인 출력 신청을 하면, 내가 사용하고 있는 컴퓨터의 네트워크 안에서 인식되는 프린터를 자동으로 찾아내 그 자리에서 바로 증명서를 인쇄할 수 있게 시스템이 구축되어 있다.

한번은 해외 출장을 가게 되어 공항 대합실에서 탑승 수속을 밟으려고 기다리고 있는데 갑자기 어머니에게서 전화가 왔다. 가족 보험 때문에 가족관계증명서가 필요하다는 연락이었다. 탑승 시간이 얼마 남지 않아 공항 근처에 있는 동사무소를 찾아갈 수도 없었다. 매우 답답한 상황이었지만 다행스럽게도 얼마 전에 다운로드 받아두었던 민원24 모바일 애플리케이션이 떠올랐다. '본인 신청 타인 발급'이라는 서비스에서 어머니가 있는 시골 면사무소의 담당 직원을 발급자로 지정했다. 증명서 발급을 신청한 뒤 얼마 되지 않아 요청 사항을 정상적으로 접수했다는 문자 메시지가 들어왔다. 모바일로도 제공되는 민원24 서비스에 다시 한번 큰 덕을 본 경험이었다. 전자 정부라는 이름으로 이런 유용한 서비스가 생각보다 광범위하게 제공되고 있다. UN이 선정한 전자 정부에 연속으로 1위에 오른 것이 어쩌면 당연하다.

기인점에 영향을 미치는 경험 고리

2장에서 살펴봤던 것처럼, 나의 경험이 어떤 종류의 목적을 어떤 방식으로 얼마나 달성했는지 판단하는 것이 판단적 경험이다. 민원24 서비스도 판단적 경험의 측면으로 평가할 수 있다. 우리가 증명서를 발급하는 경험에서 어떤 가치를 기대하며, 그 과정이 어떤 절차로 이루어지는지 판단하는 것이다. 이를 판단할 때 중요한 기준이 되는 것이 기인점이다.

가치 판단의 기인점 분석은 다음과 같이 이루어진다. 민원24 서비스를 통해 증명서를 발급받는 것 자체가 나에게 중요한 일이라면, 내가 가치 있다고 판단하는 기준이 내부에 있는 것이다. 2장에서는 이를 내재적 기인점이라고 정의했다. 반면 증명서를 발급받는 것보다 발급받은 증명서로 보험을 신청하는 일이 나에게 중요한 일이라면, 경험의 가치를 판단하는 기준이 외부에 있는 것이다. 2장에서는 이를 외재적 기인점이라고 정의했다. 이와 같이 판단적 경험의 기인점을 평가하는 관점은 제품이나 서비스를 사용하는 목적이나 결과를 강조한 것이기도 하다.

반면 경험의 절차 또는 과정으로 판단할 때의 기인점은 사용자가 제품이나 서비스를 얼마나 제어할 수 있는지로 평가한다. 민원24 서비스를 이용해 주민등록초본을 발급받는 과정을 보면, 나에게 필요한 서류를 선택하면 그에 맞는 민원서류가 자동으로 나타나고, 로그인 정보를 통해 자동으로 민원서류가 작성되고, 필요한 증명서를 인쇄할 수 있는 프린터를 자동으로 찾아주고, 보안 시스템이 자동으로 실행되는 등 외재적 기인점을 가지는 것을 알 수 있다. 그렇지만 민원24 서비스는 사용자 스스로가 필요한 증명서를 자유롭게 선택해 발급받고, 발급된 증명서를 어떤 방식으로 전달받을 것인지 스스로 제어할 수 있는 등 내재적 기인점도 함께 가지고 있다. 이처럼 판단적 경험의 기인점은 제품이나 서비스를 경험하는 과정을 스스로 제어할 수 있는지를 지각하는 문제이기도 하다.

절차적 특징과 결과적 특징을 모두 가지고 있는 판단의 기인점을 효과적으로 조절하기 위해서는 절차적 기인점과 결과적 기인점에 대한 각각의 중요한 속성을 모두 파악하고 있어야 한다. 이제부터는 결과적 기인점의 대표적인 속성으로 '유희적 가치'와 '기능적 가치'를, 절차적 기인점의 대표적인 속성으로 '사용자 주도성'과 '시스템 주도성'을 자세히 살펴보도록 하자.

리그오브레전드, 일명 '롤'이라고 불리는 이 게임은 전략 게임에 전투 액션이 가미된 것으로 3-5명이 한 팀을 이뤄 상대방의 건물을 부수는 실시간 대전 게임이다. 사람들이 가장 많이 즐기는 게임 룰은 5대 5 방식이다. 사용자는 백 명이 넘는 영웅 중 한 명을 선택해 게임을 시작한다. 자신과 한 팀을 이룬 네 명의 영웅과 함께 상대 팀의 영웅들과 겨뤄 넥서스nexus라고 부르는 본부를 먼저 파괴하면 승리한다. 사용자는 같은 팀과 협력하고 상대 팀과 경쟁하며 진행하는 과정에서 재미와 흥미를 느껴 게임에 지속적으로 몰입하게 된다. 특히 무작위로 팀을 선택하거나 때때로 일주일 동안 열 명의 영웅을 무작위로 선택하는 등의 적절한 행운적 요소를 제공해 게임을 진행하는 과정에 재미 요소를 더했다.

반면, 페이팔PayPal은 사용자가 인터넷상에서 안전하고 편리하게 금융 거래를 할 수 있도록 도와주는 서비스이다. 구체적인 개인 정보를 공유하지 않더라도 다른 사람과 거래할 수 있기 때문에 요즘처럼 보안에 예민한 상황에서 특히 유용하다. 그리고 은행 계좌나 신용카드 등 다양한 결제 방법을 선택해 한 번 등록해놓으면 반복 입력하지 않아도 되기 때문에 편리하게 이용할 수 있다. 페이팔을 사용하는 목적은 주로 다른 사람과 금융 거래를 하기 위한 수단이다. 페이팔은 사용자의 유희를 위해 이용하는 서비스가 아니다. 가령 인터넷으로 DVD를 구입할 때 값을 지불하기 위해 이용한다. 따라서 페이팔 서비스를 가치 있다고 생각하는 이유는 그 서비스를 사용하는 경험이 의미 있다기보다 다른 목적을 달성하기 위한 효과적인 수단으로 잘 활용되기 때문이다.

제품이나 서비스를 사용할 때 우리는 여러 종류의 목적을 갖고 있을 것이다. 각자의 목적이 달성되면 해당 제품이나 서비스를 사용한 경험이 유용하고 가치 있다고 생각한다. 사람마다 제품이나 서비스를 사용하는 목적은 수없이 다양하겠지만 기본적으로 두 가지 차원으로 추상화할 수 있다.[1] 바로 '유희성'과 '기능성'이다.

유희를 목적으로 하는 것은 제품이나 서비스를 사용하는 과정에서 즐거움을 찾는 것을 의미한다.[2] 따라서 유희적 목적을 가지고 있는 사용자는 자신이 주관적으로 얼마나 좋은 경험을 했느냐를 중요하게 생각한다. 예를 들어 롤 게임을 즐기는 사람들은 대부분 유희를 목적으로 게임을 하기 때문에 게임을 하는 과정에서 스스로 얼마나 즐겁고 재미있는지에 따라 목표 달성의 여부를 판단한다.

반면 기능을 목적으로 하는 것은 제품이나 서비스의 사용이 다른 목적을 달성하기 위한 수단으로 활용되는 것을 의미한다. 따라서 제품이나 서비스를 사용할 때 기능적 목적을 가지고 있는 사용자는 목적 달성을 위한 효율성이나 비용 대비 효과 등에 초점을 맞춰 논리적이고 합리적으로 접근한다. 예를 들어 페이팔을 쓰는 사람들은 대부분 편리한 기능이 목적이기 때문에 페이팔이 비용 대비 얼마나 효과적인지 또는 얼마나 신속하고 안전하게 금융 거래를 할 수 있는지를 중요하게 여긴다.

사람들은 제품이나 서비스를 사용하면서 자신의 목적이 달성될 때 그 경험을 가치 있다고 판단한다. 가치 판단의 기준은 얼마나 목적에 충실하게 기능했느냐이다. 따라서 유희성에 초점을 둔 가치는 제품이나 서비스를 사용한 경험 자체가 즐거운지 판단하는 반면, 기능성에 초점을 둔 가치는 제품이나 서비스를 사용한 경험이 어떤 목적을 달성하기 위한 도구로 잘 활용되었는지로 판단한다. 사람들은 두 가지 판단을 모두 고려해 제품이나 서비스가 가치 있는지를 판단한다.[3]

그런데 우리들은 제품이나 서비스를 사용할 때 언제나 일반적으로 정해진 목적만을 달성하려고 하지는 않는다. 사람은 자신의 어떤 욕구가 충족되었는지에 따라 저마다의 독특한 가치 판단을 할 수 있다.[4] 게임을 예로 들어, 만약 일반적인 게임 사용자가 아닌 경쟁 업체의 직원이 게임을 사용한다면 그의 목적은 이 게임이 왜 사람들에게 인기가 좋은지 파악하기 위함일 수도 있는 것이다. 이는 사용자가 기능적 목적을 가지고 있는 경우로, 게임 자체를 즐기는 것보다 자신의 업무에 적용할 수 있는 경험을 만들어내는 일에 더 가치를 둔다. 따라서 사용자가 경험에서 유희성과 기능성 중 어떤 가치를 발견했는지에 따라 기인점도 크게 영향을 받는다. 기능적 가치와 유희적 가치는 결과적인 측면에서 경험의 기인점에 영향을 미치는 중요한 속성인 셈이다.

자동화, 대표적인 절차적 속성

나는 이제 더 이상 종이 수첩을 쓰지 않는다. 수첩을 안 들고 다닌 지도 꽤 오래되었다. 그렇다고 노트북을 가지고 다니는 것도 아니다. 대신에 태블릿PC를 들고 다니며 평소 생각하는 것이나 경험한 것을 자유롭게 기록한다. 과거에는 태블릿의 터치펜이 어딘가 좀 무딘 것 같고, 표현하고 싶은 것을 효율적으로 기록하기도 힘들었다. 하지만 최근에 나온 전문가용 그래픽 태블릿은 전혀 다른 경험을 제공해준다. 일단 1그램의 미세한 압력도 감지해 총 2,000단계가 넘는 수준의 정밀도를 지원하고, 펜의 기울기를 미세하게 인식해 전통적인 붓이나 펜보다 더 정확하고 정밀한 조작을 가능하게 한다. 글씨를 쓸 때 내가 터치펜을 세게 눌러 사용하면 진하게, 약하게 눌러 사용하면 연하게 표현되는데, 그 수준이 일반 볼펜보다 훨씬 정밀하다. 또 태블릿 각도를 자유롭게 조정할 수 있어 필요에 따라 더 세밀한 작업이 가능하다. 덕분에 도화지 위에 붓으로 작업할 때는 불가능했던 여러 가지 작업들을 정밀한 수준으로 표현할 수 있다.

반면, 서울과 같은 대도시에 있는 자동 주차 시스템을 한번 떠올려보라. 내가 종종 이용하는 도심 한복판에 위치한 극장에는 자동 주차 시스템이 있다. 극장을 방문할 때마다 여기에 주차를 하면서 내가 주도적으로 결정할 수 있는 일이 매우 제한적이라는 사실을 느낀다. 왜냐하면 주차타워에 접근한 뒤부터는 입구 바닥의 동그란 철제 위에 차를 세우고 내리는 일이 내가 할 수 있는 전부이기 때문이다. 그 뒤로는 시스템이 자동으로 차 번호를 인식하고 동그란 철제 바닥을 회전시켜 차를 주차타워 안으로 옮긴다. 나는 내 차가 주차타워 몇 층에, 어느 위치에 주차되어 있는지 전혀 알지 못한다. 그저 영화 상영이 끝나면 주차타워로 돌아와 차 번호를 입력할 뿐이다. 자동화된 시스템은 매우 똑똑하게도 내 차를 찾아 내가 처음 차를 정차시킨 그 자리로 다시 돌려놓는다. 이 과정에서 내가 제어할 수 있는 것은 거의 없다. 그 자리에 서서 다시 차에 오를 수 있기를 기다리는 것밖에는 말이다.

'자동화automation'는 과거에 주로 사람이 수행해온 역할을 기계나 시스템이 대신 수행하는 것을 의미한다.[5] 로봇청소기 같은 자동화 기기를 사용할 때를 떠올려보면, 사용자가 제품의 존재나 작동 과정을 얼마나 의식하고 있는지로 자동화의 수준을 평가할 수 있다.[6] 자동화 수준이 높을수록 사용자는 오랜 시간 동안 제품에 주의를 기울이지 않아도 된다.

사람은 일반적으로 네 단계에 걸쳐 정보를 처리한다. 각 단계별로 자동화를 적용한 정도에 따라 자동화 수준을 판단할 수 있다. 첫 번째 단계는 외부 정보를 수집하는 단계로 입력된 정보를 감지하고 기록한다. 이 단계에서는 센서로 환경을 스캔하고 관찰하고 기록하는 작업 등을 자동화하는 것이 가능하다. 앞에서 예로 든 주차장은 진입한 차량의 번호를 스캔하고 입력하는 작업을 자동화했다. 두 번째 단계는 입력된 정보를 인지하고 처리해 적절한 분석을 수행하는 단계이다. 주차장에 들어온 차의 주인이 어떤 영화를 볼 것이고, 영화가 끝나는 시간이 언제쯤인지 자동으로 예측해 분석하는 것이 이 단계에 해당한다. 세 번째 단계는 분석된 결과를 토대로 도출된 여러 가지 대안 가운데에서 의사결정을 하는 단계이다. 어떤 곳에 주차하는 것이 가장 효과적인지 자동 주차 시스템이 자동으로 결정하는 것과 같다. 마지막 단계는 선정된 대안에 필요한 행동을 실제로 수행하는 단계이다. 자동 주차 시스템이 사람 대신 자동차를 특정 자리로 이동시키는 것이 여기에 해당한다.

자동화 수준이라는 것은 이와 같이 여러 단계에서 일부나 상당 부분을 사람 대신 기계나 시스템이 대신 처리할 수 있는지로 평가한다. 예를 들어 시스템의 도움 없이 사용자가 스스로 모든 정보를 수집하고 분석해 의사결정을 하고 실행에 옮기는 것이 자동화 수준이 가장 낮다. 앞에서 이야기했던 그래픽 태블릿 역시 사용자에게 선택할 수 있는 모든 가능성을 제공할 뿐, 사용자가 스스로 기기의 각도를 얼마나 기울이고 어느 정도의 힘으로 터치펜을 사용할지 모든 것을 결정해야 하기 때문에 자동화 수준이 매우 낮다. 반면 사용자에게 어떤 정보의 입력도 요청하지 않고 그저 시스템이 알아서 모든 정보를 수집해 분석하고 실행으로 옮긴다면 이것은 자동화 수준이 높은 경우이다. 예를 들어 자동 주차 시스템이 내가 몇 시쯤에 차를 뺄 것인지 미리 예측해 영화가 끝나자마자 영화관 출구 앞에 자동차를 갖다 놓는다면 자동화 수준이 높다는 의미이다.

자동화는 판단적 경험의 기인점에서 핵심 개념인 '통제'의 가능성과 밀접하게 연관되어 있다. 즉 자동 주차 시스템처럼 자동화 수준이 높을수록 사람들은 그 시스템을 사용하는 동안 자신이 통제할 수 있는 범위가 적다고 생각한다. 이때의 절차적 기인점은 외부에 있게 된다. 반면에 그래픽 태블릿처럼 자동화 수준이 낮을수록 사용자가 직접 조작할 수 있는 범위는 넓어지고, 이때의 절차적 기인점은 내부에 위치하게 된다.

자동화는 사용자의 자율성과 반대되는 개념이다.[7] 즉 자율성은 사람이 가지고 있는 주도권으로 판단할 수 있는 반면, 자동화는 사람이 상호작용하는 제품이나 서비스가 얼마나 많은 주도권을 가지고 있는지로 판단한다. 따라서 자동화 수준이 높으면 시스템이 주도권을 가진 경험을, 자동화 수준이 낮으면 사용자가 주도권을 가진 경험을 제공한다.

결과적 기인점과 절차적 기인점의 관계

판단적 경험의 기인점에서 절차적 기인점과 결과적 기인점의 관계는 어떠할까? 두 개념은 서로 밀접하게 연관되어 있지만 완전하게 동일한 개념은 아니다. 즉 경험의 목적이 유희적 가치에 있으면 그 결과는 내재적으로 목적이 달성된 수준에서 판단하지만, 그 경험의 절차는 반드시 개인에 의해 모든 것이 제어될 수 있다고 판단하지는 않는다. 마찬가지로 경

험의 목적이 기능적 가치에 있으면 비록 그 결과는 외재적으로 달성된 수
준에서 판단하지만, 그 경험의 절차에서 반드시 개인은 아무것도 제어할
수 없다고 판단하는 것은 아니다. 예를 들어 민원24 서비스를 사용할 때
스스로 제어할 수 있는 부분이 많다고 판단했다면 절차적 기인점이 내재
적이라고 할 수 있지만, 그 서비스를 주로 보험 처리 같은 목적을 달성하
기 위해 사용했다면 결과적 기인점은 외재적이라고 할 수 있다.

그러나 이 둘은 경험에 대한 기인점이기 때문에 둘 사이에 상승작용
이 발생할 가능성이 높다. 예를 들어 자신의 취미생활을 위해 태블릿PC
를 사용하는 경험은 회의석상에서 자료를 정리하기 위해 태블릿PC를
사용하는 것보다 판단의 기인점이 더욱 내재화될 것이다. 결과적 기인점
면에서도 내재화되어 있고, 절차적 기인점 면에서도 내재화되어 있기 때
문이다. 반대로 도심 한가운데 있는 관공서의 주차타워를 이용하는 경험
은 점점 더 외재화될 것이다. 자동화 수준이 높아서 이미 절차적으로 외

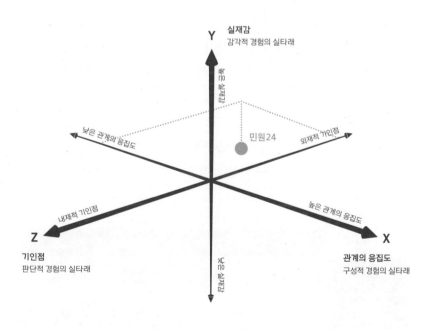

그림 1. 민원24 서비스 경험의 3차원 모형

재화되어 있는 상태에서 대부분 주차를 한 뒤에는 영화를 보거나 증명서를 발급받는 등의 다른 일을 처리하기 때문에 결과적 기인점도 외재화되어 있을 가능성이 높다. 그런 의미에서 민원24 서비스는 절차적 기인점으로나 결과적 기인점으로도 외재적이므로 그림 1처럼 경험의 3차원 모형에서 매우 높은 외재적 기인점에 위치하고 있다.

결과적 기인점과 절차적 기인점 사이에서
선택할 수 있는 경우의 수

위에서 살펴봤듯이 기인점에 영향을 미치는 두 개의 중요한 요소, 즉 결과적 기인점과 절차적 기인점은 서로 연관되어 있는 개념이지만 동시에 구분된 개념이기 때문에, 이 둘을 독립된 관점에서 각각의 경험 요소는 무엇이며 꼭 필요한 디자인 요소는 무엇인지 알아봐야 한다. 이를 위해 먼저 적합한 사례를 다양하게 추출해 그 사례에서 나타난 핵심 경험 요인과 디자인 요소를 찾아봤다. 여기에 소개되는 여덟 가지 사례를 분석해 각각의 특성에 속하는 제품이나 서비스의 성공에 중요한 역할을 한 경험 요인과 이를 효과적으로 제공하는 데 활용된 구체적인 디자인 요소를 파악할 수 있다.

먼저 절차적 기인점을 내재적인 경우와 외재적인 경우로 나누고, 결과적 기인점도 내재적인 경우와 외재적인 경우로 나눠 그 안에서 가능한

	유희적 가치(내재적 결과)		기능적 가치(외재적 결과)	
사용자 주도성 (내재적 절차)	타미야 RC카	아이러브커피	아임삭 충전 드라이버 드릴	이지택시
시스템 주도성 (외재적 절차)	필립스 휴	비트	LG전자 로보킹	민원24

표1. 다양한 결과적 기인점과 절차적 기인점을 보여주는 대표적인 지배적 디자인 사례

모든 조합을 표 1처럼 만들었다. 각각의 특징과 가장 잘 부합하는 제품 사례와 서비스 사례를 한 가지씩 선정했다. 이들은 각각 해당 영역에서 가장 성공한 지배적 디자인의 위치를 가지고 있거나 앞으로 그렇게 될 것으로 기대되는 제품이나 서비스이다.

아이러브커피: 모바일 소셜 네트워크 게임

2012년에 파티게임즈에서 출시한 모바일 소셜 네트워크 게임 아이러 브커피는 사용자가 가상으로 자신의 커피숍을 꾸미고 운영하는 과정에서 재미와 즐거움을 느낄 수 있는 게임이다. 내 마음대로 커피숍 분위기를 꾸미고, 내가 꾸민 커피숍에 친구가 방문하는 등 다른 사람과 함께 게임을 즐길 수도 있다. 이때 사용자는 유희적 가치를 느끼게 되고, 결과적 기인점은 상당히 내재적인 위치에 있게 된다. 또한 아이러브커피는 절차적 기인점도 내재적이다. 커피숍을 운영하는 과정 전반에서 새로운 메뉴를 제작하고 진열하는 등 모든 것을 통제할 수 있기 때문에 사용자 주도성이 높다. 이에 따라 게임 속 커피숍의 모습과 매출이 달라지면서 절차적 기인점도 상당히 내재적인 위치에 있게 되는 것이다.

타미야 포르쉐 934 터보 RSR: RC카

무선으로 조종하는 모형 자동차 RC카를 만드는 타미야Tamiya에서 출시한 '포르쉐Porsche 934 터보 RSR' 모델이다. RC카는 사용자가 직접 자동차에 들어가는 엔진과 차체를 선택해 하나하나 수동으로 조립한다. 이 제품의 사용자들은 자동차의 내외부를 손수 만드는 과정에서 흥미로움을 느낀다. 그리고 조립이 완료된 자동차를 리모트컨트롤을 사용해 운행 상태를 조정하며 그 자체에서 재미와 즐거움을 느낀다. 이때 사용자는 유희적 가치를 얻었다고 생각하게 되므로, 타미야의 RC카는 결과적 기인점이 내재적 위치에 있다고 볼 수 있다. 또한 RC카는 절차적 기인점도 내재적 특징이 강하다. 조립과 조정 과정을 사용자가 직접 통제하면서 RC카의 움직임이 매순간 변하는 것을 느낄 수 있기 때문이다.

비트: 스트리밍 음악 서비스

비트패킹컴퍼니가 2014년에 출시한^{2016년 말 서비스 종료} 애플리케이션 비트BEAT는 상황에 맞는 음악 선곡을 도와주는 스트리밍 서비스이다. 서비스 내 '라디오'라는 기능은 사용자에게 다양한 플레이리스트를 제안하고, 사용자의 선택에 따라 무작위로 음악을 들려준다. 특히 시간대나 장르 등에 맞춰 그때그때 선호도 높은 플레이리스트를 선곡하고, 각 플레이리스트에 센스 있고 친근한 이름을 붙여 즐거움을 준다. 비트를 통해 음악을 듣는 것만으로도 재미와 즐거움을 느낄 수 있으나, 사용자 각자가 원하는 라디오를 고르는 데에서 느끼는 즐거움이 크다. 이때 사용자가 유희적 가치를 느끼는 만큼 비트의 결과적 기인점은 내재적이며 절차적 기인점은 외재적이라고 할 수 있다. 비트는 사용자가 필요한 분위기나 느낌, 음악의 선호나 맥락적 환경에 따라 자동으로 선곡해주기에 사용하다 보면 자연스럽게 모든 선곡을 비트에 맡기게 되기 때문이다.

필립스 휴: 스마트 전구

앞서 4장에서도 설명했던 필립스의 스마트 전구 휴는 자동으로 전원을 켜고 끌 수 있을 뿐 아니라 다양한 색상을 표현하는 조명 기구이다. 휴는 스마트폰이나 태블릿PC에 애플리케이션을 설치하면 사용자의 브리지를 자동으로 검색해 색상과 밝기를 쉽게 조절할 수 있다. 예를 들어 게임이나 영화, 캐릭터를 테마로 한 색상들도 있어 사용자가 원하는 색으로 선택할 수 있고, 여러 개의 휴를 사용해 무지개나 마카롱처럼 다양한 색상을 아름답게 연출할 수도 있다. 이렇게 여러 가지 색으로 조명을 사용하는 과정에 재미와 즐거움이 있다. 따라서 휴는 결과적 기인점이 내재적이라는 의미를 갖는다. 반면 절차적 기인점은 외재적이다. 휴를 처음 구입할 때 사용자의 브리지 설정만 해두면 별다른 노력 없이 편리하게 사용할 수 있다. 기존의 전구는 사용자가 필요할 때마다 전원을 직접 조작해야 하지만, 휴는 사용자의 움직임과 생활 패턴에 맞춰 조명이 자동으로 꺼지고 켜져 사용자의 주의가 불필요하기 때문이다.

이지택시: 온라인 콜택시 서비스

이지택시Easy Taxi는 전 세계 서른여 개국 백여 개 도시에서 서비스하고 있는 콜택시 서비스 애플리케이션이다. 기사와 승객이 설치한 이지택시 애플리케이션으로 승객이 택시를 호출하면 GPS를 통한 위치 기반 서비스를 이용해 가장 근거리에 있는 택시 기사에게 콜이 연결되는 시스템이다. 이지택시가 제공하는 중요한 가치로 안전성이 꼽히고 있다. 기사 이름, 연락처, 차종, 차량번호 등의 택시 정보가 애플리케이션에 기록되기 때문에 범죄나 분실 등의 문제가 발생해도 해결하기 쉽다. 현재 위치나 콜택시 정보를 모르는 상태에서도 GPS로 바로 조회할 수 있다. 사용자는 이 지점에서 기능적 가치를 크게 느끼게 되므로 이지택시의 결과적 기인점은 상당히 외재적인 위치에 자리한다. 반면 절차적 기인점에서는 내재적인 특징이 강하다. 예를 들어, 사용자와 택시 기사가 일대일로 연결될 수 있기 때문에 사용자의 의사를 더욱 분명하게 전달할 수 있다. 특히 위치 정보를 지도상에 표시해 전달할 수 있어 사용자가 정확한 승차 위치를 설정하는 것이 가능하다. 호출 과정에서 사용자가 느끼는 통제감이 높기 때문에 절차적으로 상당히 내재적인 위치에 있다.

아임삭 AD 418R: 충전 드라이버 드릴

전동공구를 만드는 국내 업체 아임삭에서 출시된 418 시리즈는 주로 가정이나 사무실 등에서 일반인들이 직접 가구를 제작하거나 간단한 수리를 할 때 작업용으로 많이 사용한다. 공구에 익숙하지 않거나 힘이 약한 사람들도 간단한 버튼 조작으로 손쉽게 쓸 수 있다는 것이 큰 장점이다. 충전 드라이버 드릴을 사용하면 힘을 적게 들이고도 필요한 작업을 수행할 수 있다. 사용자들이 이런 점에서 가치를 느끼는 이유는 드릴을 사용하면서 얻는 직접적인 경험보다 드릴을 이용해 필요한 작업을 쉽게 수행할 수 있는 장점 때문이다. 따라서 사용자는 충전 드라이버 드릴에서 기능적 가치를 많이 느끼게 되므로, 이 제품의 결과적 기인점은 외재적인 위치에 있다고 볼 수 있다. 반면 충전 드라이버 드릴의 절차적 기인점은 내재적인 특징이 강하다. 사용자가 작업의 용도에 맞게 기계의 성능을 마음대로 조정할 수 있기 때문이다. 드릴의 회전 방향이나 작업 모드와 안전 모드를 버튼 하나로 설정할 수 있으며, 드릴의 힘을 20단계 이상으로 세밀하게 조정할 수 있다. 이처럼 사용 과정에서 사용자가 스스로 통제할 수 있는 부분이 많기 때문에 절차적 측면에서 상당히 내재적인 위치에 있게 된다.

민원24: 온라인 민원 서비스

앞서 자세히 언급했던 민원24 또한 중요한 사례이다. 민원24는 각종 민원사무 안내와 민원신청 처리, 공문서 열람 및 발급 등 상당수의 행정 서비스를 제공한다. 민원24는 사용자가 원하는 민원 서비스를 신청하고 수령하는 실용적인 목적으로 사용되고 있기 때문에 사용자는 민원24 서비스에서 기능적 가치를 느끼게 된다. 따라서 결과적 기인점이 상당히 외재적인 위치에 있다고 볼 수 있다. 민원24는 절차적 기인점도 외재적인 위치에 있다. 정부가 보유하고 있는 개인 정보와 공식화된 절차를 민원 서비스 프로그램에 위임해 사용자가 최소한의 조작으로 온라인 서비스를 이용할 수 있게 한다. 실제로 처음 접속할 때부터 민원 처리를 완료할 때까지 사용자가 민원24 시스템을 직접 조작하는 빈도는 얼마 되지 않는다. 서비스를 이용하는 과정에서 사용자가 거의 모든 권한을 시스템에 맡기고 있으므로 시스템 자동화 수준이 높다.

LG전자 로보킹: 로봇청소기

LG전자의 로보킹은 청소의 불편함과 번거로움을 줄여주는 청소 로봇이다. 로보킹은 먼지 흡입과 걸레질 기능을 모두 갖추고 있어 청소 모드와 자동 청소 모드를 선택할 수 있다. 특히 로봇 몸체를 사각형으로 만들어 구석 청소의 효율성을 높였기 때문에 자동 청소 모드에 최적화되어 있다. 사용자를 대신해 집안 구석구석을 돌아다니며 스스로 집안 환경을 파악하고 이에 맞춰 청소하는 로봇청소기의 편리함은 굳이 말로 설명할 필요가 없을 것이다. 로봇청소기를 통해 사용자가 실용적이고 유용한 경험을 할 수 있다는 점에서 결과적 기인점이 상당히 외재적인 위치에 있다고 판단할 수 있다. 또 로봇청소기를 사용할 때 사용자는 전원을 켜고 끄는 행위 외에는 다른 조작을 가할 필요가 없다. 따라서 사용자는 청소 과정을 스스로 통제하기보다는 많은 역할을 로봇청소기에 위임하게 되므로 절차적 기인점 또한 상당히 외재적인 위치에 있게 된다.

여덟 가지 사례에서 볼 수 있듯이 기인점이 내재적이거나 외재적이라고 해서 무조건 지배적 디자인이 되는 것은 아니다. 그보다는 결과적 기인점이 내재적이거나 외재적인 경우, 그리고 절차적 기인점이 내재적이거나 외재적인 경우 각각에 대해서 사용자에게 좋은 경험을 제공해주는 것이 더 중요하다. 위의 여덟 가지 사례를 연구한 결과와 기존 연구 문헌들을 바탕으로 유희적 가치를 높이는 사용 경험 요인, 기능적 가치를 높이는 사용 경험 요인, 사용자 주도성을 높이는 사용 경험 요인, 시스템 주도성을 높이는 사용 경험 요인을 도출할 수 있다. 그와 함께 각 사용 경험 요인을 효과적으로 구현할 수 있는 구체적인 디자인 요소도 살펴보자.

뜻밖의 즐거움, 유희성을 높이는 첫 번째 경험 요인과 디자인 요소들

앞에서 소개한 애플리케이션 비트는 사용자가 기존의 서비스에서 느낄 수 없었던 기대 이상의 즐거움을 경험하게 해준다. 비트를 사용할수록 사용자들은 기존의 랜덤 플레이 기능과 달리 장소와 시간에 딱 맞는 음악들을 선곡해주는 점에서 만족한다. 스트리밍 서비스를 체험해본 사용자들은 별로 큰 기대를 하지 않았음에도 의외의 시간에 의외의 곡을 선정해 틀어주기도 해 미처 알지 못했던 즐거움을 느낀다.

이러한 현상을 사용자 경험에서는 '뜻밖의 즐거움serendipity'이라고 한

219

다. 뜻밖의 즐거움이란 시스템을 사용할 때 특정한 환경에서 긍정적으로 작용하는 의외의 경험을 의미한다.[8] 사람들은 크게 두 가지 측면에서 뜻밖의 즐거움을 지각한다.[9] 먼저, 과거의 경험에 비춰 뜻밖의 경험이라고 판단하는 경우이다. 지금까지 접해보지 못했던 정보를 받게 될 때에도 해당된다. 또 완전히 새로운 맥락과 상황에 직면했을 때 뜻밖이라고 판단하는 경우이다. 새로운 상황에서 기막히게 딱 맞는 정보를 받아서 즐거움을 느낄 때에도 해당된다.

뜻밖의 즐거움이라는 사용 경험 요인이 특히 유희적 가치를 향상시키는 데 효과적인 이유는 무엇일까? 이는 뜻밖의 즐거움이 가져다주는 예측 불가한 '가치 촉진' 혹은 '창의성 효과' 때문이다.[10] 예측 불가한 경험을 통해 뜻밖의 즐거움을 발견한 사용자는 해당 시스템을 일상으로 끌어와 지속적으로 활용하고 싶어한다. 애플리케이션 비트가 제공하는 특정 플레이리스트로 음악을 들어본 경험이 비트가 제공하는 또 다른 플레이리스트도 기대하게 만든다. 유희적 가치는 사용자가 스스로 즐거움을 찾는 것이기 때문에 뜻밖의 즐거움이 바로 이런 유희적 가치를 구현하는 데 직접적인 영향을 미친다. 여기에 더해 뜻밖의 즐거움은 제품이나 서비스를 사용하는 과정에서 사용자들의 창의성을 증진시키기도 한다.[11] 사용자가 어떤 시스템에서 유희적 가치를 찾고자 할 때, 사용자가 시스템에서 무언가를 새롭게 발견하게 만들거나 혁신적 창의성을 발휘할 수 있게 도와주는 요소를 제공하면 좋다. 시스템을 통한 창의적 경험은 사용자가 새로운 제품이나 서비스에 흥미를 갖게 하고, 유희적 가치를 얻고자 하는 사용 목적을 달성하는 데 도움을 준다.

또 다른 대표적 사례로 소셜 데이팅social dating 서비스를 들 수 있다. 생각해보라. 스마트폰으로 나와 어울릴 것 같은 이성의 프로필을 매일 아침마다 추천해주는 애플리케이션이 있다면 어떨까? 매일 아침 어떤 사람이 추천될지 기대감으로 하루하루가 설레게 될 것이다. 소셜 데이팅 애플리케이션을 통해 뜻밖의 즐거움을 얻고자 하는 사용자들이 여러 유료 아이템을 추가로 구매하는 사례가 폭발적으로 증가하면서 전 세계적으로 6조 원 규모에 육박할 정도의 거대한 시장이 형성되고 있다.

이처럼 뜻밖의 즐거움을 향상시키기 위해서는 사용자들이 추구하는 가치를 잘 이해하고 제공할 필요가 있다. 이에 유용한 디자인 요소를 크게 두 가지 종류로 살펴볼 수 있다.

맥락 기반의 우연한 정보 구조

사용 맥락을 기반으로 상호작용하는 서비스가 증가하고 있는 최근의 추세에 비춰보면, 사용 맥락에 대한 분석으로 사용자에게 의외의 콘텐츠를 제공해줄 수 있다. 사용자의 취향이나 사용 맥락 정보의 연결 고리를 파악하는 알고리즘을 기반으로 사용자에게 폭넓은 콘텐츠를 맥락에 맞게 제공한다. 예를 들면, 그림 2처럼 애플리케이션 비트에서 제공하는 라디오 중 '아침 기지개'라는 이름의 플레이리스트는 꼭 비슷한 장르나 인기 있는 곡만을 선곡하지 않는다. 대신 많은 사용자가 동일한 맥락에서 들었던 음악 장르와 숨은 명곡을 선별해 제공하기 때문에 사용자가 뜻밖에 좋은 음악을 발견할 때 느끼는 즐거운 경험을 유도한다.

| 플레이리스트 | 알앤비 | 재즈 | 팝 |

그림 2. 애플리케이션 비트의 다양한 음악 선곡

그림 3. 아이러브커피의 팝업 알림

팝업 인터페이스

사용자가 어떤 행위를 하지 않더라도 시스템이 먼저 상호작용을 시도하는 팝업 인터페이스를 띄워줌으로써 뜻밖의 즐거움을 제공할 수도 있다. 예를 들어 모바일 게임 아이러브커피는 팝업 인터페이스를 통해 게임에 참여하지 않은 사용자에게도 끊임없이 게임의 세계 속에서 일어나는 뜻밖의 즐거움을 얻을 수 있도록 유도한다. 조금 더 구체적인 예를 들어보면, 가끔 느닷없이 아이러브커피에서 가상으로 운영하는 자신의 커피숍 근처에 단골 손님이 왔다며 영업을 시도해보라는 팝업 알림이 나타난다. 또 가끔은 상황에 따라 적절한 보상을 제공해 뜻밖의 즐거움을 준다. 그림 3처럼 게임 사용자의 숙련도가 상승하면 가상의 커피숍 직원들의 숙련도가 같이 상승하고, 상한 음식을 다시 신선하게 만들어주는 등의 기대하지 못했던 뜻밖의 보상을 팝업 알림으로 제공한다.

오락성, 유희성을 높이는
두 번째 경험 요인과 디자인 요소들

앞서 설명했던 필립스 스마트 전구 휴는 실용적이기만 한 기존의 전구와 달리 조명 자체를 즐기는 유희적 경험을 제공한다. 예를 들어 집안에 음악을 틀고 음악의 비트에 맞춰 바뀌는 휴의 조명을 이용하면 클럽에 있는 듯한 신나는 분위기를 연출해 친구들과 파티를 즐길 수 있다. 이러한 판단적 경험의 사용 경험 요인을 '오락성playability'이라고 한다. 오락성은 게임 경험에 영향을 미치는 중요한 요인이다. 이 요인은 사용자가 대상을 사용하면서 충분히 즐길 수 있는지로 판단할 수 있다.[12] 예를 들어 사용자가 평소 보고 싶었던 영화를 감상하고 있을 때 스마트 전구 휴가 영화의 장면과 잘 어울리는 색으로 시시각각 변해 영화 감상을 더 실감나고 흥미롭게 해준다면 오락성이 높은 것으로 볼 수 있다.

그렇다면 오락성이라는 사용 경험 요인이 특히 유희적 가치를 향상시키는 데 효과적인 이유는 무엇일까? 오락성이 높은 경험을 하게 되면 제품이나 서비스에 긍정적인 감정을 느끼게 된다.[13] 예를 들어 필립스에서 제공하는 휴 사용자를 위한 크리스마스용 애플리케이션을 설치한 뒤 캐롤에 맞춰 변하는 조명과 효과음으로 가족과 더욱 의미 있는 크리스마스를 보낼 수 있다면 사용자에게 재미있는 경험으로 기억될 것이다. 여기에서 유희적 경험은 사용자가 주관적으로 얼마나 좋은 경험을 했느냐에 따라 느끼는 내재적 가치와 관련 있다. 따라서 오락성은 바로 이러한 내재적 가치를 구현하는 데 직접적인 영향을 준다.

오락성이 유희적 가치를 높이는 데 큰 도움이 된다는 주장을 뒷받침하는 또 하나의 사례로 모바일 게임 캔디크러쉬사가Candy Crush SAGA를 들 수 있다. 캔디크러쉬사가의 모든 게임 요소는 각양각색의 캔디로 이루어져 있다. 게임 사용자의 레벨이 올라갈 때마다 게임 화면의 배경인 캔디 공장의 형태가 조금씩 변한다. 풍선껌 다리, 캔디 구름 등 마치 어릴 적 한 번쯤은 꿈꿨던 동화 속 과자나라에 온 듯한 이미지를 제공한다. 또

줄무늬 캔디와 봉지 캔디, 물고기 모양의 젤리 등 다채로운 색상의 이미지가 화면에 시종일관 나타나 게임을 하는 동안 사탕을 먹는 것마냥 군침이 돌기도 한다. 만약 동일한 방식의 게임이라도 모든 시각 요소가 캔디가 아닌 단순한 블록으로만 이루어져 있다면 어떨까? 아마 캔디크러쉬사가처럼 일일 사용자 5,000만 명이라는 숫자를 달성하기는커녕 애초에 사용자의 흥미로운 반응도 이끌어내지 못할 것이다. 사용자들이 게임을 하면서 느낄 수 있는 오락성을 제공해줄 수 없기 때문이다.

이처럼 제품이나 서비스를 만들 때 오락성을 높이는 디자인 요소를 적절하게 활용할 수 있어야 사용자 경험에 유용한 가치를 제공할 수 있다. 여기에서는 두 가지 디자인 요소를 알아보자.

실감형 인터랙션

물리적인 요소를 이용해 디지털 정보를 다루는 실감형 인터랙션으로 오락성을 향상시킬 수 있다.[14] 예를 들어 그림 4처럼 모바일 게임 아이러브커피는 물리적인 요소를 이용해 실제로 커피를 만드는 듯한 경험을 게임 속에 포함하고 있다. 게임 속 미션 중 하나인 바리스타 테스트에서 가상의 커피를 제조하면서 우유를 따를 때 사용자가 실제로 스마트폰을 기울

그림 4. 아이러브커피의 바리스타 테스트 화면

이게 해 진짜 우유를 따르는 듯한 경험을 제공한다. 이 과정에서 사용자가 스마트폰과 함께 몸을 기울여 더 가파른 각도를 취하면 더 빠른 속도로 우유가 채워지고, 반대로 덜 기울이면 천천히 우유가 채워진다. 이러한 인터랙션은 실제 물리적인 특성을 반영한 것이기 때문에 단순히 터치만으로 이루어진 인터랙션에 비해 더 많은 재미를 느낄 수 있다.

공유 기반의 인터랙션

공유 버튼이나 다른 사용자의 계정에 방문하는 버튼 등 다른 사용자와 정보를 공유하는 인터랙션도 오락성에 도움이 된다. 예를 들어 필립스는 미트휴meethue라는 사이트를 통해 스마트 전구 휴를 사용하는 사람들이 다양한 색상별 테마나 휴 사용법을 공유할 수 있게 서비스를 제공하고 있다. 휴는 조명에 지나지 않는 제품이지만 사용자마다 사용하는 방법이 다를 수 있기 때문에 그림 5처럼 미트휴를 통해 저마다의 사용법을 공유해 서로 새로운 조명의 활용 방식을 발견하게 한다. 사용자는 공유된 다양한 활용 방안을 통해 더 재미있는 활용법을 찾고, 결과적으로 더 높은 유희적 가치를 느끼게 된다.

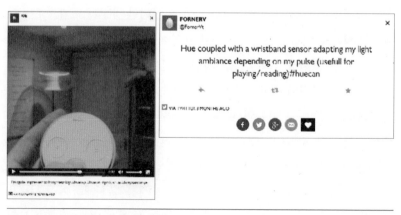

그림 5. 필립스 스마트 전구 휴의 사용자 커뮤니티

호환성, 기능성을 높이는
첫 번째 경험 요인과 디자인 요소들

아임삭의 충전 드라이버 드릴 418 시리즈는 어떤 상황에서든 두루두루 사용할 수 있는 도구이다. 충전 드라이버 드릴 기계 하나만 보유하고 있으면 용도에 맞는 드릴 날을 갈아 끼워 사용할 수 있다. 같은 제조사에서 만든 것이 아니더라도 규격에만 맞으면 무엇이든 가능하다. 사용법이 동일하기 때문에 새로운 사용법을 다시 배울 필요도 없다. 여러 가지 공구를 함께 사용하다 보면 충전기만으로 공구박스가 가득 채워질 때가 있지만, 이 제품은 같은 전압을 사용하므로 제조사와 기종에 상관없이 충전기 하나로 함께 사용할 수 있기 때문에 충전기를 여러 개 들고 다닐 필요가 없다.

이것을 바로 사용자 경험의 '호환성compatibility'이라고 한다. 사용자 경험에서 말하는 호환성이란, 사용자가 제품이나 서비스에서 경험하는 것이 기존에 사용하던 다른 제품이나 서비스의 경험 또는 가치와 잘 맞다고 판단하는 것을 의미한다.[15] 호환성은 혁신적인 제품이나 서비스를 받아들이는 사용자의 태도나 지속적인 사용 여부와 관련 있다.[16] 예를 들어 신제품 드릴이 출시되었을 때 이미 소유하고 있는 드릴 날을 그대로 사용할 수 있으면, 사용자는 새로운 드릴이 주는 경험이 그전에 사용하던 경험과 크게 다르지 않고 한결같다고 느낀다. 이러한 감정을 느낌으로써 사용자는 새로운 드릴을 사용하는 것에 호의적인 태도를 보이게 된다.

그렇다면 호환성이라는 사용 경험 요인이 특히 기능적 가치를 향상시키는 데 효과적인 이유는 무엇일까? 이는 호환성이 사용자가 지각하는 위험도를 줄이고 사용의 효율성을 높이기 때문이다. 호환성이 높은 경험은 새로운 경험이 기존의 경험이 지닌 가치와 기능을 잘 반영하고 있다는 것을 의미한다. 이처럼 사용자의 다양한 요구 사항이나 선호하는 생활양식 등을 반영하여 호환성이 높을수록 사용자가 제품이나 서비스에 거는 기대를 충족시키기 쉽다.[17] 예를 들어 호환성이 높은 충전 드라이버 드릴은 각종 충전기의 무게와 복잡함을 감수했던 불편을 해소해달라는 사용자의 경험과 요구 사항을 잘 반영해 호환성이 높아진 것이라고 볼 수 있다. 높은 호환성을 가진 새로운 경험은 동일한 목적을 달성할 때 과업 수행의 효율성을 높이기 때문에 사용자는 제품이나 서비스의 기능적 가치가 높다고 느끼게 된다.[18]

호환성이 기능적 가치를 높이는 데 큰 도움이 된다는 사실을 증명할 다른 사례로 드롭박스를 들 수 있다. 드롭박스는 윈도, 맥 OS, 리눅스뿐만 아니라 보편적으로 잘 쓰이지 않는 윈도 모바일, 블랙베리 OS 등을 모두 지원한다. 또 사용할 때마다 로그인을 하거나 프로그램 창을 따로 열지 않아도 일반 폴더를 사용하는 것과 동일한 방식으로 쉽게 파일을 관리할 수 있다. 태블릿PC나 스마트폰에서 사용할 때 다른 애플리케이션과의 호환성 또한 탁월하다. 휴대용 기기에서는 파일을 따로 저장하고 옮기는 것이 까다로운데, 드롭박스는 대부분의 애플리케이션과 연동되기 때문에 간단하게 '내보내기export' 기능으로 파일을 저장할 수 있다. 만약 드롭박스에 저장되어 있는 파일을 다른 운영체제를 기반으로 하는 기기에서 이용할 수 없었다면, 지금처럼 3억 명 이상의 사용자를 확보하지는 못했을 것이다. 파일을 언제 어디서나 쉽고 빠르게 효율적으로 이용하고자 하는 기능적 가치를 충족시켜줄 수 없기 때문이다.

이처럼 호환성은 제품과 서비스의 기능을 높이는 데 중요한 요인이 된다. 따라서 호환성이 높은 제품과 서비스를 디자인할 때에도 주요한 디자인 요소를 잘 이해하고 구현해야 할 필요가 있다. 여기에서는 두 가지 디자인 요소를 알아보자.

표준 디자인 채택

일반적으로 많이 따르는 표준에 부합하도록 디자인하는 것만으로도 쉽게 호환성을 높일 수 있다.[19] 유사한 제품군 안에서 동일한 기능을 디자인할 때에는 해당 제품이나 서비스에만 특화된 형태가 아니라 서로 공유할 수 있도록 여유를 두고 디자인하면 좋다. 그림 6처럼 충전 드라이버

배터리   호환 모델

그림 6. 충전 드라이버 드릴의 배터리 호환성

그림 7. LG전자 로보킹의 명령어 예시

드릴을 생산할 때 10.8볼트에서 18볼트까지 호환 가능하도록 동일한 크
기로 충전기를 디자인하면 호환성이 높아진다. 또 제조사가 어디든 관계
없이 누구나 공유할 수 있게 만들어진 안드로이드폰 충전기도 호환성이
높은 대표적인 예이다.

사람과 닮은 인터랙션

인간관계에서 가장 기본적인 의사소통 수단인 대화나 제스처를 사용자
와 시스템의 인터랙션에도 적용시킬 수 있다.[20] 예를 들어 그림 7처럼
LG전자 로봇청소기 로보킹은 '이리와' '청소해' '그만해' '충전해' 등의 명
령어를 이해하고 따른다. "로보킹, 이리와"라고 말하면 말하는 사람이 있

는 방향으로 이동해 그 앞에서 정지한다. '청소' '시작' '그만' 등의 딱딱한 명령이 아닌 사용자가 일반적으로 자연스럽게 쓰는 말로 전달해 시스템이 대화의 맥락에 맞게 과업을 수행할 수 있도록 인터랙션을 설계한 것이다. iOS에 탑재된 시리Siri가 사용자에게 재미있는 이야기를 들려주는 것도 인간과 인간 사이의 인터랙션과 유사하게 디자인된 예이다.

일관성, 기능성을 높이는
두 번째 경험 요인과 디자인 요소들

대한민국 전자 정부 시스템의 대표 서비스인 민원24가 제공하는 대부분의 서비스는 전체적으로 유사하게 구성되어 있다. 주민등록등본 발급 서비스를 한 번 사용해보면 토지대장 발급 서비스 또한 거의 비슷한 절차와 단계로 진행될 것이라고 쉽게 예측할 수 있다. 민원24를 구성하는 화면 대부분도 메뉴 구분 없이 거의 동일하게 디자인되어 있다. 예를 들어 증명서 발급 버튼은 항상 전체 절차의 마지막 단계에서 화면 하단에 큰 직사각형 모양으로 나타난다.

이를 사용자 경험의 '일관성consistency'이라고 한다. 일관성이란 시스템을 사용하는 경험이 전체적으로 한결같은 경우를 의미한다.[21] 일관성은 크게 두 가지 측면으로 나뉜다. 하나는 동일한 시스템을 사용하면서 경험하는 내적 일관성이다.[22] 예를 들어 사용자가 하나의 시스템에서 시작 페이지나 로그아웃 페이지를 한결같은 방법으로 사용할 수 있으면 이는 내적 일관성이 높은 것이다. 다른 하나는 서로 다른 시스템 간의 외적 일관성이다. 예를 들어 내가 민원24 서비스를 사용한 경험과 다른 관공서 기관 홈페이지를 사용한 경험이 비슷하게 느껴지면 이는 외적 일관성이 높은 것이다.

그렇다면 일관성이라는 경험 요인이 특히 기능적 가치를 향상시키는 데 효과적인 이유는 무엇일까? 이는 일관성이 가져다주는 '기량 이전성'

과 '신뢰성 효과' 때문이다.[23] 일관성이 높은 경험을 하면 특정 정황에서 배운 기량을 다른 정황에 적용시킬 수 있다. 예를 들어 민원24에서 주민등록등본을 발급받은 경험을 기반으로 토지대장을 발급받을 때도 아마 비슷한 방식으로 진행될 것이라고 예측하는 식이다. 실제 같은 방식을 따라 새로운 작업을 하거나 새로운 정황에서 시스템을 사용하더라도 별 오류 없이 좀 더 빠른 시간에 효율적으로 해당 과업을 수행할 수 있게 디자인하면, 기능적 가치를 구현하는 데 도움이 된다.[24] 여기에 더해 일관성은 사용자가 제품이나 서비스를 좀 더 신뢰하게 만드는 경험 요인이기도 하다.[25] 신뢰를 얻는 것도 기능적 가치를 구현할 때 매우 중요하다. 사용자가 어떤 시스템에서 기능적 가치를 발견하기 위해서는 일단 그 시스템이 사용자가 원하는 결과를 가져다줄 것이라는 신뢰가 우선 되어야 하기 때문이다.[26]

일관성이 기능적 가치를 높이는 데 큰 도움이 된 대표적인 사례로 렌트카 서비스를 들 수 있다. 우리는 낯선 곳에 출장을 가서 자동차를 빌리면, 어떤 차를 빌리든 차종에 상관없이 백미러와 룸미러를 조정하고 바로 운전을 시작할 수 있다. 대부분 처음 운전하는 자동차일 테지만 큰 어려움 없이 가능하다. 왜냐하면 웬만한 자동차가 제공하는 경험은 기본적으로 일관성이 매우 높기 때문이다. 운전자가 헤드라이트를 켤 때는 보통 운전석 왼쪽을 더듬어보고, 와이퍼를 작동시킬 때는 운전석 오른쪽에 있는 레버를 찾는다. 그리고 대부분의 버튼도 비슷한 형태를 하고 있어 낯선 자동차를 빌려도 별 문제없이 운전할 수 있다. 만약 렌트카를 빌려서 실제 운전을 하기 전에 몇 시간 동안 작동 방법을 새로 학습하고 연습해야 한다면, 렌트카 서비스 사업은 이미 오래전에 사라졌을 것이다. 출장지에서 가능한 빨리 효율적으로 이동하고자 하는 기능적 가치를 충족킬 수 없기 때문이다.

이처럼 기능적 가치에서 중요한 역할을 하는 일관성을 향상시키기 위한 디자인 요소는 크게 세 가지로 구분해 살펴볼 수 있다.

유사한 그래픽의 인터페이스

하나의 시스템에서는 모든 화면의 버튼을 유
사한 색상과 형태로 디자인하는 것이 좋다.
버튼에 그려져 있는 아이콘의 형태도 유사
한 분위기나 콘셉트로 표현해야 한다. 버튼
이 항상 동일한 위치에 자리하고 있는 것도
좋은 방법 중 하나이다. 예를 들어 애플리케
이션 이지택시에서는 그림 8처럼 사용자가
자주 가는 장소를 '즐겨찾기'의 대표적인 아
이콘인 별을 사용해 디자인했다. 이로써 사
용자에게 해당 아이콘의 사용법을 암묵적으로
전달할 수 있다. 이처럼 유사한 인터페이스
를 통해 사용자는 자신이 자주 사용하는 서
비스를 쉽고 빠르게 찾아갈 수 있다.

그림 8. 애플리케이션 이지택시와
인터넷 브라우저 크롬의 즐겨찾기

유사한 행동과 결과의 인터랙션

사용자가 특정 행동을 할 때 어떤 시스템에
서든지 유사한 결과가 제공되는 것은 사용
자·경험의 일관성을 높이는 좋은 방법 중 하
나이다. 예를 들어 LG전자 로봇청소기 로보
킹은 리모컨이나 스마트폰 애플리케이션으로
로 조작할 수 있는데, 그림 9처럼 무엇으로
조작하든 동일한 조작법으로 동일한 효과를
볼 수 있도록 인터랙션이 설계되어 있다. 리
모컨에서 위쪽 화살표 버튼을 누르면 청소기
가 앞으로 전진하고 아래쪽 화살표 버튼을
누르면 뒤로 후진하는 것처럼, 애플리케이션
에서도 위쪽 화살표 버튼을 누르면 앞으로

그림 9. LG전자 로보킹의 전용
리모컨과 애플리케이션
출처: social.lge.co.kr/view/the_
bloger/roboking

전진하고 아래쪽 화살표 버튼을 누르면 후진한다. 이러한 경우를 행동과 결과의 유사성이 높은 인터랙션 디자인이라고 한다. 이는 대부분의 디자인 가이드라인에서 주장하는 것과 일치한다. 마이크로소프트 스타일 가이드라인에서도 행동과 결과의 유사성을 강조하고 있기 때문에 마이크로소프트 사무용 프로그램인 워드Word에서 컨트롤control과 C자판을 함께 누르나 엑셀Excel에서 컨트롤과 C자판을 함께 누르나 복사라는 동일한 결과로 나타난다.

친숙한 정보 디자인

일상생활의 경험을 바탕으로 시스템의 정보를 제시할 수 있다. 제품이나 서비스 시스템이 제공하는 정보를 표현할 때 우리가 일상적으로 사용하는 친숙한 용어나 평소 익숙하게 다루는 도구나 기기에서 사용하는 용어로 디자인하는 방법이다. 예를 들어 애플리케이션 이지택시의 경우, 택시 호출 화면에서 사용하는 용어는 그림 10처럼 우리가 평소에 택시를 호출할 때 사용하는 단어와 유사한 단어들로 구성되어 있으며, 예시의 활용이나 부가 설명 등도 사용자가 평소에 택시를 호출할 때 쓰는 표현을 그대로 차용하고 있다.

그림 10. 애플리케이션 이지택시의 친숙한 용어

특화성, 사용자 주도성을 높이는
첫 번째 경험 요인과 디자인 요소들

애플리케이션 이지택시는 서비스 이용 과정에서 사용자가 제어할 수 있는 부분이 많다는 특징이 있다. 예를 들어 사용자가 지도상에 자신의 위치를 표시할 때, GPS를 이용해 주소를 자동 등록할 수 있을 뿐 아니라 주변의 랜드마크가 될 만한 건물이나 상호명을 상세하게 표시할 수도 있다. 이러한 기능들은 사용자가 원하는 탑승 위치를 정확하게 표시할 수 있게 돕고, 지도상에 나타나는 택시의 움직임을 확인하고 바로 대처할 수 있게 한다. 요구 사항이 있을 때 택시 기사에게 바로 전화를 걸 수 있는 전화 기능도 편리한 기능 가운데 하나이다. 또 사용자는 콜택시를 기다리는 동안 다른 빈 택시를 발견해 탑승하게 되더라도 간단히 취소 버튼을 눌러 콜을 취소할 수 있다.

이러한 특징을 '특화성customizability'이 높은 사용자 경험이라고 한다. 특화성이란 사용자가 자신의 선호도나 특성, 상황에 따라 제품이나 서비스를 그에 맞춰 변경할 수 있는 것을 의미한다.[27] 상황에 따라 시스템을 변경한다는 점에서 특화성은 개인화personalization와 자주 비교되곤 한다. 그러나 개인화는 사용자의 정보를 이용하지만 사용자가 알지 못하게 시스템이 자체적으로 변경되는 반면, 특화성은 사용자가 직접 주도권과 선택권을 가지고 자신이 원하는 상황을 만들어내는 것이라는 차이가 있다. 예를 들어 애플리케이션 이지택시에서 사용자가 자주 이용하는 주소를 쉽게 선택할 수 있도록 최상단에 표시하는 것은 개인화를 이용한 디자인 요소이다. 그러나 이때 최상단에 나타나는 주소의 순서를 사용자가 마음대로 바꿀 수 있으면, 이는 특화성이 높은 사용자 경험의 디자인 요소에 해당되는 것이다.[28]

특화성이라는 사용 경험 요인이 특히 사용자 주도성을 강화시키는 데 효과적인 이유는 무엇일까? 이는 '프로세스 유연성'과 '사용자 개시user initiated'라는 특성 때문이다.[29] 특화성이 높은 경험은 사용자에게 각 상황에 따라 제품이나 서비스를 제어 혹은 변경할 수 있는 권한을 부여한다. 예를 들면 애플리케이션 이지택시에서 탑승 위치를 변경하고 싶을 때, 애플리케이션에 있는 통화 기능을 선택하면 바로 택시 기사와 연결되어 위치를 조율할 수 있다. 사용자의 조작에 따라 빠르게 적용되는 변화를 사용자가 인지할 수 있기 때문에 사용자는 자신에게 주도권이 있다고 느끼게 된다. 또 시스템을 조작하는 사용자는 자신의 행동에 필요한 자원과 시간 그리고 행동의 결과를 예측하고 주체적으로 시스템에 조작을 가하게 되므로 이를 통해 자신이 원하는 방향으로 제품이나 서비스를 맞춤화할 수 있다.

특화성이 사용자의 주도성을 강화하는 데 큰 도움이 된 대표적인 사례로 스마트폰용 애플리케이션 런처launcher를 들 수 있다. 스마트폰에 기본으로 설정되어 있는 런처도 스마트폰 사용에 아무런 불편이 없지만 특별한 런처를 쓰는 사용자가 꾸준히 증가하고 있다. 런처를 통해 기기를 나만의 것으로 만들 수 있기 때문이다. 안드로이드 기반 스마트폰에서 사용자가 원하는 런처 애플리케이션을 설치하면 잠금 화면에 나타나는 아이콘, 독 바dock bar 등의 많은 요소들을 자유자재로 변경할 수 있다. 사용자는 런처를 이용해 자신의 스마트폰 사용 패턴에 가장 적합하게 화면을 재구성한다. 만약 런처를 다운로드 받아도 변경할 수 있는 요소가 별로 없고, 미리 디자인된 구성으로만 사용해야 한다면 지금처럼 많은 사람들이 런처를 사용하고 있지는 않을 것이다. 사용자가 자주 사용하는 기능들만 모아 눈에 잘 띄는 곳에 두거나 자신만의 테마를 만들어 개성을 드러내려는 욕구를 충족시킬 수 없기 때문이다.

이처럼 사용자 주도성을 위해 특화성을 향상시키는 디자인 요소는 크게 두 가지 종류가 있다.

미리보기

미리보기 기능은 사용자가 제품을 조작했을 때 나타나는 결과를 가시적으로 보여줌으로써 사용자 스스로 자신의 행동을 확인하고 조절할 수 있

그림 11. 아이러브커피의 미리보기 기능

게 한다.[30] 예를 들어 소셜 네트워크 게임 아이러브커피에서는 그림 11에서 볼 수 있듯이 가구를 재배치할 때 미리보기 기능을 통해 사용자가 가게의 모습을 미리 확인할 수 있다. 가상으로 여러 선택지를 확인하고, 마음에 들지 않을 경우 아이템을 회전시키거나 삭제할 수 있다. 제품에서는 과업을 수행하지 않는 상태에서도 성능을 확인할 수 있게 하는 것이 좋다. 예를 들어 충전 드라이버 드릴을 사용할 때 사용자는 실제로 나사못을 박거나 구멍을 뚫는 상황이 아니더라도 드릴만 손에 들고서 드릴 날이 설정한 방향으로 회전하는지, 회전 속도는 적당한지 미리 확인할 수 있다. 행동의 수정 과정을 거쳐 사용자는 자신이 원하는 작업을 정확하게 수행하고, 이는 사용자가 더욱 직접적으로 시스템을 조작했다고 느끼도록 만든다.

작업관리자

사용자에게 시스템이 작동하는 메커니즘을 이해하는 데 도움이 되는 정보를 공개하면 사용자 주도성을 높일 수 있다.[31] 즉 시스템에 대한 모니터링 기능을 제공하는 것이다. 그림 12처럼 RC카를 조립할 때 사용자는 각각의 부품이 어떤 기능을 하는지, 교체는 가능한지, 어떤 제품과 호환되는지 등을 알아야 한다. 그래야만 특정 기능을 개선하고 싶을 때 필요한 부품을 찾아 바꿀지 말지 예측하고 행동할 수 있기 때문이다. 이때 메커니즘에 대한 정보는 사용자가 이해 가능한 수준으로 표시해야 한다. 예를 들어 애플리케이션 이지택시의 사용자는 택시를 기다리면서 택시

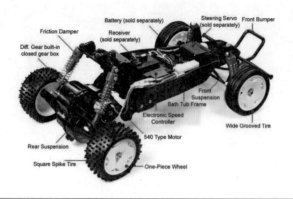

의 이동 경로를 실시간으로 확인할 수 있는데, 이때 지도상에서 아이콘이 움직이는 형태로 정보가 제공되지 않고 단순히 위치 변화가 좌표 데이터로만 제공되면 사용자는 택시가 현재 어디쯤에 있는지 모호하게 추측만 할 수 있을 것이다. 작업관리자를 통해 원래 시스템이 제어하는 영역이라고 생각한 영역까지 사용자가 제어할 수 있도록 선택권을 주면 사용자는 시스템을 자신에게 가장 효율적이고 합리적인 방향으로 조율할 수 있으며, 따라서 사용자 주도성도 강화된다.

도전성, 사용자 주도성을 높이는
두 번째 경험 요인과 디자인 요소들

소셜 네트워크 게임 아이러브커피는 사용자에게 적당한 게임 목표를 지속적으로 제공한다. 처음 커피숍 경영을 시작할 때부터 수준에 맞는 난이도의 미션들이 병렬적으로 진행된다. 모든 미션이 게임을 진행하는 필수 요소는 아니지만, 미션을 하나씩 수행하다 보면 사용자가 게임에 익숙해지고 더 많은 기능들을 조작할 수 있게 된다. 그러나 게임이 진행될수록 좀 더 어려운 미션들이 제시된다. 예를 들어 아이러브커피는 단골

손님들의 커피 취향을 파악해 그들이 가장 원하는 음료를 만들어야 하는데, 사용자는 우유의 온도를 맞추고 적당량의 시럽을 넣어 단골손님의 호감을 얻는다. 일정 포인트 이상의 호감을 얻게 되면 단골손님이 사용자에게 선물을 주는 등의 보상을 제공해 사용자의 도전의식을 고취시키는 결과를 낳는다.

이러한 경험을 적절한 '도전성challenge'이 제공된 사용자 경험이라고 한다. 도전성이란 지각된 사용자의 능력과 경험이 부합해 긍정적인 동기를 불러일으키는 것을 의미한다.[32] 도전성은 사용자가 지각하는 난이도로 설명될 수 있다. 이는 심리학자 미하이 칙센트미하이Mihaly Csikszent-mihalyi의 최적의 경험optimal experience 이론을 구성하는 중요한 개념이기도 한데, 과업의 수준이 너무 어렵거나 쉽지도 않는 최적의 상태일 때 사용자가 해당 과업을 수행하는 과정에 완전히 몰입하는 경험을 할 수 있다고 했다.[33]

그렇다면 도전성이라는 사용 경험 요인이 특히 사용자 주도성을 향상시키는 데 효과적인 이유는 무엇일까? 이는 도전 과정에서 사용자가 지각하는 '난이도'와 사용자의 '사용 의도' 때문이다.[34] 사용자의 능력에 알맞게 도전의식을 자극하는 경험을 하게 되면 지각된 난이도를 극복하고자 하는 동기가 발생하고 동시에 대상에 대한 사용 의도가 증가하게 된다. 예를 들어 태블릿PC로 처음 그래픽 작업을 할 때에는 생각대로 조작이 잘 되지 않아 어렵게 느낄 수 있다. 그러나 여러 번 태블릿을 사용해보며 자신의 작업 능력에 맞게 감도를 자유자재로 조절할 수 있게 되어 실제 종이에 그림 그리는 것처럼 태블릿PC에서도 정교하게 작업할 수 있다. 기기 조작에 더 익숙해질수록 사용자는 더 다양한 그래픽 작업을 시도해보려 한다. 사용자 스스로 직접 더 많은 부분을 조작하고 싶어지는 것이다. 결국 사용자는 점점 더 높은 수준의 주도권을 느끼게 된다.

도전의식을 많이 느끼는 경험으로 사용자 주도성을 높인 대표적인 사례로 플래시 게임 앵그리버드Angry Birds을 들 수 있다. 앵그리버드는 새 모양의 캐릭터를 새총으로 날려 해당 스테이지의 모든 돼지 캐릭터를 없애는 게임이다. 새총을 사용할 수 있는 횟수가 제한되어 있어 적은 횟수로 목표를 달성할수록 더 많은 점수를 낼 수 있다. 각 게임 단계에서는 달성한 점수에 따라 별이 표시되는데, 높은 점수로 목표를 달성하면 별세 개, 보통 점수는 별 두 개, 적은 점수는 별 한 개가 부여된다. 이 때문에 사용자는 스스로 별 세 개 수준의 높은 난이도를 설정하고 이를 달성하고자 노력하게 된다. 난이도가 높을수록 먼저 공략해야 하는 장애물이나 새총을 조준하는 각도, 새의 무게 등 고려해야 할 것이 많아지기 때문에 어렵지만 목표를 달성할 때까지 끊임없이 도전하게 한다. 즉 도전의식을 강하게 느끼도록 여러 가지 게임 요소를 만들어 사용자가 게임 요소를 적극적으로 조절할 수 있게 만든 게임이다.

이처럼 사용자 주도성을 위해 도전성을 향상시키는 디자인 요소는 크게 두 가지 종류가 있다.

개인화된 난이도 인터랙션

사용자의 능력에 알맞은 난이도를 가진 인터랙션을 제공하면 도전성을 향상시킬 수 있다. 시스템 개발 분야에서는 이를 동적 난이도 조정dynamic difficulty adjustment, DDA이라는 인터랙션 디자인 패턴으로 설명하는데, 사용

그림 13. 아이러브커피의 다양한 미션 난이도

자에 따라 게임의 난이도를 조정할 수 있도록 하는 것이다.[35] 예를 들어 소셜 네트워크 게임 아이러브커피는 그림 13처럼 새로운 미션이 등장할 때마다 사용자의 능력에 따라 조금씩 다른 내용의 도전 과제를 제공한다. 이를 통해 사용자가 자신의 능력과 수준에 맞게 미션을 완수해 적절한 보상을 게임 속에서 받을 수 있도록 도와 사용자가 중도에 포기하지 않게 한다.

목표 지향적 정보 구조

사용자 행동의 결과가 목표 달성에 얼마나 기여할 수 있는지 보여줌으로써 도전성이 높은 경험을 줄 수 있다. 아이러브커피의 꾸미기 점수를 예로 들어보자. 아이러브커피에서 꾸미기 점수는 커피숍 확장에 중요한 조건이 된다. 커피 매출과 상관없이 꾸미기 점수가 일정 수준 이상에 도달해야 커피숍을 확장할 수 있기 때문이다. 사용자에게 이러한 동기를 부여하기 위해 그림 14처럼 사용자가 커피숍을 꾸밀 아이템들을 구매했을 때 꾸미기 점수가 얼마나 향상되는지 숫자로 나타내준다. 이러한 정보를 통해 꾸미기 점수가 많이 필요한 사용자는 높은 점수를 주는 아이템을 구매해 목표에 손쉽게 도달하려 한다.

그림 14. 아이러브커피의 아이템별 꾸미기 점수

에이전트 인지, 시스템 주도성을 높이는
첫 번째 경험 요인과 디자인 요소들

로봇청소기 사례로 돌아가보자. 로봇청소기를 사용할 때 자동 청소 외에 로봇청소기의 다른 기능은 굳이 사용할 필요가 없다. 자동화된 로봇청소기의 기능을 켜놓은 것만으로 청소가 가능하기 때문이다. 로봇청소기는 청소 진행 상황뿐 아니라 자신의 상태까지 사용자에게 알려주며 자동화된 경험을 제공한다. 특히 로봇청소기는 일반 청소기와 다른 차이점을 내세워 로봇청소기가 청소의 시작과 끝을 모두 도와주고 있음을 사용자가 인지하도록 디자인되어 있다. 예를 들어 로봇청소기는 사용자에게 청소 진행에 관한 전 과정을 음성으로 알려준다. 혹은 연결된 스마트폰으로 모든 청소 상황에 대한 정보를 사용자에게 제공한다. 사용자는 이를 통해 단순히 제품을 사용하는 경험을 넘어 청소 경험을 도와주는 대리인의 존재를 지각하게 된다.

이러한 사용자 경험을 '에이전트 인지agent-awareness'라고 한다. 여기서 에이전트란 특정 환경에서 사용자의 제품이나 서비스를 사용하는 목적을 달성하기 위해 그 환경 내에서 자주성 있는 행위를 할 수 있는 컴퓨터 시스템을 일컫는다.[36] 에이전트는 상황 인지situational awareness라는 개념으로 설명할 수도 있다. 에이전트가 주변 상황을 인지하고 있다가 특정 목적을 달성하기 위한 순간에만 드러나기 때문이다. 즉 상황 인지란 제품이나 서비스를 사용할 때 사용자가 순간적으로 주변 환경을 지각하는 것을 의미한다.[37] 좀 더 구체적으로는 시공간 속에서 특정 환경 요소들을 지각하는 것으로, 이는 가까운 미래에 그 요소들이 미치는 영향을 순간적으로 이해하는 데 도움을 준다.[38] 순간적인 지각은 사용자가 제품이나 서비스를 사용하는 동안 지속적으로 제품이나 서비스를 지각하지 않아도 좋은 경험을 제공받을 수 있게 도움을 준다. 예를 들어보자. 로봇청소기는 청소를 수행하는 동안 장애물을 만나거나 카펫과 같은 특수 청소기능이 작동되어야 하는 상황 등 여러 가지 문제에 맞닥뜨리게 된다. 이

때 로봇청소기는 사용자한테 이 모든 사항을 즉각 알려주기보다 청소가 이루어지는 절차만 매 순간 알려주고, 사용자는 그 정보만으로도 충분히 청소 경험을 제공받았다고 지각한다.

그렇다면 에이전트 인지라는 사용 경험 요인이 특히 시스템 주도성을 향상시키는 데 효과적인 이유는 무엇일까? 이는 에이전트 인지가 가져다주는 '예측 가능성'과 '작업과 기술의 일치 효과' 때문이다.[39] 제품이나 서비스의 동작을 예측하는 것이 용이해질수록 사용자는 점차 제품이나 서비스가 가진 에이전트를 인지하고 주도권을 위임하고자 한다. 예를 들어 사용자가 신경 쓰지 않아도 자동으로 청소해주는 로봇청소기의 행동을 예측하게 됨으로써, 청소와 관련된 모든 역할에 한해서는 로봇청소기를 일종의 에이전트로 지각하게 된다. 따라서 사용자는 로봇청소기를 통해 언제든지 청소 경험을 제공받기를 기대하고, 이것이 충족되면 시스템 주도성이 높은 경험을 하게 되는 것이다.

시스템 주도성을 가지고 있는 제품이나 서비스는 사용자가 직접 조작하고 개입하지 않더라도 목적에 부합하는 경험을 제공하는 만큼 사용자가 경험의 과정과 결과를 미리 예측할 수 있는 것이 무엇보다 중요하다. 따라서 에이전트 인지는 바로 이러한 시스템 주도성을 구현하는 데 직접적인 영향을 미치게 된다. 여기에 더해 에이전트 인지는 사용자가 원하는 작업과 이를 수행하는 에이전트의 수행 수준이 얼마나 맞아 떨어지느냐에 따라 그 효과에 차이를 보인다.[40] 시스템 주도적인 경험을 위해서는 일단 그 시스템이 사용자의 개입 여지를 최소화하면서도 사용자가 원하는 작업을 적절히 수행해 절차적으로 에이전트 인지를 할 수 있도록 해야 한다.

에이전트 인지가 시스템 주도성을 증진시키는 데 도움이 된 대표적인 사례로 자동차 스마트키smart key를 들 수 있다. 차에 달린 안테나가 스마트키에서 발생하는 신호를 감지해 자동으로 자동차 문의 잠금장치를 해제하고, 원격 시동이나 포지션메모리position memory 등 다양한 형태의 자동화된 사용 경험을 제공한다. 이러한 기능은 점점 더 발전해 사용자가 자동차 문 손잡이나 트렁크 개폐 버튼을 당기는 순간 자연스럽게 잠금 장치가 풀리도록 설계되는 등 다양한 에이전트 인지를 순간적으로 경험할 수 있도록 제공되고 있다. 사용자는 자동차 문을 열고 착석해 운행하고, 차에서 내려 문을 잠근 뒤 차에서 벗어나기까지 경험의 총제적인 과정 속에서 스마트키의 도움을 받으며 에이전트의 존재를 순간적으로 인지함으로써 스마트키에 경험의 주도권이 있다고 여기게 된다. 이는 사용자가 자신이 제어하지 않고 시스템에 맡기는 행위를 좀 더 자연스럽게 할 수 있도록 도와준다.

이처럼 시스템 주도성을 위해 에이전트 인지를 향상시키는 디자인 요소에는 크게 두 가지가 있다.

상황 기반의 시스템 주도 인터랙션

사용자가 앞으로 취하고자 하는 행위나 목적을 판단하고 상황에 맞는 상호작용을 제공하는 인터랙션 기술이 필요하다. 이러한 상호작용은 사용자의 개입 없이 제품이나 서비스가 적절한 상호작용을 시도하기 때문에 자연스럽게 사용자가 경험의 주도권을 위임하게 만든다. 예를 들어 로봇청소기는 상황에 따라 변하는 환경을 사용자에게 적재적소에 알려주지만 사용자가 개입하기를 요구하지는 않는다. 이를 통해 사용자는 로봇청소기가 단순히 청소만 하는 제품이 아니라 청소에 도움을 주는 제품으로, 주변 환경을 스스로 감지하고 있다는 사실을 인지한다. 특히 카메라와 센서를 기반으로 한 인터랙션 기술이 발전하면서 로봇청소기와 같

그림 15. LG전자 로보킹의 카메라와 센서 기능

은 제품들이 단순한 기계적 인터랙션에서 벗어나 상황을 인식하고 이에 따라 적절한 행동을 자주적으로 취하는 인터랙션 방식이 추구되고 있다. LG전자 로봇청소기 로보킹은 그림 15처럼 카메라와 센서를 기반으로 주변 지형지물을 파악해 장애물을 피하고 바닥 재질을 인식해 그에 맞는 청소 방식을 자동으로 선택한다.

반응형 인터페이스

정해진 패턴대로 작동하는 단순한 기계적 인터페이스가 아닌 상황과 맥락에 맞게 유기적으로 상호작용하는 인터페이스가 시스템 주도성이 높은 경험을 제공한다. 자동으로 음악을 선곡하는 애플리케이션 비트는 반응형 인터페이스로 사용자가 원하는 성격의 음악을 제공해 시스템 에이전트의 존재를 인식하도록 설계되어 있다. 조금 더 구체적으로는, 비트를 실행하면 그날의 날씨나 기온과 같은 기본적인 정보 외에도 여러 데이터를 기반으로 사용자에게 추천하는 플레이리스트에 적합한 이름을 붙여 음악을 제공하며, 사용자가 친근하게 선택하도록 유도하는 디자인도 선보인다. 이로써 사용자는 비트를 음악을 선곡해주는 좋은 에이전트로 인지하게 된다. 예를 들어 잠 못 이루는 새벽에 음악을 듣기 위해 비트를 실행하면 그림 16처럼 '21세기 자장가' '별다방 분위기' '너와의 여유' 등의 플레이리스트를 선택할 수 있고, 아침에는 하루를 활기 차게 시작할 수 있는 '아침 기지개' '엄마 나 썸타나봐' '오늘도 달려볼까' 등의 이름이 붙은 플레이리스트를 선택할 수 있도록 다양한 선곡을 제공한다.

그림 16. 애플리케이션 비트의 다양한 플레이리스트

적응성, 시스템 주도성을 높이는
두 번째 경험 요인과 디자인 요소들

로봇과 청소기의 융합으로 탄생한 로봇청소기를 사용하면서 가장 신기하다고 생각한 점은 제품이 청소를 시작하기 전에 이미 집의 구조를 파악하고 적응을 마친다는 것이었다. 홈마스터 기능을 사용하면 청소기가 집 내부 구조와 가구나 장애물의 위치까지 기억해 스스로 물체에 부딪히는 것을 최소화한다. 사용자는 이러한 기능을 경험하면서 로봇청소기가 얼마나 장소에 잘 적응하는지 알 수 있다. 그뿐만 아니라 로봇청소기의 다른 기능도 상황에 적응하게 되어 있다. 로봇청소기는 청소 과정에서 문제가 발생하더라도 스스로 문제를 진단하고 사용자에게 조치하는 방법을 알려준다.

이러한 현상을 사용자 경험의 '적응성adaptivity'이라고 한다. 적응성이란 시스템을 사용하는 경험이 사용자의 요구에 적응하는 것을 의미한다.[41] 적응성은 크게 여덟 가지 요소로 나뉜다. 첫째, '입력input'이다.[42] 예를 들면 사용자가 PC에 정보를 입력하는 과정과 패턴을 키보드나 마우스와 같은 입력장치가 스스로 파악해 적절한 반응을 보이는 것이다. 둘째, '선택적 사용자 변수selected user variables'이다. 예를 들어 사용자의 개인 정보를 파악해 주소가 바뀔 때마다 자동으로 상업용 웹사이트에 입력된 사용자의 주소를 바꿔주면, 사용자는 굳이 모든 사이트를 돌아다니며 자신의 주소를 새로 입력할 필요가 없어 편리할 것이다. 셋째, '선정 추론 매커니즘identification inference mechanism'이다. 예를 들어 사용자가 입력한 개인 정보를 조합해 사용자가 중요하게 생각하는 상품의 가치를 미리 선정하고 마케팅이나 광고에 활용하는 것이다. 넷째와 다섯째는 '상호작용 모델interaction model'과 '결정 추론decision inference'이다. 예를 들어 사용자의 연령이나 기기 사용 능력 등을 파악해 상호작용 방식을 적절하게 맞추는 것이다. 여섯째, '환경적 변수environment variables'이다. 예를 들어 집안의 에너지 소모가 크고 열을 식혀야 하는 여름날, 집안 냉방 기기들이 환경에 적응해 자동으로 작동하면서 적절한 온도를 유지해주면 편리할 것이다. 일곱째, '선택 메커니즘selection mechanism'이다. 예를 들어 인터넷 쇼핑몰을 운영할 때 소비자의 구매 과정에서 자동화의 범위를 어디까지로 설정할 것인지 조절할 수 있다. 여덟째는 '평가 메커니즘evaluation mechanism'이다. 예를 들어 앞서 일곱 가지 요소를 통해 이루어진 적응이 적합한지 사용자의 서비스 사용 패턴의 변화나 만족도가 표출되는 요소를 평가한 뒤, 다시 평가 사항을 반영해 제품이나 서비스를 자동으로 사용자에 맞춰 최적화하는 것이다. 위의 여덟 가지 적응 요소를 구분해 이해하면 구체적으로 어떤 요소를 어떻게 적용할지 분별적으로 사고하는 데 도움을 받을 수 있다.

적응성이 높은 사용 경험 요인이 특히 시스템 주도성을 향상시키는 데 효과적인 이유는 무엇일까? 이는 적응성에 따른 '낮은 인지 부하cognitive workload' 때문이다.[43] 적응성이 높은 경험을 하게 되면 사용자는 여러 변수를 고려하지 않아도 되고, 상황 의식에 필요한 노력이 줄어들어 인지 부하가 낮아지고 시스템 주도성이 높아진다. 예를 들어 로봇청소기가 초음파 센서를 통해 모든 공간 구조를 파악해 효율적이고도 효과적으로 집안을 청소할 수 있으면 사용자는 집안의 구조나 방해물 때문에 구석구석 청소되지 않을까 하는 걱정 없이 노동으로부터 자유로워질 수 있다.

적응성이 시스템 주도성을 높이는 데 크게 도움이 된 대표적인 사례로 내비게이션의 빠른 길찾기 기능을 들 수 있다. 우리가 주말이나 공휴일에 나들이를 가게 되면 가장 먼저 교통 상황을 살피게 된다. 목적지가 멀수록 교통 상황과 경로의 조합을 머릿속에 떠올리기 힘들뿐더러 정체 구간이 시시각각 변하기 때문에 매순간 모든 변수를 고려해 운전하는 것은 사실상 불가능하다. 이때 내비게이션은 모든 경우의 수와 상황을 계산해 최적의 길을 알려준다. 내비게이션을 사용할 때 사용자의 인지적 노력은 거의 필요하지 않다. 그러나 사용자가 내비게이션에 모든 길 안내를 전적으로 위임하는 것은 아니다. 사용자가 경유지와 금전적 제한을 설정하면 내비게이션은 또 그에 맞춰 최적의 경로를 제공한다. 만약 내비게이션이 오로지 순간의 최적치만 알려주고 다른 요소를 고려해 적응하지 못했으면 지금처럼 내비게이션이 이렇게 상용화되지 않았을 것이다.

이처럼 시스템 주도성을 높이기 위해 적응성을 향상시키는 디자인 요소에는 크게 두 종류가 있다.

적응형 인터페이스

사용자의 개인적 상황과 환경적 상황을 고려해 그래픽 인터페이스 요소가 변경된다면 적응성이 높은 경험을 제공할 수 있다.[44] 예를 들어 웹사이트의 메인화면에 즐겨 찾는 서비스를 사용자에 맞게 배치할 수 있다. 메인화면은 사용자가 웹사이트를 방문하면 가장 먼저 대면하는 페이지이다. 메인화면에서 사용자가 접근하고자 하는 페이지까지 최소 단계를 거쳐 이동할 수 있느냐가 이용률에 큰 영향을 준다. 따라서 이용률을 높이는 확실한 방법은 메인화면에 사용자가 가고자 하는 페이지를 링크한 메뉴나 아이콘을 제공하는 것이다. 대부분의 웹사이트는 메인화면에 즐겨 찾는 페이지를 사용자가 직접 링크시켜 놓을 수 있는 메뉴를 따로 배

그림 17. 필립스 휴의 적응형 조명 기능
출처: meethue.com

치하는 경우가 많은데, 그 이유도 이용률을 높이기 위해서이다. 또 다른 예도 있다. 그림 17처럼 필립스의 스마트 전구 휴는 사용자가 일어나거나 잠드는 시간을 파악해 자동으로 전등의 밝기를 조절한다. 또 비가 오는 등 그날의 날씨에 따라 다른 조명 색을 자동으로 바꿔주기도 한다. 이처럼 외부 환경의 변화에 자동으로 적응하는 인터페이스를 제공해 적응성을 높일 수 있다.

역동적 맥락 의식 컴퓨팅 인터랙션

인터랙션을 역동적으로 디자인해 사용자의 사용 맥락과 변화를 사전에 적용하는 기술이 필요하다.[45] 즉 사용자가 인식하기 전에 사용자의 위치나 시간, 상황 등의 맥락에 따라 시스템의 인터랙션을 조절해 사용자가 수고로움 없이 연속으로 동작을 이어나갈 수 있게 인터랙션 요소를 적응시키는 것이다. 예를 들어보자. 시간 가는 줄 모르고 밤 늦도록 게임에 빠진 사용자의 눈은 많이 지쳐 있을 것이다. 디스플레이의 밝기를 조금 밝게 하면 게임을 더 편하게 즐길 수 있고 눈의 피로도 덜 수 있다. 이때 사

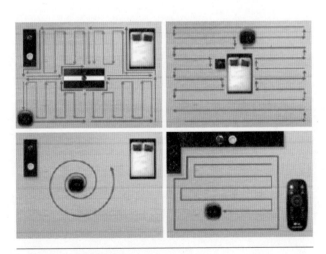

그림 18. LG전자 로보킹의 움직임
출처: www.lge.co.kr/lgekr/product/detail/LgekrProductDetailCmd.
laf?prdid=EPRD.278653

용자의 맥락과 환경 변화에 맞게 모니터가 자동으로 밝기를 조정하는 기능을 역동적 맥락 의식 컴퓨팅이라고 한다. 또 다른 예로, 그림 18처럼 로봇청소기는 주변의 물체가 위치한 곳과 집안의 구조를 파악해 최소한의 거리로 움직이며 청소를 진행한다. 전면에 부착된 초음파 센서들이 전방을 빈틈없이 감지하고 공간 인식이 가능한 홈마스터 기능으로 위치 정보를 활용하는 방법으로 작동하는 것이다.

요약

1

기인점은 외부 환경에 대응해 판단적 경험의
실타래를 조절하는 데 효과적인 전략적
요인이다.

2

기인점은 크게 절차적 기인점과 **결과적
기인점**으로 나뉜다.

- 절차적 기인점은 제품이나 서비스를
  사용하는 과정을 사용자가 얼마나 제어할 수
  있다고 판단하는지와 관련 있다.
- 결과적 기인점은 제품이나 서비스를
  사용한 뒤 사용자가 어떤 점에서
  가치 있다고 판단하는지와 관련 있다.

3

절차적 기인점은 자동화 수준에 영향을
받는다. 자동화 수준이 높을수록 절차적
기인점이 외재적이고, 자동화 수준이
낮을수록 내재적이다.

4

결과적 기인점은 유희적 가치와 기능적 가치에
영향을 받는다. 유희적 가치가 높을수록
결과적 기인점이 내재적이고, 기능적 가치가
높을수록 외재적이다.

- 유희적 가치를 높이기 위해서는 뜻밖의
  즐거움과 오락성이 높은 경험을 제공하는 것이
  효과적이다.
- 기능적 가치를 높이기 위해서는 호환성과
  일관성이 높은 경험을 제공하는 것이 효과적이다.
- 사용자 주도성을 높이기 위해서는
  특화성과 도전성이 높은 경험을 제공하는
  것이 효과적이다.
- 시스템 주도성을 높이기 위해서는
  에이전트 인지성이 명확하고, 적응성이
  높은 경험을 제공하는 것이 효과적이다.

생각해볼 주제

1

최근 제품이나 서비스를 사용하면서 절차적
기인점이 매우 내재적인 경험을 했던
사례를 생각해보자. 어떤 이유로 그 경험을
내재적이라고 생각했는가? 이러한 경험을
촉진시킨 디자인 요소는 어떤 것이 있었나?

2

최근 제품이나 서비스를 사용하면서 절차적
기인점이 매우 외재적인 경험을 했던 사례를
생각해보자. 어떤 이유로 그 경험을 외재적이라고
생각했는가? 이러한 경험을 촉진시킨 디자인
요소는 어떤 것이 있었나?

3

최근 제품이나 서비스를 사용하면서 결과적
기인점이 매우 내재적인 경험을 했던
사례를 생각해보자. 어떤 이유로 그 경험을
내재적이라고 생각했는가? 이러한 경험을
촉진시킨 디자인 요소는 어떤 것이 있었나?

4

최근 제품이나 서비스를 사용하면서 결과적
기인점이 매우 외재적인 경험을 했던 사례를
생각해보자. 어떤 이유로 그 경험을 외재적이라고
생각했는가? 이러한 경험을 촉진시킨 디자인
요소는 어떤 것이 있었나?

7

조화로운 경험을
위한 디자인

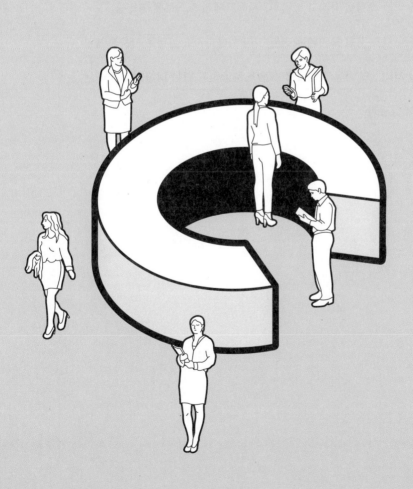

누구나 주변 사람들과 조화롭게 살아가길 원할 것이다. 마찬가지로

우리는 우리를 둘러싼 제품이나 서비스와도 조화로운 관계를 맺고자 한다.

즉 자신이 사용하는 제품이나 서비스와 적절한 수준으로 끈끈한 관계를

유지하길 원한다. 이처럼 사용자의 구성적 경험을 효과적으로 조절할 수

있는 요인이 바로 관계의 응집도이다. 관계의 응집도는 외부 환경의

변화에도 사용자가 조화로운 관계를 유지하는 역할을 한다. 그렇다면 관계의

응집도는 어떤 속성을 가지고 있을까? 사용자에게 조화로운 경험을

만들어주는 사용 경험 요인에는 어떤 것이 있을까? 또 실제로 사용자에게

제품이나 서비스의 사용 경험을 조화롭게 제공하기 위한 디자인 요소에는

어떤 것이 있을까?

최근 독일 뮌헨을 방문할 일이 있었는데, 항상 그렇듯 해외 출장을 가기 전에 미리 처리해야 할 일이 쌓여 있었다. 출국 전날 늦게까지 밀린 일을 처리하고, 앞으로 급히 해야 할 일들까지 정리해놓은 뒤에 이른 아침 비행기를 타야 했다. 빠듯한 일정으로 움직일 때면 어떤 교통편을 이용해야 몸이 덜 힘들고 늦지 않게 인천국제공항까지 갈 수 있을지 고민하게 된다. 제일 좋은 방법은 기사가 운전하는 자가용이겠지만 대학 교수 봉급으로는 인천국제공항까지 택시를 타는 것도 부담스러운 것이 현실이다. 하지만 이젠 기사를 둔 친구들을 부러워하지 않는다. 매우 편리하고 시간 단축까지 가능한 공항철도가 생겼기 때문이다.

집에서 지하철을 타고 서울역으로 가면 공항철도를 어렵지 않게 이용할 수 있을뿐더러 역사에서 비행기 화물칸에 실을 짐도 접수할 수 있다. 원한다면 열차 탑승 전에 출국 심사까지 가능하다. 이러한 서비스를 잘 이용하면 고맙게도 출국 절차로 허비하는 시간을 많이 절약할 수 있고, 동시에 무거운 여행 가방과 함께 마음의 짐 또한 가볍게 할 수 있다. 지하철과 공항철도를 이용할 때 특히나 좋은 점은 오고 가는 내내 무료 와이파이를 사용할 수 있다는 것이다. 끊김 없이 랩톱 컴퓨터에 연결되는 와이파이 덕분에 전날 밤 미처 처리하지 못한 업무와 메일 회신 등을 어느 정도 마무리 짓고 개운한 마음으로 공항에 도착할 수 있다.

해외 출장을 갈 때면 언제나 다양한 변수를 염두해야 하기 때문에 넉넉하게 여유 있는 시간을 갖고 공항에 도착한다. 가끔은 아내가 부탁하는 면세점 쇼핑 숙제를 해결해야 할 때도 있다. 장인 장모 건강식품과 부모님 선물, 아이들 비타민제, 아내 화장품 등 하나라도 빠트리지 않고 챙기는 것이 쉬운 일은 아니지만, 미리 인터넷으로 주문해놓으면 인천국제공항에서 비행기 탑승구와 가까운 보관소에 들려 여권과 비행기 탑승권만 보여주고 물품을 찾을 수 있다. 면세점과 인천국제공항의 서비스가 긴밀히 연결되어 있기 때문에 가능한 일이다.

또 하나 탑승 수속을 마치고 나서 으레 했던 일 가운데 하나는 공항 내 이동통신사를 방문해 해외 데이터 로밍을 신청하는 것이다. 그런데 최근 들어서는 그럴 필요가 없어졌다. 해외로 출국하면 자동으로 데이터 로밍이 되도록 미리 설정해뒀기 때문이다. 그리고 내가 해외에 있을 때 국내에서 전화를 걸어오는 사람에게 부가 통화료가 발생한다는 안내가 자동으로 나오도록 설정해두기도 했다. 이 역시 이동통신사와 인천국제공항 서비스가 하나로 연결되어 있기 때문에 가능한 일이다.

인천국제공항에서 제공하는 스마트폰 애플리케이션 서비스도 매우 유용하다. 공항 내 출입국 관련 서비스나 카페 등의 편의시설, 주차장과 같은 기타 서비스도 이해하기 쉽게 잘 정리되어 있다. 또 탑승 일정을 미리 입력해놓으면 스마트폰 푸시 알림으로 출발 시간을 미리 상기시켜주고, 복잡한 탑승 게이트도 헷갈리지 않고 찾을 수 있도록 내비게이션 서비스가 제공된다.

이번 출장에서는 항공료를 조금 아끼고자 독일의 허브 공항인 프랑크푸르트공항을 거쳐 뮌헨으로 들어가는 일정을 잡았다. 이때 공항철도를 타기 전에 서울 역사에서 부친 짐은 프랑크푸르트공항에서 찾을 필요 없이 바로 뮌헨공항까지 수송된다. 이렇게 승객의 짐을 최종 목적지까지 곧장 전달하기 위해서는 공항철도와 입출국 심사 시스템, 국내외 항공사의 서비스가 정확하고 끈끈하게 연결되어 있어야 한다.

이처럼 기본적인 자동화 시스템부터 적재적소에 필요한 정보까지, 인천국제공항에서 제공하는 각각의 서비스가 가지는 수준과 특수성도 훌륭하지만 이렇게 다양한 차원의 서비스가 자연스럽게 연결되어 있다는 점이 꽤나 만족스럽다. 조화로운 서비스를 경험할 수 있도록 제공하는 인천국제공항의 세계공항서비스평가ASQ 성적이 9년 연속 1위의 자리를 지키고 있는 비결도 여기에 있다는 생각이 든다.

이처럼 인천국제공항 내에서 제공하는 다양한 개별 서비스들이 매우 촘촘하게 연결되어 있는 것을 확인할 수 있었다. 공항철도나 와이파이 서비스, 그리고 탑승 수속과 면세점 이용까지 모든 서비스가 여행자와 밀접한 관계를 맺고 있을 뿐 아니라 서로 긴밀하게 연결되어 있다. 2장에서도 살펴봤듯, 사용자를 중심에 두고 관련된 사람이나 시스템이 얼마나 촘촘하게 연결되어 있는지를 알아보는 척도가 바로 관계의 응집도이다. 아래 경험의 3차원 모형은 인천국제공항의 서비스가 매우 수준 높은 관계의 응집도를 가지고 있음을 나타내고 있다.

그렇다면 인간의 경험에서 관계의 응집도를 결정하는 데 중요한 영향을 미치는 속성으로는 어떤 것들이 있을까? 사회관계망 이론에서 집단의 속성이 연계적 속성과 분포적 속성으로 구성되어 있다고 주장하듯

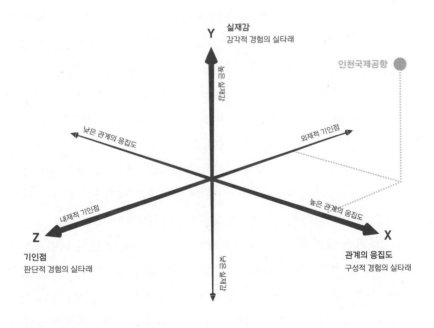

그림 1. 인천국제공항 서비스 경험의 3차원 모형

이, 제품이나 서비스에 관계의 응집도가 내포하는 연계적 속성과 분포적 속성을 모두 반영하기 위해서는 대표적인 연계적 속성과 대표적인 분포적 속성을 골고루 선택해야 할 필요가 있다. 연계적 속성만 강조하다 보면 개별 요소들 간의 연결에만 집중하게 되어 전체적인 구조를 간과할 위험이 있다. 또 분포적인 속성만 강조하다 보면 전체적인 구조를 그리는 것에만 치중해 각 요소들 간의 관계를 무시할 위험이 있다. 따라서 제품이나 서비스의 조화로운 구조를 만들기 위해서는 주요한 관계의 속성을 반드시 알아둬야 한다. 지금부터 각각의 대표적인 속성, 바로 대표적인 연계적 속성인 '밀도density'와 대표적인 분포적 속성인 '중심성centrality'에 대해 자세히 살펴보도록 하자.

밀도, 대표적인 연계적 속성

어느 집이든 한두 개는 있을 법한 맥가이버 칼을 생각해보자. 맥가이버 칼은 손바닥만한 크기에 여러 가지 기능을 가진 도구들을 모아놓은 것이다. 일반적으로 칼, 가위, 병따개, 열쇠고리 등이 있다. 원래 맥가이버 칼은 스위스의 빅토리녹스Victorinox사에서 제조한 스위스군용 칼을 가리키는 말이었으나 오랜 시간 동안 널리 쓰이며 그 의미가 확장되어 다용도 칼을 대변하는 말이 되었다. 맥가이버 칼에는 한 가지 주목할 만한 특성이 있다. 맥가이버 칼을 구성하는 각각의 도구들 간에는 특별한 상관관계가 없다는 점이다. 보통 맥가이버 칼에는 가위와 병따개가 함께 들어 있지만 가위와 병따개를 함께 사용해 병을 딸 일은 거의 없다.

반대의 사례로 이동통신사에서 제공하는 스마트폰 기반의 내비게이션 서비스를 생각해보자. 내비게이션은 실시간 교통 정보를 기반으로 현재의 최적 경로나 최단 경로를 추천한다. 내비게이션을 사용하다 보면 축적된 도로 정보와 요일이나 시간 등을 고려한 예측의 정확도 때문에 놀랄 때가 종종 있다. 그뿐만 아니라 실시간 도로 정보를 스트리밍 서비스로 제공하는 기능도 있어 편리하다. 또 버스나 지하철 등 대중교통을 이용할 때와 걸어서 이동할 때의 길 안내까지 통합된 정보를 제공해 목적지까지 갈 수 있는 최적의 경로를 안내한다. 이러한 서비스의 가장 큰 특징은 개별 기능들이 모두 밀접하게 연결되어 있다는 점이다. 실시간 교통 정보를 제어하는 기능이 교통수단별로 서로 긴밀하게 연결되어 있고, 이것이 스마트폰 내에 있는 지도 정보와 연결되어 최적의 경로를 실시간으로 추천한다. 버스나 지하철의 노선도나 운행 시간표까지 연결되어 있기 때문에 대중교통을 이용한 최적의 경로도 확인할 수 있는 것이다.

밀도는 한 집단 내의 전체 구성원들이 서로 얼마나 많은 관계를 맺고 있는가를 의미한다.[1] 사회관계망 이론에서 밀도는 전체 네트워크를 구성하고 있는 사회적 단위, 즉 노드들 간에 연결될 수 있는 모든 링크link 중 실제로 연결되어 있는 링크가 몇 개인지를 계산해 정량적으로 측정할 수 있다. 예를 들어, 아래 그림 2에서 보여주고 있는 두 가지 네트워크 구조의 총 노드 수는 동일하지만, 왼쪽은 각 노드 사이의 링크가 모두 연결되어 있으므로 밀도가 1로 측정되고, 오른쪽은 총 여섯 개의 가능한 링크 가운데 세 개가 연결되어 있으므로 밀도가 0.5로 측정된다.

밀도는 처음 그 개념이 나온 1950년 이래로 지난 60여 년 동안 가장 빈번하게 언급된 사회관계망의 속성이다.[2] 그 이유는 밀도가 사회관계망

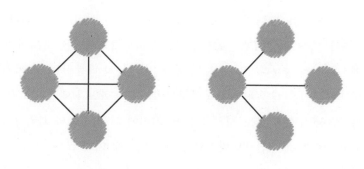

그림 2. 두 가지 구조의 밀도 비교

의 연계적 속성에서 두 가지 핵심적인 구성 요소를 아우르고 있기 때문이다.[3] 첫째는 노드와 노드의 연결이다. 특정 네트워크의 밀도를 측정하는 방법이 노드가 직접 연결되어 있는지 아닌지, 그리고 전체가 연결된 경우의 수 대비 실제 연결된 수를 계산하는 것이기 때문이다. 둘째는 노드 사이의 연결이 가진 방향성이다. 즉 노드의 연결 상태가 쌍방향인지 단방향인지와 관련 있다. 밀도 계산은 기본적으로 쌍방향 연결을 하나의 연결로 간주하기 때문이다. 예를 들어 내비게이션의 대중교통 서비스와 지도 서비스는 서로 연결되어 있어 모든 정보를 통합해 사용자가 필요한 최적의 경로를 표시하기 때문에 두 서비스에는 직접적인 쌍방향 관계가 성립한다. 반면 맥가이버 칼은 병따개와 가위 사이에 직접적인 상관관계가 없으므로 당연히 쌍방향으로 주고받는 정보도 없다. 따라서 내비게이션은 개별 서비스들 사이의 밀도가 매우 높고, 맥가이버 칼은 상대적으로 매우 낮다고 할 수 있다. 이와 같이 밀도는 관계의 중요한 연계적 속성을 가진 구성 요소인 연결과 방향성을 대변하기에 적합한 개념이라고 볼 수 있다.[4]

중심성, 대표적인 분포적 특성

N스크린N-screen은 TV나 PC, 태블릿PC, 스마트폰 등 다양한 기기에서 하나의 콘텐츠를 끊김 없이 이용할 수 있게 해주는 서비스를 말한다. 중학교 3학년인 아들은 TV 리모컨을 잡았다 하면 TV 채널을 게임 전문 채널에 고정시켜 놓는다. 그러고도 성에 차지 않는지 태블릿PC를 가져와 유튜브에 올라온 게임 콘텐츠 동영상을 틀고 TV 화면과 태블릿PC를 번갈아가면서 동시에 잘도 시청한다. 또 거기에 더해 친구와 카카오톡을 주고받으며 시청 중인 TV 방송과 유튜브 영상에 대해 실시간으로 이야기한다. 마지막에는 랩톱 컴퓨터까지 들고와 지금까지 보고 있던 게임을 직접 하며 친구와 여전히 카카오톡을 주고받고, 또 여전히 TV 화면도 주

시한다. 즉 TV, 태블릿PC, 스마트폰 그리고 랩톱 컴퓨터 등 다양한 IT 기기들 속에 둘러싸여 이들을 총동원해 자기만의 게임 세계를 즐긴다.

또 다른 예로 호텔 컨시어지 서비스를 생각해보자. 컨시어지 서비스는 호텔 투숙객들을 상대로 여행 중에 발생할 수 있는 여러 가지 요청에 적절한 해결책을 추천해주는 편리한 서비스이다. 이 장의 앞에서 서술한 뮌헨 출장 이야기로 다시 돌아가보자. 출장지에서 빠듯한 일정을 끝내고 꽤 늦은 시간에 호텔로 돌아오게 된 날이었다. 간단하게 저녁을 먹으려고 컨시어지 데스크로 가서 근처에 맛있고 저렴한 식당을 추천해달라고 했다. 서비스 담당자는 직접 식당 몇 군데에 전화를 걸어 메뉴를 비교해보더니 가격도 적당하고 한국인에게 인기 있는 곳을 한두 군데 추천해줬다. 그중 한 식당을 갔는데 기대했던 것 이상으로 만족스러워 같은 호텔에 머무르고 있는 지인에게도 적극적으로 추천했다.

당시 컨시어지 서비스를 받으며 감동한 경험이 또 있다. 우리가 뮌헨에 머무르는 동안 독일이 2014년 월드컵 결승전에 올라갔다. 이왕이면 독일인들과 함께 축제 분위기를 즐기며 결승전을 시청하고 싶어 또다시 컨시어지 데스크로 가서 적당한 곳을 추천해달라고 부탁했다. 예상은 했지만 결승전이 열리는 시간에는 모든 식당이 대목이었기 때문에 자리를 쉽게 구할 수 없었다. 그러나 컨시어지 서비스 담당자는 자신의 친구가 운영하는 바를 소개해주며 결승전이 시작할 때쯤 바 출입문가에 임시로 자리를 만들어 우리가 결승전을 즐길 수 있게 도왔다.

위의 예들을 통해 우리는 중심성이라는 개념을 쉽게 이해할 수 있다. 중심성은 한 사람이 다른 사람이나 사물과의 관계에서 중심에 위치하고 있는 것을 말한다.[5] 여러 기기들을 총동원해 컴퓨터 게임 방송을 즐기는 내 아들은 그림 3처럼 콘텐츠 소비의 중심에 있는 셈이다. 자신이 TV, 태블릿PC, 스마트폰 그리고 랩톱 컴퓨터와 직접적인 관계를 맺고 있고, 이 모두를 직접 조정하면서 게임 콘텐츠를 최대한 즐긴다. 즉 아들에게 N스크린 서비스는 중심성이 매우 높은 경험이다. 반대로 컨시어지 서비스를 이용한 호텔 투숙객으로서의 나의 경험은 중심성이 그다지 높지 않

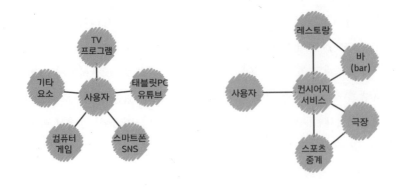

그림 3. N스크린과 호텔 컨시어지 서비스의 중심성 비교

다. 투숙객은 그저 컨시어지 서비스 담당자와 이야기할 뿐 대부분의 다른 요소들과 직접적인 관계를 맺지 못하기 때문이다. 컨시어지 서비스를 중심으로 다양한 식당이나 주변 관광지와 문화시설 정보를 제공하는 회사들이 긴밀하게 관계를 맺고 있다. 그러나 나는 호텔 주변의 식당이나 바와 직접 연락을 취한 적도 없고, 또 그들에게 가격이나 예약 가능 여부를 물어본 적도 없다.

중심성은 사회관계망 이론에서 분포적 특성을 대변하는 중요한 속성이다. 중심성과 관련된 첫 번째 분포적 특성은 중심성이 특정 네트워크에서 나타나는 클러스터cluster라는 개념과 밀접하게 연결되어 있다는 것이다. 클러스터는 어떤 집단에 속해 있는 노드들의 부분 집합으로, 그들끼리의 관계가 밀접하게 구축되어 있음을 의미한다.[6] 예를 들어 뮌헨의 현지 식당들은 나름대로 클러스터를 이루며, 문화시설들 또한 나름의 클러스터를 가지고 있다. 그러나 뮌헨에 머무르는 여행객은 그 클러스터들과 직접 관계를 맺고 있는 것은 아니므로 호텔 컨시어지 서비스를 이용해 관련 정보를 얻는다. 즉 호텔 투숙객은 클러스터 내에 있는 식당과 직접적으로 관계를 맺고 있지 않으며, 이는 곧 중심성이 낮다고 볼 수 있다.

중심성과 관련된 두 번째 분포적 특성은 구조적 공백이다. 호텔 컨시어지 서비스는 현지 식당들만의 폐쇄적인 클러스터와 그 호텔에 머무르고 있는 투숙객들을 이어주는 다리 역할을 한다. 이러한 역할을 하는 노드를 사회관계망 이론에서는 구조적 공백이라고 하는데, 구조적 공백을 메우는 요소가 그 네트워크에서 중심성이 높을 확률이 크다.[7] 즉 관련 없는 두 개 이상의 집단 사이에서 각각의 집단에 속한 개인들과 직접 교류하는 것으로, 양쪽의 집단에 있는 사람들에게 모두 영향을 미칠 수 있다.[8]

클러스터와 구조적 공백은 구성적 경험의 관점에서 매우 중요한 관계의 분포적 특성이고, 중심성은 이 두 특성을 대변한다. 사회관계망의 중심에서는 클러스터 내부에 있는 여러 노드들과 직접적인 관계를 맺을 수 있고, 서로 다른 클러스터들 사이의 구조적 공백도 연결시킬 수 있다. 따라서 제품과 서비스를 사용할 때 사용자가 관계의 중심에 있으면 자신이 관계를 맺고 있는 모든 요소들과의 응집도가 높을 수밖에 없다. 즉 다양한 기기들을 통해 여러 게임 콘텐츠를 직접 접하고 그것들을 직접 다루는 N스크린 서비스 사용자의 경험은 중심성이 매우 높으나, 반대로 호텔 컨시어지 서비스를 받기만 하는 투숙객은 컨시어지 서비스와 맺고 있는 관계에서 중심성이 상대적으로 낮다고 볼 수 있다.

밀도와 중심성의 따로 또 같이

관계의 응집도에서 다루는 밀도와 중심성의 관계는 어떨까? 이 둘은 모두 사회관계망 이론과 관련된 속성이기 때문에 둘 사이에 상승작용이 발생할 확률이 크다. 예를 들어 N스크린 서비스는 모든 서비스가 사용자 중심으로 사용자가 원하는 콘텐츠만 제공하기 때문에 사용자 중심성이 높지만, 만약 그와 동시에 각각의 서비스가 밀접한 관계를 맺음으로써 하나의 서비스에서 얻은 정보를 다른 서비스에서도 사용할 수 있으면 그 서비스를 이용하는 과정에서 경험하는 응집도는 더욱 높아질 것이다. 예를 들어 PC를 사용하면서 누적된 나의 선호도와 관련된 정보가 TV와 연결되어 사용자가 선호하는 방송을 우선으로 배열해 나타내주면 전체 서비스를 구성하는 사용 경험의 응집도가 높아질 것이다. 물론 반대의 경우도 성립한다. 밀도도 낮고 중심성도 낮으면 응집도는 더 낮게 인지될 것이다. 더 특이하게는 두 요소가 서로 반대의 속성을 가지는 경우도 있다. 즉 호텔의 컨시어지 서비스처럼 밀도는 높은데 중심성이 낮거나, 반대로 맥가이버 칼처럼 밀도는 낮은데 중심성이 높은 경우이다. 이때의 응집도는 밀도도 높고 중심성도 높은 경우보다 낮을 것이고, 밀도도 낮고 중심성도 낮은 경우보다는 높을 것이다. 이러한 사례는 대표적인 연계적 속성인 밀도와 대표적인 분포적 속성인 중심성을 함께 활용해 관계의 응집도를 조절하면 한 가지 속성만을 활용할 때보다 더 큰 범위에서 더 섬세하게 관계의 응집도를 조절할 수 있다는 것을 의미한다.

밀도와 중심성 사이에서 선택할 수 있는 경우의 수

이와 같이 밀도와 중심성은 서로 밀접하게 연관되어 있지만 동시에 개별적인 개념이기 때문에 이 두 가지 속성을 모두 잘 이해한 뒤, 관계의 응집도에 영향을 미칠 중요한 사용 경험 요인은 무엇이고 그에 따른 디자인 요소는 무엇인지 알아보는 것이 중요하다. 관계의 응집도의 두 가지 중요한 속성을 바탕으로 밀도가 높고 낮은 경우와 중심성이 높고 낮은 경우로 나눠 다음 표와 같이 네 가지 유형으로 조합해 자세히 살펴보자. 각 조합의 특징과 가장 잘 부합하는 제품이나 서비스를 각각 한 개씩 선정

	높은 밀도		낮은 밀도	
높은 중심성	구글 글래스	인천국제공항	삼성 지펠 아삭김치냉장고	재래시장 단골 가게
낮은 중심성	삼성 갤럭시S	페이스북	삼성 스마트TV	SK플래닛 11번가

표 1. 다양한 밀도와 중심성을 보여주는 대표적인 지배적 디자인 사례

해 총 여덟 가지 사례를 배치했다. 이들은 과거 또는 현재의 지배적 디자인으로 대표될 만한 사례들이다.

구글 글래스

구글 글래스Google glass는 2013년 2월 구글이 실험용으로 제작한 안경 형태의 웨어러블 디바이스이다. 구글 글래스는 적은 용량의 메모리, 느린 속도의 처리 장치와 입출력 장치의 한계 때문에 그 자체로 하나의 핵심적인 디지털 기기가 되기는 어렵다. 하지만 다른 플랫폼과 원활하게 연결되는 특성을 가지고 있어 사용자가 네트워크의 중심에서 독립된 개별 기기들의 연계를 지시할 수 있기 때문에 사용자에게 높은 수준의 중심성을 갖게 하는 특징이 있다. 또 구글 글래스에 연결된 서비스들은 모두 구글에서 제공하는 서비스와 연동되기 때문에 각 서비스 간의 연계적 속성이 긴밀하게 높은 밀도를 가진다고 할 수 있다. 따라서 구글 글래스는 밀도가 높고 중심성이 높은 구성적 경험을 대표할 만한 제품이다.

인천국제공항

앞서 언급했듯 인천국제공항은 국제공항운영협의회ACI가 매년 실시하는 세계 1,800여 개의 공항 서비스와 시설에 대한 설문조사에서 9년 연속 1위를 차지했다. 인천국제공항에는 적재적소에 다양한 경험 요소들이 고루 분산되어 있다. 이들이 서로 긴밀하게 연결되어 사용자의 맥락과 맞는 최적의 경험을 제공한다. 인천국제공항 서비스가 제공하는 경험은 공항 이용객을 중심으로 모든 서비스가 촘촘하게 연결되어 있다. 따라서 이러한 공항 서비스의 네트워크에서는 이용객의 중심성이 매우 높다고 할 수 있다. 또 인천국제공항의 유기적으로 연결된 여러 서비스들 간의 밀도도 매우 높다고 할 수 있다.

삼성 지펠 아삭김치냉장고

김치냉장고는 김치의 신선한 맛을 보존하면서 오랫동안 저장할 수 있도록 가장 적합한 온도를 찾아내는 특수한 온도 조절 장치가 장착된 냉장고이다. 김치냉장고는 주방에 있는 다른 냉장고나 기타 가전제품들과 함께 쓰이지 않고 개별적으로 사용된다. 김치냉장고의 이름에서도 알 수 있듯이 김치라는 하나의 식품에 특화되어 만들어진 제품이므로 특수한 기능을 수행하는 데 더 효과적이기 때문이다. 따라서 다른 주방용 가전제품들과 김치냉장고의 관계에서 나타나는 밀도는 낮을 수밖에 없다. 각각 독립적으로 작동하는 여러 주방용 가전제품들의 네트워크 안에서 각 제품 간의 구조적 공백을 메울 수 있는 중심 기기가 없으므로 사용자는 여러 가지 제품들을 별도로 다뤄야 한다. 이러한 관점에서 김치냉장고를 사용하는 경험을 보면 사용자의 중심성이 높은 편이라고 할 수 있다.

재래시장 단골 가게

대개 역사가 오래된 나라에는 재래시장이 형성되어 있고, 재래시장을 이용하는 사람들은 시장 안에 저마다의 단골 가게가 있기 마련이다. 나의 어머니는 동대문시장의 한 생선 가게를 10년 넘게 이용하며 단골손님으로 얼굴을 익혀놓았기 때문에 매번 장 볼 때마다 싱싱한 제철 생선을 구입할 수 있다. 하지만 생선 가게 외에 동대문시장에 있는 어머니의 다른 단골 가게들은 서로 직접적으로 연관이 없으므로 그들 간의 밀도가 매우 낮다. 또 재래시장에 있는 단골 가게들을 모두 모아서 한꺼번에 재래시장과 소비자들 사이의 구조적 공백을 메우는 시스템도 없다. 그래서 어머니는 과일 가게 따로, 채소 가게 따로, 생선 가게 따로 다니면서 직접 구조적 공백을 메우는 역할을 하기 때문에 어머니의 재래시장 경험에서 사용자의 중심성은 매우 높다고 할 수 있다.

삼성 갤럭시S

기존 피처폰과 비교해 스마트폰의 큰 특징 가운데 하나는 컨버전스라고 할 수 있다. 하나의 스마트폰 안에 전화 기능은 물론이고 카메라, MP3 플레이어 등과 같은 다양한 제품의 기능들이 모두 들어가 있기 때문이다. 이와 같이 스마트폰은 기기 자체가 여러 기능들 사이의 구조적 공백을 메우는 중심으로 역할한다. 즉 스마트폰이 모든 기능을 다 포함하고 있고, 다른 기기들과 원활하게 연동되므로 사용자는 스마트폰 하나만 가지고 다니면 나머지 제품들과 직접 연결되어 있지 않아도 불편함이 없다. 이처럼 스마트폰 자체가 중점 역할을 하기 때문에 이를 포함한 여러 휴대용 기기를 사용하는 사용자의 경험은 오히려 중심성이 낮아진다. 한편 스마트폰의 호환성은 높기 때문에 스마트폰을 중심으로 휴대용 기기를 사용하는 사용자의 경험은 밀도가 높다고 볼 수 있다.

페이스북

페이스북은 인터넷상에서 글과 사진, 동영상 등의 다양한 정보를 상호 교류할 수 있는 대표적인 SNS 가운데 하나로, 많은 친구들과 방대한 콘텐츠 그리고 수많은 애플리케이션들을 하나로 연결해주는 허브 역할을 한다. 특히 별도의 절차를 거치지 않고 쉽게 가입할 수 있는 페이스북 아이디 하나로 사용할 수 있는 부가 서비스가 점점 늘어나게 되면서 페이스북 아이디는 일종의 공공 계정의 역할을 하고 있는 실정이다. 이처럼 사용자는 페이스북을 통해 다른 서비스나 사람들과 긴밀한 관계를 맺을 수 있으므로 사용자의 중심성은 오히려 낮아진다. 그러나 페이스북이라는 동일한 플랫폼 안에서 콘텐츠와 친구 등의 요소들이 밀접하게 연관되어 있고, 그들 간의 상호작용이 활발하게 이루어지고 있기 때문에 관계의 밀도는 매우 높다고 할 수 있다.

삼성 스마트TV

스마트TV는 기존의 TV와 달리 방송 시청뿐 아니라 온라인 정보 검색이나 이메일 확인, 메시지 교환 등 다양한 인터넷 서비스를 이용할 수 있는 TV 플랫폼을 가리킨다. 또 인터넷이나 IP TV, 게임, 쇼핑 등 홈 엔터테인먼트 시스템을 구축하는 데 훌륭한 게이트웨이gateway 역할을 수행한다. 심지어는 홈 네트워크 시스템까지 포함하고 있어 중심 기기로서 역할하며 구조적 공백을 메운다. 이때 사용자는 스마트TV만 다루기 때문에 사용 경험에서 중심성은 상대적으로 낮은 편이다. 그러나 스마트TV는 기대와 달리 제공하는 서비스들 간의 연결이 촘촘하게 구현되어 있지 않다. 예를 들어 홈 시큐리티 시스템과 스마트TV를 연결해 TV 모니터로 시큐리티 시스템이 제공하는 동영상을 볼 수 있으나, 아직 다른 인터넷 기반의 기능과 원활하게 연결되어 있지는 않다. 따라서 스마트TV의 내부 기능과 외부 시스템 사이의 밀도는 다소 낮은 편이라고 할 수 있다.

SK플래닛 11번가

SK플래닛에서 운영하는 국내 대표적인 오픈마켓open market 11번가는 하나의 플랫폼 안에서 사용자에게 다양한 판매자들을 일괄적으로 보여주고 수많은 상품들을 관리해주는 편리한 온라인 서비스이다. 온라인마켓플레이스online marketplace라고도 하는 오픈마켓은 기존의 온라인 쇼핑몰과 달리 개인 판매자가 웹사이트에 직접 본인이 판매할 상품을 올려 매매하는 가상 공간이다. 11번가는 각 판매자를 대변해 사용자와 접촉하므로 사용자와 개별 판매자는 직접 관계를 맺지 않는다. 따라서 사용자의 쇼핑 경험은 중심성이 다소 낮다고 할 수 있다. 그뿐만 아니라 11번가에서는 개별 판매자들 사이에서도 별다른 관계가 형성되지 않는다. 예를 들어 A라는 동일한 상품을 파는 판매자가 세 명이 있어도 이들 간에는 아무런 명시적 연관성이 없다. 모든 가능한 관계에서 판매자와 11번가의 일대일 관계 외에 추가적인 관계는 형성되지 않으므로 11번가 서비스를 사용하는 경험은 상대적으로 밀도가 낮다고 볼 수 있다.

위의 여덟 가지 사례 분석은 밀도와 중심성으로 구분할 수 있는 구성적 경험에 영향을 미치는 중요한 사용 경험 요인과 이를 효과적으로 구현하는 데 필요한 디자인 요소를 파악하기 위해서 진행된 것이다. 이제부터 각각의 사용 경험 요인과 디자인 요소를 구체적으로 살펴보자.

호혜성, 밀도도 높고 중심성도 높을 때
중요한 경험 요인과 디자인 요소들

구글 글래스나 인천국제공항처럼 경험 요소 간의 밀도가 높고 중심성 또한 높은 경험을 제공하기 위해 고려해야 할 중요한 사용 경험 요인이 바로 '호혜성reciprocity'이다. 전통적으로 호혜성은 인간관계에서 일어나는 비슷한 수준의 작용과 반작용을 의미한다.[9] 따라서 사용자 경험에서 말하는 호혜성은 여러 경험 요소가 함께 존재할 때 요소들 간의 작용과 반작용이 비슷한 수준에서 이루어지는 것을 의미한다. 인천국제공항에서 필요한 출입국 심사, 쇼핑, 공항 정보 등 다양한 서비스가 하나의 통합 서비스로 제공된다고 가정해보자. 서비스 규모가 매우 커지면서 유지·보수가 어렵거나 절차가 복잡해져 오히려 사용자 측면에서 부담스러울 수 있다. 따라서 대부분의 공항에서 제공되는 서비스는 각 서비스의 독립성을 유지하면서 서로 비슷한 수준의 양방향 관계를 가지도록 구축해 자칫 발생할 수 있는 단점을 보완하고 있다.

호혜성은 긍정적 차원과 부정적 차원, 그리고 개인적 차원과 공공적 차원이 함께 존재한다.[10] 긍정적 호혜성은 경험을 구성하는 요소들이 서로 좋은 시너지 효과를 내며 자유롭게 호환되는 것을 말한다. 반대로 부정적 호혜성은 경험 요소들이 통합되지 않고 시스템 안에서 개별적으로 떠도는 경우를 말한다.[11] 구글 글래스를 예로 들어보자. 구글 글래스는 원활한 상호작용을 위해 증강현실 방식을 사용한다. 증강현실은 시각적으로 실물 위에 그래픽 요소를 투사해 경험 요소들 간의 밀도를 좀 더 긴밀하게 높여준다. 또 안드로이드를 기반으로 하나의 기기 안에서 다양한 서비스를 서로 연결해 활용할 수 있도록 개발되어 긍정적인 호혜성을 확보하고 있다.

호혜성을 높이는 것이 일반적인 사용자 경험의 품질에 중요한 영향을 미친다는 사실은 HCI/UX 분야에서 간접적으로 논의된 바 있다. 정보교환을 통한 사용자 협력을 연구한 결과에서 사람들 간의 호혜성을 기반으로 한 협력이 사용자의 서비스 만족도에 영향을 미친다고 밝혀졌다.[12] 또한 컴퓨터 시스템과의 직접적인 상호작용에서도 호혜성은 일의 효율이나 전반적인 만족도에 긍정적인 영향을 주는 요인이라고 밝힌 연구 결과도 있다.[13]

특히 호혜성은 경험 요소 간의 밀도가 높으면 연관성과 함께 서로에 대한 의존성 또한 높아지기 때문에 경험 요소 간의 의존성을 잘 이용해 긍정적인 효과를 낼 수 있다. 반면 과도하게 의존성이 높아질 경우 전반적인 사용자 경험에 좋지 않은 영향을 끼칠 수도 있다. 하나의 시스템에 통합된 서비스를 제공하더라도 과도한 의존적 성향을 보이면 각 경험 요소의 개성을 잃어버릴 수 있으며 일부의 변화가 전체 시스템에 큰 영향을 미쳐 불편함을 줄 수도 있기 때문이다. 그러므로 전반적으로 비슷한 수준의 상호관계를 지향하는 호혜성은 밀도가 높을 경우 특히 주요한 경험 요소가 된다. 또한 그 관계 안에서 중심적인 위치에 있을수록 다양한 경험 요소에 접근하기 쉬워져 전체가 잘 활용되도록 조율할 수 있기 때문에 경험 요소들 간에는 비슷한 수준의 상호관계가 더욱 중요하다. 따라서 관계의 밀도가 높고 중심성도 높을수록 비슷한 수준으로 서로 관련 있는 경험 요소들의 관계를 주도적으로 이끌어갈 수 있기 때문에 호혜성의 중요성도 더욱 커지게 된다.

경험에서 구성적인 측면을 고려한다는 것은 결국 제품이나 서비스가 제공하는 전체적인 정보 구조를 다루는 것과 관련 있다. 이는 사용자가 느끼는 전반적인 경험의 청사진을 그리는 것으로 비유될 수 있다. 따라서 구성적 경험에서는 정보 구조와 관련된 디자인 요소와 함께 이를 실제 적용하고 구현하는 데 고려해야 할 점을 특히 주목해야 한다. 밀도가 높고 중심성이 높은 제품이나 서비스를 호혜성이 높은 경험으로 디자인하는 데 효과적인 디자인 요소로 세 가지를 들 수 있다.

편재형 정보 구조

편재형omni-presence 정보 구조란 언제 어디서든 접근을 돕는 정보 구조라는 뜻으로, 복잡한 구조에서 접근성을 높일 수 있는 디자인 방법이다. 밀도가 높은 연결 구조에서는 객체가 어느 지점에 있더라도 항상 접근 가능하고, 동일한 노력으로도 즉시 피드백을 받을 수 있는 정보 구조가 필요하다. 즉 언제 어디서든 정보를 접촉할 수 있는 편재형 같은 유동적인 정보 구조가 필요한 것이다.[14] 인천국제공항을 예로 들어보자. 넓고 이용객이 많은 공항에 접근하려면 여러 번의 절차를 거쳐야 가능할 뿐 아니라 서비스 간의 접근성에도 차이가 있지만, 그림 4처럼 인천국제공항 애플리케이션을 이용하면 한 번에 탑승 정보부터 통역, 주차 확인까지 다양한 정보와 서비스를 편리하게 이용할 수 있다. 또 다른 예로, 구글 글래스는 음성으로 명령을 내려 언제 어디에서나 정보 구조의 상하위 계층에

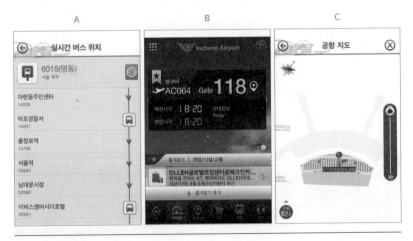

그림 4. 인천국제공항 애플리케이션
A: 공항 버스의 실시간 버스 위치 B: 나의 비행 일정 C: 내 위치 확인 가능한 공항 지도

위치한 내용까지 접근 가능하다. 보통 친구에게 이메일을 보낼 때, 이메일 애플리케이션을 실행시키고 주소록 폴더를 열어 목록에서 친구를 찾아 메일을 보내는 것이 일반적이다. 그러나 구글 글래스는 "○○에게 ○○라고 이메일을 보내줘"라고 음성으로 명령하면 한 번에 쉽게 메일을 보낼 수 있는데, 이것을 편재형 정보 구조의 대표적인 예로 볼 수 있다.

동기화를 위한 팝업 알림

경험 요소 간의 촘촘한 연결이 중요한 구조에서는 사용자와 연결되어 있는 대상 사이에서 이루어지는 실시간 동기화synchronization가 매우 중요하다. 사용자가 원하는 상호작용은 언제 어디서나 일관되게 원하는 정보를 주고받는 것이다. 이처럼 정보가 하나의 시스템으로 연결되어 있는 경우, 시스템의 변화를 즉각적으로 사용자에게 알려주는 알림 기능이 중요하며 알림은 특히 사용 목적과 맥락을 고려해 제공해야 한다.[15] 예를 들어 데이터 공유에 유용한 드롭박스는 정보가 새로 동기화되면 연결된 모든 사용자에게 푸시 알림을 보내고 있어 효율적인 공동 작업 환경을 제공한다. 이는 인천국제공항의 공식 애플리케이션에서도 잘 드러나는 특징이다. 그림 5처럼 공항 이용자가 관심 항공편을 입력해놓으면 예매 기한이나 탑승 시간, 탑승구 등의 정보를 실시간으로 푸시 알림을 통해 알려준다. 또 구글 글래스는 뉴스, 전화 등 특정 내용에 대해서만 화면 가장자리에 알림을 띄워주는 시스템을 가지고 있는데, 이것은 사용자의 시야를 방해하지 않는 선에서 콘텐츠의 업데이트를 알려주는 좋은 인터랙션의 예라고 할 수 있다.

그림 5. 드롭박스와 인천국제공항 애플리케이션의 업데이트 푸시 알림

실시간 변화 제시 인터페이스

다양한 요소 간의 연결이 빈번하게 이루어지는 제품이나 서비스는 어떤 요소가 변할 때마다 사용자에게 그 사실을 빨리 감지할 수 있게 알려주는 것이 중요하다. 이를 더 효과적으로 하기 위해서는 연결되어 있는 여러 가지 사용 경험 요소들의 다양한 정보의 상태와 상태 변화를 명확하게 제시해야 한다. 실시간 변화 제시 인터페이스는 시스템 전체를 하나의 유기체로 간주하고 기능이나 서비스 간의 경계를 넘어 변화된 요소들을 명시적으로 제시한다.[16] 가령 그림 6처럼 인천국제공항에서는 실시간 출입국 정보를 다양한 곳에 눈에 띄게 배치해 서비스를 제공하고 있다. 게다가 공항 내 실시간 안내 방송을 통해 청각 정보로도 제공한다. 공항에서 승객이 인지할 필요가 있는 상황의 변화를 즉각적인 인터페이스를 통해 재빠르게 알려주는 것이다. 구글 글래스도 기기와 애플리케이션 간의 원활한 연결을 통해 사용자의 행동에 따라 즉각적인 반응이 일어난다.

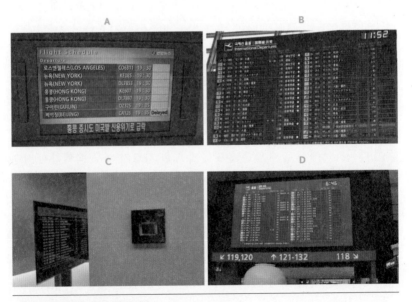

그림 6. 인천국제공항 실시간 출입국 정보
A: 공항철도 객실 내 스크린 B: 인천국제공항 출입국장 내 전광판
C: 인천국제공항 라운지 내 스크린 D: 인천국제공항 면세점 내 전광판

애플리케이션이 구동되는 화면과 실제 환경의 변화가 거의 동시에 일어나는 듯 경험 요소들을 실시간으로 잘 연결해 반영한다. 이를 통해 여러 가지 제품이나 서비스 간의 증폭된 효과를 기대할 수 있다.

복잡성, 밀도는 높고 중심성은 낮을 때
중요한 경험 요인과 디자인 요소들

스마트폰이나 페이스북처럼 밀도가 높은 반면 중심성이 낮은 경험을 제공하는 제품이나 서비스에서 중요한 경험 요인이 바로 '복잡성complexity'이다. 사용자 경험에서 말하는 복잡성은 사용자가 특정 시스템을 사용해 작업을 수행할 때 시스템이 여러 요소로 이루어져 있고 그 요소들이 다양한 관계를 맺고 있다고 감지하는 수준을 의미한다.[17] 예를 들어 메일 업무나 음악 감상 등 여러 작업이 가능한 스마트폰을 사용하면서 사용자 스스로가 각 기능들이 서로 매우 밀접하게 연결되어 있다고 느끼는 것이다. 복잡성은 단순성simplicity과 대비되는 개념으로 사용되곤 한다. 사용자 경험의 복잡성을 낮춰 경험의 단순성을 높일 수 있기 때문이다.

경험의 복잡성은 크게 세 가지로 분류할 수 있다.[18] 첫째, 시스템 구성 요소의 다양성에 따른 복잡성이다. 사람들은 구성 요소에 대한 자료가 매우 밀집되어 있고 각각이 매우 상이할 때 복잡하다고 여긴다. 예를 들어 페이스북에서 관계 맺은 친구들에 대한 자료가 매우 빽빽하게 작성되어 있고, 저마다 업데이트한 각양각색의 많은 정보들이 타임라인에 올라가 있으면 복잡하다고 느낄 것이다. 둘째, 구성 요소들 간의 상호관계에 따른 복잡성이다. 사용자는 구성 요소들 간의 상호관계가 광범위하고 밀접할수록 더 복잡하다고 여긴다. 예를 들어 페이스북의 수많은 친구가 서로 복잡하게 연결되어 있는 정도에 따라 관계에도 영향을 미칠 수 있다고 생각한다면 그 경험을 더 복잡하게 느낀다는 것이다. 셋째, 불확실성이나 애매모호함에 따른 동적인 복잡성이다. 똑같은 정보를 서로 다르게 해석하거나 사용자의 행동이 상황에 따라 다른 결과를 가져올 경우 사용자는 제품이나 서비스를 사용하는 경험에서 복잡함을 느낀다. 예를 들어 페이스북에 게시한 동일한 정보를 친구들이 서로 다르게 이해한다 든지, 비슷한 게시물에도 어떤 날은 열렬한 호응을 보이고 어떤 날은 시 큰둥한 반응을 보인다면 사용자는 자신의 경험에서 복잡함을 느낀다.

일반적으로도 복잡성을 낮추는 것이 사용자 경험의 질적 향상에 중 요한 영향을 미친다는 연구들이 많다.[19] 스마트폰에 대한 만족도를 조사 한 한 연구에서 앞서 이야기한 구성 요소의 복잡성이나 상호관계의 복잡 성 그리고 동적 복잡성을 줄이면 단순성이 높아지고, 단순성이 높아질수 록 스마트폰의 사용 만족도가 높아진다는 결과를 확인한 바도 있다.[20] 이 처럼 복잡성에 대한 다양한 연구에서 확인한 것처럼 구성 요소들 간의 밀도가 높아지면 상호관계도 밀접해져 사용자는 자신의 경험이 지나치 게 복잡하다고 느끼게 된다. 예를 들어 스마트폰을 사용할 때 각종 서비 스가 매우 밀접한 관련성을 가지고 있으면 환경설정의 한 부분만 바꿔도 다른 것까지 함께 바뀌게 되므로 사용자가 느끼는 복잡성이 증가한다.

반면 제품이나 서비스가 제공하는 경험의 중심성이 낮으면 사용자 는 자신의 경험 한가운데 있지 못하고 스마트폰이나 페이스북처럼 구조 적 공백을 메울 대상을 통해 경험을 구성한다. 사용자는 경험 구조의 중 심에서 벗어날수록 관계 속에서 발생하는 결과에 대해 모호하고 불확실 하게 느끼므로 자신의 경험이 매우 복잡하다고 인지하게 된다. 예를 들 어 스마트폰에 저장된 사진을 정리할 때 앨범 애플리케이션 안에서만 정 리하다 보면 실제 사진이 어떻게 분류되어 있는지 정확히 파악되지 않는 경우가 많다. 따라서 관계의 밀도가 높고 사용자의 중심성이 낮아질수록 자신들의 경험이 복잡하다고 느끼고, 좋은 경험이라고 생각하지 않게 된 다. 따라서 이때에는 경험을 좀 더 단순하게 만들어야 한다.

이처럼 밀도가 높고 중심성이 낮은 경우 사용 경험의 복잡성을 낮추 고 단순성을 높이는 것은 매우 중요하다. 이를 위한 세 가지 효과적인 디 자인 요소를 들 수 있다.

허브 형태의 정보 구조

허브 형태의 정보 구조는 여러 가지 정보와 기능을 관련성 있는 것끼리 묶어 제공하는 구조이다. 즉 복잡한 정보나 기능을 서로 관련성이 높은 것에 따라 연결해 해당 제품이나 서비스에 사용자가 편리하게 접근할 수 있도록 하고,[21] 정보를 계속 확장시킬 수 있게 한다. 이런 정보 구조를 통해 사용자는 서로 연결된 링크를 타고 관련 정보와 콘텐츠로 확장하며 탐색할 수 있고, 관련 있는 기능 가운데 필요한 기능을 차례로 실행할 수 있다. 허브 형태의 정보 구조는 구성 요소 간의 복잡한 상관관계를 가진 정보를 효과적으로 묶어 제시할 수 있는 장점이 있다. 예를 들어 그림 7 처럼 페이스북의 오픈 그래프는 자신이나 친구들과 연관성이 높은 사이트와 뉴스를 하나로 연결해 보여준다. 이를 통해 페이스북 사용자가 올리는 이야기와 사진 등에 다른 사이트와 소식이 연결되어 정보의 허브가될 수 있도록 서비스를 제공하고 있다. 만약 게임 사용자가 신기록을 달성하면 페이스북 뉴스피드에 신기록 소식이 자동으로 업데이트된다. 그

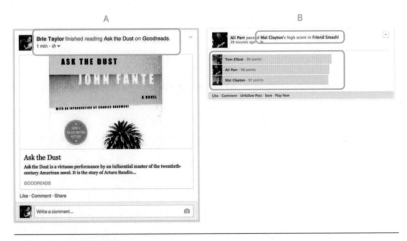

그림 7. 페이스북의 오픈 그래프

A: 사용자가 미국의 독서 커뮤니티 '굿리즈(Goodreads)'에서 『애스크 더 더스크(Ask the Dust)』라는 책을 다 읽었음으로 표시한 것이 사이트 주소 링크와 함께 페이스북 뉴스피드에 생성된 것을 볼 수 있다.

B: 사용자가 '프렌즈 스매시(Friends Smash)'라는 게임에서 친구의 최고 기록을 넘어섰다는 내용과 다른 친구들의 점수가 함께 생성된 것을 볼 수 있다.

출처: developers.facebook.com

뿐만 아니라 게임 사용자의 친구 소식과 각종 기록 등 여러 정보가 공유된다. 한편 스마트폰 운영체제의 정보 구조도 연관성이 얽혀 있는 애플리케이션을 하나로 묶어 잘 동작될 수 있도록 지원하고 있다. 예를 들어 스마트폰 앨범 속의 사진을 선택하면 사진으로 할 수 있는 다양한 기능이 함께 제시되어 선택한 사진을 페이스북에 바로 업로드하거나 연락처의 프로필에 등록할 수 있게 한다.

멀티태스킹 바

멀티태스킹 바multi-tasking bar는 현재 실행되고 있는 프로그램이나 페이지의 화면을 일렬로 배치해 굳이 화면을 이리저리 전환하지 않아도 현재 실행 중인 프로그램의 상태를 편리하게 확인할 수 있는 기능이다.[22] 그림 8처럼 멀티태스킹 바에 간단한 동작을 취해 현재 활성화된 창의 목록을 확인하고 각각의 프로그램을 종료할 수 있다. 예를 들어 스마트폰 멀티태스킹 바에서 프로그램을 종료하고 싶으면 플리킹 아웃flicking out, 프로그

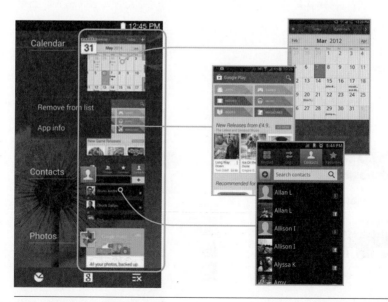

그림 8. 삼성전자 갤럭시S의 멀티태스킹 바

램 아이콘을 밖으로 미는 행위 인터랙션으로, 프로그램을 전환하고 싶으면 롤링 rolling, 프로그램 아이콘을 옆으로 미는 행위 인터랙션으로 조작이 가능하다. 스마트 폰과 같은 중심 기기로 각 기능의 상태를 간접적으로 조작하다 보면, 사용자가 모든 기능의 구성을 일일이 제어하기 어렵고 동작 확인이 잘 되지 않아 불확실성이 증가하게 된다. 따라서 스마트폰에서 멀티태스킹 바를 제공하면 사용자는 작동되는 여러 가지 기능을 각각 방문해 현재의 상태를 점검할 필요 없이 멀티태스킹 바에서 한 번에 확인하고 필요한 동작을 취할 수 있다. 멀티태스킹 바를 통해 연관된 경험 요소들 간의 불확실성을 낮춤으로써 사용자가 느끼는 복잡성을 낮추는 것이다.

대시보드

대시보드dashboard는 현재 작동 중인 여러 기능에 대한 많은 정보와 기기의 상태를 한곳에 모아 손쉽게 파악하도록 돕는 인터페이스이다.[23] 이를 통해 여러 가지 정보를 동시에 비교하고 모니터링하면 원하는 정보를 빠르게 찾을 수 있다. 또한 위젯 등을 통해 복잡한 정보를 요약해 볼 수도 있으며 기능이나 기기 상태를 쉽게 제어할 수 있도록 도와준다. 스마트폰에서는 여러 설정 상태를 확인하고 바로 제어할 수 있는 컨트롤 바 control bar나 알림 바notification bar가 있어 한 번에 설정을 변경하거나 원하는 프로그램을 바로 선택해 접근할 수 있다. 그림 9처럼 페이스북도 상

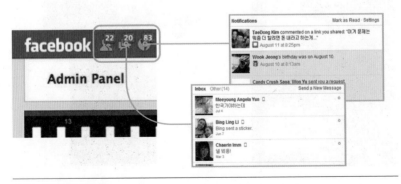

그림 9. 페이스북의 대시보드

단에 친구들의 전반적인 상태와 시스템 관련 공지를 나타내는 대시보드 기능이 있어 유용하게 활용되고 있다. 페이스북 '알림notification'이나 '뉴스 티커news ticker'를 통해 시시때때로 변하는 페이스북 친구의 상태와 나의 상태도 바로 확인하고 접근할 수 있다.

유사성, 밀도도 낮고 중심성도 낮을 때
중요한 경험 요인과 디자인 요소들

삼성 스마트TV나 SK플래닛 11번가처럼 밀도도 낮고 중심성도 낮은 제품이나 서비스에서 사용자가 중요하게 생각하는 경험 요인은 '유사성similarity'이다. 유사성은 사람들이 경험 요소들의 속성을 인지함으로써 판단의 대상이 되는 요소들 사이의 공통점을 느끼는 수준을 의미한다.[24] 예를 들어 11번가를 사용하면서 사용자가 구매하고자 하는 상품이나 그것을 취급하는 판매자가 하나의 플랫폼 안에서 얼마나 유사하게 표현되어 있는지를 판단하는 것이다. 유사성은 다양성diversity과 대비되는 개념으로 사용되곤 한다. 사람들이 느끼는 경험의 유사성을 낮추면 경험의 다양성을 높일 수 있기 때문이다.

　유사성은 사용자가 무엇에 대해 유사성을 느끼는지에 따라 두 가지로 구분할 수 있다.[25] 첫째, 목적에 따라 비슷한 요소들이 구성되는 경우 유사성을 더 잘 느낄 수 있다. 특정 과업이나 목표를 달성하기 위한 상황에서 사용자는 경험의 구성 요소들이 하나의 사용 목적 아래 정리될 때 유사한 속성을 공유한다고 생각한다. 예를 들어 11번가에서는 오픈마켓의 특성에 따라 유사한 제품을 취급하는 판매자들을 공통된 형식에 맞춰 비교와 대조가 가능하도록 하는 기능을 제공해준다. 합리적인 소비자의 입장에서 꼼꼼하게 제품의 가격과 특성을 비교하려면 상품들을 목적에 맞게 그룹을 만들 수 있는 효율적인 방법이 필요하다. 오픈마켓에서 판매자들 사이의 관련성은 단순하게 동일 제품을 취급한다는 것 외에는 달리 없기 때문에 이 같은 방법으로 소비자는 유사성을 더 명확하게 인지할 수 있다.

둘째, 과정에 따라 유사한 경험 요소들이 함께 구성되어도 유사성을 느낄 수 있다. 즉 목적이 다르더라도 동일한 방식으로 경험하면 사용자는 유사한 경험을 했다고 생각하게 된다. 예를 들어 11번가는 구매자의 합리적 쇼핑이라는 목적뿐 아니라 목적을 이루는 절차의 유사성도 잘 고려하고 있다. 결제 방식을 일원화하고 상품을 비교하는 과정에서 동일한 레이아웃을 제공함으로써 사용자에게 유사성을 느끼게 한다. 이는 결국 다양한 판매자로 인한 혼란을 미연에 방지해준다.

사용자 경험의 유사성을 높이는 것이 일반적으로 사용자 경험의 질에 중요한 영향을 미친다는 기존 연구 결과들은 주로 '융합'을 주제어로 진행되어왔다. 특히나 기술의 발전에 따른 제품과 서비스의 집약성이 높아지면서 유사한 속성끼리 조합하는 형태로 디자인하는 경향이 형성되고 있으며,[26] 이러한 기능이나 제품 특성 간의 유사성은 사용자의 평가나 구매에도 긍정적인 영향을 주는 것으로 나타났다.[27] 그러나 제품의 유사성을 과도하게 높이면 제품의 기능들이 서로 결합되는 과정 속에서 사용자가 피로감을 느낀다는 부정적인 연구 결과도 있다.[28] 따라서 사용 경험의 유사성은 적정 수준으로 유지될 필요가 있다.

구성 요소들 간의 밀도가 낮아지면 해당 요소들 간의 상호관계도 역시 낮아진다. 이때 사용자는 다양한 구성 요소의 속성을 일일이 따져가며 파악해야 하는 부담감이 커진다. 이러한 불필요한 감정을 덜어주기 위해 경험 요소들 사이에서 유사성을 느끼게 만들어 과도한 복잡성을 낮춰야 한다. 11번가를 다시 예로 들면, 11번가는 다양한 판매자가 모인 집합이지만 사용자가 원하는 제품을 효과적으로 구매할 수 있도록 목적에 따른 유사성을 중점적으로 고려하고 있다. 특히 관계적 측면이 낮은 상황에서 목적에 따른 유사성만 존재할 수 있게 유도한다.

또한 중심성이 낮아지면 사용자는 자신의 경험 한가운데 있지 못하고 특정 대상을 통해 주변의 대상들을 간접적으로 경험하게 된다. 중심에서 벗어난 구성적 관계 속에서 경험의 주체인 사용자는 중심성이 높은 대상의 영향을 받는다. 스마트TV나 11번가는 이러한 상황에서 관련 경험 요소들의 통로 역할을 하며 유사한 속성으로 사용자가 다양한 대상을 경험할 수 있게 만들어주는 '헬퍼helper'라고 볼 수 있다. 다시 말해 스마트TV나 11번가는 사용자가 느끼는 유사성을 높이고 그 효용을 최대한 활용할 수 있도록 돕는다.

이처럼 밀도가 낮고 중심성이 낮은 경우에는 유사성을 높이는 방식으로 디자인에 접근해 사용자에게 좀 더 양질의 경험을 제공하려는 노력이 필요하다. 이를 위해 세 가지 효과적인 디자인 요소를 생각해볼 수 있다.

게이트웨이 형태의 정보 구조

게이트웨이 형태의 정보 구조를 직관적으로 이해하기 위해서는 우리가 흔히 사용하는 구글이나 네이버 같은 온라인 포털 사이트를 떠올리면 된다. 우리는 정보를 구할 때 구글이나 네이버에 접속해서 특정 검색어를 입력하고 해당 정보를 확인한다. 검색된 정보를 재검색하고 싶으면 검색 결과창에서 다른 정보를 추가로 검색해 접근을 시도한다. 그림 10처럼

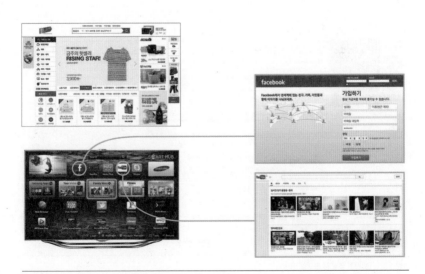

그림 10. 11번가와 스마트TV의 메인화면

279

게이트웨이 형태의 정보 구조는 원하는 정보에 접근하기 위해 매번 동일한 구조에서 작업을 시작하도록 하는 것이다. 예를 들어, 11번가에서 구입하고자 하는 제품을 찾기 위해 사용자는 포털 사이트와 동일한 방식의 검색 과정을 거치며, 스마트TV에서 특정 기능의 애플리케이션을 사용하기 위해 사용자는 항상 홈 화면으로 돌아온다. 게이트웨이 형태의 정보 구조는 서로 관련 없는 여러 가지 내용을 일일이 비교하고 대조하는 과정을 줄여준다. 11번가와 같은 오픈마켓에서 항상 동일한 방식으로 검색을 시작할 수 있는 게이트웨이 형태의 정보 구조를 제공해 각 판매자마다 다르게 제공하는 판매 페이지에서 매번 다른 방식으로 제품을 검색해야 하는 부담을 줄여준다.

맞춤형 필터링 기능

제품이나 서비스를 사용할 때 사용자와 제품이나 서비스 사이의 상호작용 형태는 단방향과 쌍방향으로 구분할 수 있다. 최근의 경향은 수동적인 사용자보다 제품이나 서비스와 함께 호흡하는 능동적인 사용자를 가정하고 인터랙션 디자인을 기획한 제품이나 서비스가 주를 이룬다. 이

그림 11. 11번가의 맞춤형 필터링 기능
A: 검색 결과 내 카테고리 필터링 기능 B: 검색 결과 내 정렬 필터링 기능

러한 경향을 나타내는 디자인 요소 가운데 하나가 바로 맞춤형 필터링 customized filtering 기능이다. 이는 사용자가 목적과 쓰임에 맞게 기능을 정밀하게 정의할 수 있게 돕는다. 특히 게이트웨이형 정보 구조에서는 더욱 의미 있는 기능으로, 단순히 정보를 수용하기보다 사용자가 직접 주도적으로 정보를 따져가며 필요한 것을 찾을 수 있다는 점에서 맞춤형 필터링 기능의 장점이 강조되고 있다. 그림 11처럼 11번가를 비롯한 오픈마켓에서 제품을 검색하면 검색 결과를 카테고리별로 다시 세부 분류하거나 분류된 결과를 사용자가 원하는 기준에 따라 정렬하는 기능이 대표적인 예이다.

일관성 있는 레이아웃

다양한 정보의 표현에서 기본이 되는 원칙은 콘텐츠를 일관성 있는 레이아웃으로 잘 정리해 사용자에게 제공하는 인터페이스이다. 특히 게이트웨이 형태의 정보 구조에서는 결국 원점이 되는 메인화면을 통해 사용자의 각가지 경험이 시작될 수 있기 때문에, 원점에는 다양한 경험을 갈무리할 수 있는 표현 규칙이 필요하다. 다양한 경험을 연결할 때 기준점이

그림 12. 11번가의 미니숍 레이아웃

281

에뮬레이터emulator와 같은 역할을 하기 때문에 일관성 있게 통일된 레이아웃으로 유사성이 높은 사용 경험을 줄 수 있다. 예를 들어 그림 12처럼 11번가에는 각양각색의 판매자들이 있지만, 사용자는 그들의 특성에 가치를 두기보다는 구매 목적에 따른 명확한 비교를 원하기 때문에 제품을 소개하는 페이지는 동일한 양식의 레이아웃으로 제공되고 있다. 스마트 TV의 홈 화면에 각각의 기능이 작동하고 있는 상태가 표시될 때에도 일관성 있는 레이아웃으로 제공된다.

현저성, 밀도는 낮고 중심성은 높을 때
중요한 경험 요인과 디자인 요소들

'현저성salience'은 특정 제품이나 서비스가 다른 제품이나 서비스보다 두드러지는 수준을 말한다.[29] 마케팅에서는 현저성을 상표의 어떤 속성이 소비자의 마음속에 가장 먼저 떠오르는지로 정의한다.[30] 예를 들어 김치냉장고를 사용해본 사용자가 일반 냉장고보다 김치 저장에 탁월하다고 느끼는 정도를 말한다. 김치냉장고는 낮은 온도에서도 쉽게 얼지 않도록 하고, 신맛을 결정하는 상태를 유지하는 온도 조절 장치와 냄새를 효과적으로 관리하는 기능으로 다른 일반 냉장고와 현저하게 구분되는 특징이 있다. 현저성은 기술적인 측면뿐 아니라 김치를 넣고 꺼내기 편리하도록 디자인된 서랍식 구조처럼 비기술적 측면에서도 나타날 수 있다. 이렇듯 같은 범주에 있는 다른 제품보다 두드러지는 현저성은 김치냉장고와 같이 밀도가 낮고 중심성이 높은 제품이나 서비스의 사용자 경험에서 중요한 역할을 한다.[31]

사용자는 크게 두 가지 부분에서 현저성을 경험한다. 첫째, 제품이나 서비스의 두드러지는 속성에 따른 현저성이다. 어떤 제품이나 서비스를 사용하는 경험에서 해당 제품이나 서비스의 특정 부분이 사용자의 마음속에 가장 먼저 떠오르는 정도를 말한다. 재래시장을 예로 들어보자. 재래시장에 있는 각각의 상점들은 각기 파는 물건도 다르고 주인의 개성도 모두 다르다. 또 같은 물건을 팔더라도 상품의 배치나 구색도 저마다 다르기 때문에 각 상점의 현저성이 모두 높다고 볼 수 있다. 둘째, 제품이나 서비스의 빈번한 노출에 따른 현저성이다. 이것은 곧 친밀감으로도 볼 수 있는데, 빈번하게 경험하거나 최근에 경험한 것일수록 사용자는 현저성을 높게 느낀다. 예를 들어 단골 과일 가게는 가장 최근에 이용한 상점이자 앞으로도 자주 방문할 상점이 될 가능성이 높다. 따라서 단골 가게는 재래시장을 떠올릴 때 사용자의 마음속에 가장 두드러지게 떠오르는 가게가 될 수 있다.

일반적으로 현저성을 높이는 것이 사용자 경험의 품질에 중요한 영향을 미친다는 결과는 주로 마케팅 분야에서 브랜드나 특정 기능의 현저성에 대한 연구에서 밝혀진 바 있다.[32] 제품이나 서비스의 브랜드와 기능의 현저성이 높으면, 사용자가 선택하는 과정에서 자신의 결정에 좀 더 확신을 갖게 되고 결과적으로도 만족도를 높이는 데 도움이 된다. 즉 사용자는 특정한 속성이나 경험 요소에 대해 집중하게 되고, 이런 집중도가 사용 만족도를 높여준다.

이처럼 현저성은 사용 경험에서 중요한 역할을 하는 것은 물론이고, 밀도가 낮고 중심성이 높은 경우에는 특히 중요하다. 제품이나 서비스의 구성 요소들 간의 밀도가 낮으면 대상과의 상호관계도 낮아지고, 사용자는 자신의 경험이 그때그때 제각각이라고 느끼게 되어 모든 개별 요소들에 관심을 기울인다. 예를 들어 재래시장을 이용할 때 비슷한 물건을 파는 상점의 수가 많은데다 여기저기 흩어져 있을 경우, 모든 상점을 직접 가보지 않는 이상 나에게 가장 적합한 상점이 어디인지 알지 못하는 것과 같다. 이때 독특하거나 눈에 띄는 상점이나 단골 가게가 있다면 물건을 선택하고 구매하는 과정 자체가 쉬워진다.

반면 사용자의 중심성이 높아지면 제품이나 서비스들 간의 수준은 비슷해지고 차별성이나 변별력이 약해진다. 따라서 사용자를 제외한 구성 요소의 속성을 강조하거나 사용자와의 친밀함을 통해 제품이나 서비스를 사용하는 경험의 현저성을 높여줄 필요가 있다. 예를 들어 재래시장의 각 상점 주인들은 단골손님을 만들기 위해 가끔 상품을 더 얹어주거나 에누리해주는 등의 노력을 하고, 손님들은 웬만하면 한곳을 자주 방문해 주인과 얼굴을 익히고 자연스레 요리법을 얻어가는 등의 이익을 취하는 경우도 있다.

이처럼 경험 구성 요소 사이에 관계의 밀도가 낮고 사용자의 중심성이 높으면 특정 요소의 현저성을 높여 사용자가 제품이나 서비스를 이용한 경험이 좋은 경험이었다고 생각하도록 만드는 것이 중요하다. 이를 위해 효과적인 두 가지 디자인 요소를 들 수 있다.

집중 심화된 정보 구조

기존 제품이나 서비스처럼 일반적인 계층 구조가 아닌 특정 기능이나 특성을 심화한 정보 구조를 만들어야 한다. 제품이나 서비스가 하나의 기

그림 13. 삼성전자 아삭김치냉장고와 일반 냉장고의 인터페이스
A: 일반 냉장고의 온도 조절 메뉴 구조 B: 김치냉장고의 온도 조절 메뉴 구조

능이나 특성으로만 전문성을 가지고 집중된 정보 구조를 제공함으로써 현저성을 부여할 수 있다. 예를 들어 그림 13처럼 김치냉장고에는 일반 냉장고와 다르게 김치 저장만을 위한 온도 조절과 숙성 모드 등 심화된 기능이 장착되어 있다. 일반 냉장고로 김치의 숙성에 따라 온도를 조절하거나 오랫동안 신선도를 유지하기란 어렵다. 하지만 김치 보관에 특화된 기능과 정보 구조를 지닌 김치냉장고는 사용자에게 기능적으로 현저하게 특화된 경험을 제공한다.

스큐어모피즘 디자인

사용자가 직관적으로 이해할 수 있게 도구의 형태나 속성을 아날로그 상태 그대로 메타포로 활용해 디자인하는 기법을 스큐어모피즘 skeuomorphism이라고 한다.[33] 이때 주의해야 할 점은 추상화 수준에 따라 사용자의 이해와 제품이나 서비스에 대한 가치 평가가 달라지기도 한다는 것이다. 예를 들어 추상화의 수준이 높을수록 사용자가 이해하기에는 다소 난해하겠지만 제품이나 서비스의 가치는 높아질 수 있다. 반면 스

그림 14. 아이폰 캘리브레이션 구동 화면

큐어모피즘을 있는 그대로 활용한 디자인은 자칫 촌스럽게 느껴지거나 식상하게 보일 수 있다. 스큐어모피즘을 찾아볼 수 있는 간단한 사례로 아이폰 캘리브레이션calibration이 있다. 그림 14처럼 캘리브레이션을 위해서는 아이폰을 한 번 회전시켜야 하는데, 공이 틀 안에서 굴러가는 형태를 이용해 자연스럽게 1회전하도록 유도한다. 이때 공이 지나간 영역의 눈금이 채워지면서 캘리브레이션 과정을 눈으로 확인할 수 있다. 이처럼 특정 경험이 만들어내는 독특한 상황을 담은 디자인 요소는 제품이나 서비스의 현저성을 높이는 데 도움이 된다.

요약

1

관계의 응집도는 외부 환경의 변화에 따라
구성적 경험의 실타래를 조절하는 데 효과적인
개념이다.

2

관계의 응집도는 크게 연계적 속성과 분포적
속성으로 구성되는데, 바로 밀도와 중심성이
대표적이다.

- 밀도는 사용자와 다른 경험 요소들 간의
  연결 수준을 나타내며, 연결이 촘촘할수록
  관계의 응집도도 높아진다.

- 중심성은 사용자가 다른 경험 요소들 간의
  관계에서 구조적 공백을 메우는 자리에
  가까이 위치하는 수준을 나타내며, 중심성이
  높을수록 관계의 응집도도 높아진다.

3

밀도가 높고 중심성도 높은 제품이나
서비스에서는 호혜성을 높이는 것이 중요하며,
편재형 정보 구조, 동기화를 위한 팝업 알림,
실시간 변화 제시 인터페이스를 제공하는 것이
효과적이다.

4

밀도가 높고 중심성은 낮은 제품이나
서비스에서는 복잡성을 낮추는 것이 중요하며,
허브 형태의 정보 구조, 멀티태스킹 바,
대시보드를 제공하는 것이 효과적이다.

5

밀도가 낮고 중심심도 낮은 제품이나
서비스에서는 유사성을 높이는 것이 중요하며,
게이트웨이 형태의 정보 구조, 맞춤형 필터링
기능, 일관성 있는 레이아웃을 제공하는 것이
효과적이다.

6

밀도가 낮고 중심성은 높은 제품이나
서비스에서는 현저성을 높이는 것이 중요하며,
집중 심화된 정보 구조, 스큐어모피즘 디자인을
제공하는 것이 효과적이다.

생각해볼 주제

1

최근 제품이나 서비스를 사용하면서
조화로운 경험을 했던 사례를 생각해보자.

2

이런 경험에서 나를 둘러싼 다른 제품이나
서비스 또는 사람들 간의 관계의 응집도를
밀도와 중심성을 기준으로 분석해보자.

3

이런 제품이나 서비스를 사용하면서
현저성, 유사성, 복잡성 그리고 호혜성을 어떻게
경험했는지 생각해보자.

4

이런 제품이나 서비스에서 조화로운
경험을 촉진시킨 디자인 요소는 어떤 것이
있었나?

8

우리들의 경험을
위한 디자인

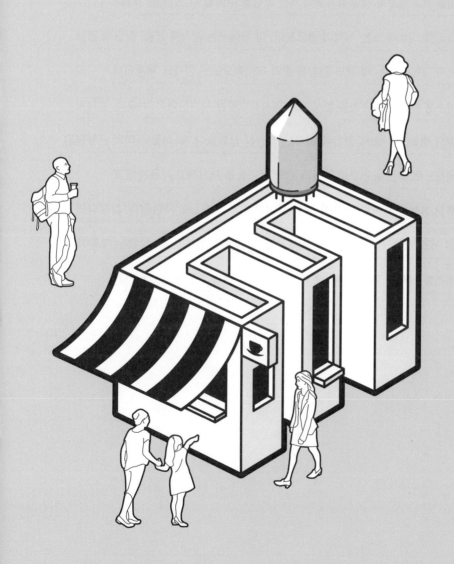

사용자에게 센스 있고 가치 있고 조화로운 경험을 제공하는 것은 모든

개발자와 디자이너의 궁극적인 목적이다. 지금까지 이를 위해 경험을 중심으로

제품이나 서비스를 디자인하는 관점을 제시했다. 제품이나 서비스를 사용하는

우리의 경험은 마치 실뭉치처럼 복잡하게 얽혀 있기 때문에 사용자가 원하는

경험을 효과적으로 제공하기 위해서는 경험을 구분할 수 있는 몇 개의

실타래로 나누어 보는 시각이 필요했다. 이 책에서는 감각적 경험, 판단적 경험,

구성적 경험이라는 세 개의 관점을 통해 미시적으로는 현재의 제품이나

서비스를 사용하는 경험을 분석하고, 거시적으로는 사회문화적, 기술적, 경제적

환경의 변화가 사람의 경험에 미치는 영향을 살펴봤다. 또 이들 사이의 균형점을

역동적으로 찾는 동인으로 갈등과 인지 부조화를 제시하고 사용자에게

새로운 경험을 제공할 수 있는 경험 요인과 디자인 요소도 제안했다. 그렇다면

과연 센스 있고 가치 있고 조화로운 경험, 즉 진정한 경험을 할 수 있는 제품이나

서비스를 실제로 디자인하는 조직과 절차에는 어떤 조건이 필요할까?

내가 인터넷을 처음 접한 것은 지금으로부터 약 20년 전이었다. 한참 박사학위 논문을 마무리하느라 카네기멜론대학교 전산과 건물 4층에 있는 컴퓨터 클러스터에서 정신 없이 C++ 프로그래밍을 하고 있었다. 그당시 컴퓨터 클러스터에는 몇십 대의 워크스테이션이 있었기 때문에 많은 학생이 그곳에 모여 밤새 코딩 작업을 하곤 했다. 예나 지금이나 마찬가지겠지만, 사실 컴퓨터 클러스터에서는 공부보다 친구와 이런저런 이야기를 나누는 데 시간을 더 보내게 된다. 하루는 한 친구가 최근에 공개되었다는 넷스케이프Netscape라는 웹 브라우저에 대한 얘기를 한참 하더니, 바로 자신이 작업하던 워크스테이션에 넷스케이프를 설치하고는 이것이 어떤 기능을 하는지 직접 보여주며 자세히 설명해줬다. 이때 나는 웹 브라우저라는 것을 처음 접했다. 당시에는 웹 브라우저를 설치하는 것이 조금 어려웠지만, 일단 설치하고 나면 여러 가지 일을 편리하게 할수 있겠다는 생각이 들었다. 한참 복잡한 C++ 코딩에 열을 올리고 있었기 때문에 더욱더 그런 생각에 흥미로워했던 것일지도 모르겠다. 인터넷이 보급되면 전문가의 전유물이라고만 생각되었던 컴퓨터가 우리 일상에 깊숙이 침투할 것이라고 예감할 수 있었다.

그로부터 5-6년이 지난 뒤 한국으로 돌아왔을 때 국내의 한 인터넷 포털사 및 언론사와 함께 '인터넷 서바이벌 게임'이라는 행사를 기획할 기회가 생겼다. 이 행사의 주요 내용은 일반인 다섯 명이 참여해 100만 원이 들어 있는 현금카드만으로 생활에 필요한 모든 제품이나 서비스를 인터넷으로 구입해 100시간 동안 생활하는 것이었다. 처음 기획할 때 주최 측에서는 걱정이 태산이었다. 전문가도 아닌 이 사람들이 그 당시에는 열악하기 짝이 없던 인터넷 환경에서 과연 나흘 넘게 견딜 수 있을까? 이런 걱정에 비상 의료진도 대기시키고 행사를 총괄했던 기자도 초긴장 상태였다. 그런데 참가자들은 하루 이틀 어려움을 겪는 듯 했지만 사흘째부터 별 문제 없이 각자 필요한 생활용품을 조달하기 시작했고, 결국 참가자 전원이 무사히 나흘 동안 잘 버틸 수 있었다. 요즘같이 택배와 스마트폰이 잘 구비된 환경에서는 겨우 나흘 버티고 나온 것이 뭐 그리 대단한 일이겠냐고 반문할지도 모르지만, 변변한 인터넷 쇼핑몰 하나 없던 당시 상황에서 진행된 이 행사의 결과는 우리 생활의 필수 도구로서 인터넷이 자리 잡을 수 있을 것이라는 확신을 심어주는 하나의 사건이었다.

이후 인터넷은 그 사업 잠재력을 깨달은 기업들의 주도로 수익을 내기 위한 수단으로 적극 활용되었다. 인터넷 쇼핑몰이나 주식 거래 사이트가 발빠르게 등장했고, 신문이나 방송 같은 콘텐츠 회사는 자사 홈페이지를 구축해 여러 가지 정보를 제공했으며, 게임 회사는 현란한 동영상으로 무장한 인터넷 게임을 경쟁적으로 배포하기 시작했다.

그러나 2000년대 전후로 갑자기 블랙아웃 시대가 도래했다. 인터넷 버블이 한순간에 꺼져버렸다. 국내외 구분 없이 소위 잘 나간다던 인터넷 회사들이 하나둘씩 파산했고, 나 역시 국내 벤처 캐피털과 함께 인터넷 사업체를 설립하고 운영하는 일에 깊이 관여하고 있었는데 사업을 철수해야만 하는 쓰디쓴 경험을 했다. 당시 인터넷의 기반 기술로는 도저히 뒷받침할 수 없어 보였던 허무맹랑한 사업 제안서가 난무하는 상황과 천문학적인 액수의 펀딩을 끌어모으는 외국 사업자들을 보면서 무언가 잘못되어가고 있다는 생각을 안 한 것은 아니지만, 이렇게 급작스럽게 암흑 시대를 맞이할 줄은 예측하지 못했다.

이후 10년 가까운 인고의 시간을 거친 지금, 웹 2.0이라는 이름으로 소셜 컴퓨팅을 강조하는 여러 서비스가 등장했다. 페이스북과 같은 소셜 네트워크 서비스, 유튜브와 같은 소셜 미디어 서비스로 대표되는 이들은 몇 가지 공통적인 특징이 있다. 예전에 비해 일반 사용자가 훨씬 더 깊숙이 관여해 서비스를 만들고 활용할 수 있고, 직접 만든 콘텐츠를 혼자 소장하는 것이 아니라 여러 사람과 폭넓게 공유할 수 있다. 무엇보다 이 모든 행동이 반드시 경제적인 이유로 이루어지는 것이 아니라는 것에 주목할 필요가 있다. 과정 자체 혹은 결과물을 통해 다른 사람을 도울 수 있다는 가능성을 즐기는 사람들이 많아졌다.

인터넷은 앞으로도 계속해서 더 광범위하게 우리의 일상을 깊숙이 파고들 것이다. 최근 우리나라의 전통적인 교육기관 중 하나인 서당을 방문한 적이 있는데, 이곳 또한 인터넷을 적극적으로 활용하고 있었다. 시골에서 나무를 키우는 사람도 인터넷으로 도시 사람과 직접 거래를 한다. 서울 시내 지하철역 안에 설치된 쇼핑몰 디스플레이를 이용해 열차를 기다리는 동안 쇼핑하는 사람도 종종 눈에 띈다. 인터넷에서 사용할 수 있는 주소가 엄청난 숫자로 늘어나고 있다. 우리가 접하는 모든 사물과 사람들이 각자 자신의 인터넷 주소를 가지고 커뮤니케이션 하는 환경이 보급되면 인터넷은 우리 생활에 더 큰 영향을 미칠 것이다. 스마트폰이나 노트북보다 훨씬 더 작은 웨어러블 디바이스는 일상에서 인터넷을 접하는 시간을 획기적으로 늘려놓을 것이다. 애완견 대신 초소형 드론이 우리 삶의 동반자가 될지도 모른다. 이래저래 인터넷은 다시 한 번 우리의 삶을 송두리째 바꿀 준비를 마친 것 같다.

경험을 우선으로 생각해야 하는 이유

현대를 살아가는 우리의 삶에서 제품이나 서비스를 사용하는 경험은 매우 큰 부분을 차지한다. 불과 20년도 채 안 된 인터넷의 역사는 이런 경험의 양과 질을 더욱 증폭시키고 있다. 나의 하루만 들여다봐도 그렇다.

아침에는 스마트폰이 들려주는 알람 소리를 들으며 하루를 시작한다. 기상 알람과 함께 미리 설정해놓은 이벤트 알림 기능이 인터넷 캘린더에 저장되어 있는 나의 일정표를 확인하고 그날 소화해야 할 약속과 회의를 하나씩 읽어준다. "오늘 총 13건의 약속이 있습니다. 오전 8시 30분 연구실 리서치 미팅이……"로 시작하는 음성을 듣다 보면 눈이 떠질 수밖에 없다. 침실을 빠져나와 바로 서재에 들어가 인터넷으로 그날 하루의 성경 말씀을 읽고 묵상을 한 다음 지인들에게 이메일을 보내 묵상 내용을 나눈다. 이후 아파트 단지 지하에 있는 헬스장에서 인터넷으로 연결된 TV를 보며 러닝머신 위를 달린다. 운동을 마치고 집으로 올라와 식사하는 동안 식탁 위에 올려둔 아이패드로 오늘의 날씨와 주요 기사를 읽는다. 출근 준비를 마친 뒤 주차장에 주차되어 있는 자동차를 찾아 시동을 건다. 가장 먼저 내비게이션을 작동시키고 그날 아침 가장 덜 막히는 경로를 확인한다. 운전 중에 수시로 업데이트되는 교통 정보를 받으면서 최단 시간에 학교에 도착한다. 학교에 도착해 자리에 앉으면 새로 온 이메일을 확인하고 답장한다. 이 업무가 끝나면 오전 중에는 현재 진행 중인 연구 프로젝트와 관련된 논문이나 자료를 읽으며 생각을 정리한다. 모든 자료는 아이패드로 읽고 중요한 부분이나 생각을 정리한 내용도 아이패드에 기록한다. 정리한 내용은 연구를 함께 진행하고 있는 사람들에게 이메일로 전송한다. 오후에는 주로 회의나 미팅을 한다. 마찬가지로 나는 아이패드를 가지고 회의에 참석한다. 그때그때 중요한 내용을 기록하고, 회의 중 필요한 정보는 인터넷으로 바로 검색한다. 내가 기록한 모든 내용은 미리 설정해놓은 인터넷 클라우드 서비스의 웹하드에 자동으로 저장된다. 일정을 마치고 퇴근하는 길에도 역시 내비게이션을 작동시킨다. 집에 도착해서는 해외에 있는 아들이나 친지들과 화상 통화를 한다. 하루의 일과를 마무리할 때가 되면 아이패드를 들고 침대로 가서 최근 뉴스를 읽다가 잠이 든다. 내가 잠을 자는 동안 웨어러블 팔찌가 나의 수면 상태를 모니터링한다.

독자들에게는 약간 과장되게 들릴지 모르겠지만, 위에서 고백한 그대로 나의 일상은 대부분 IT 제품이나 서비스를 사용하는 경험으로 구성되어 있다. 즉 나는 나의 삶을 이 같은 제품이나 서비스를 사용하는 경험으로 채워간다고 할 수 있다. 제품이나 서비스를 사용하는 경험이 의미 있고 가치 있고 조화로울수록 나의 인생 자체가 의미 있고 가치 있고 조화로운 인생이 된다. 이것은 결국 내 삶의 전반적인 질을 결정하고 있다.

우리는 궁극적으로 우리의 삶이 의미 있고 가치 있고 조화로운 삶이 되기를 바랄 것이다. 따라서 본능적으로 자신에게 의미 있고 가치 있고 조화로운 경험을 제공해주는 제품이나 서비스를 선호한다. 물론 때로는 이 같은 제품이나 서비스에 둔감하거나 오해할 수도 있다. 그러나 365일 24시간 끊이지 않고 계속되는 경험의 특성상, 그와 같은 무관심이나 오해는 오래가지 않는다. 따라서 우리들에게 의미 있고 가치 있고 조화로운 경험을 주는 제품이나 서비스는 결국 시장에서 살아남고 시장 지배적인 위치를 차지할 수밖에 없다. 그런 만큼 개발자나 디자이너는 어떤 제품이나 서비스를 디자인할 때 그것을 사용하는 사람이 어떤 경험을 할 것인가에 초점을 맞춰야 한다. 그것이 결국 제품이나 서비스가 성공할 수 있는 필요충분조건이기 때문이다. 더 나아가 그런 제품이나 서비스를 디자인하는 삶 또한 의미 있고 가치 있고 조화로워질 것이다.

큰 틀에서 보는 경험 디자인

제품이나 서비스를 사용하면서 얻게 되는 경험에 초점을 맞춘 디자인, 즉 '경험 디자인'은 그림 1처럼 크게 네 단계로 구성되어 있다.

첫 번째는 당연하게도 사람이 제품이나 서비스를 사용하면서 얻는 경험이다. 이것은 2장에서 자세하게 이야기한 세 가지 경험의 실타래로 설명 가능하다. 감각적 경험의 실타래는 우리가 듣고 보고 만지고 냄새 맡고 맛보며 직접 지각하고 반응하는 경험이다. 예를 들어 소셜 네트워크 게임을 하면서 눈으로 보고 귀로 듣고 마우스를 클릭하고 그 결과를 느끼는 것이 감각적 경험이다. 또 판단적 경험의 실타래는 나의 경험이 나의 필요나 욕구를 어떻게 얼마나 충족시켰는지를 판단하게 하는 경험이다. 예를 들어 소셜 네트워크 게임을 하는 것이 재미있고, 게임을 할수록 게임 능력이 향상되어 즐거운 감정이 더욱 커졌다고 판단하는 것이 판단적 경험이다. 마지막으로 구성적 경험의 실타래는 경험을 이루고 있는 여러 가지 경험 요소들의 관계에 따른다. 예를 들어 소셜 네트워크 게임을 하면서 함께 게임하는 내 친구와의 관계나 게임과 연결되어 있는 다른 애플리케이션을 이용하는 경험을 말한다. 제품이나 서비스 사용자

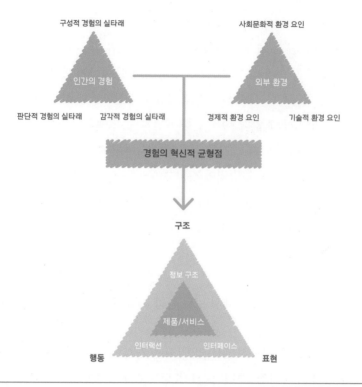

그림 1. 경험 디자인의 큰 틀

의 총체적 경험을 이처럼 세 가지 실타래로 분석하는 것이 경험 디자인의 첫 번째 단계이다.

　두 번째는 3장에서 설명한 것처럼 우리의 경험을 둘러싸고 있는 환경의 영향을 이해하는 것이다. 우리가 일상생활에서 경험하는 것은 우리를 둘러싼 환경과 끊임없이 상호작용한 결과이다. 상호작용하는 환경이 어떤 특성을 가지며 우리의 경험에 어떤 영향을 미치는지, 그리고 우리 행동 또한 환경에 어떤 영향을 미치는지 살펴봐야 한다. 환경은 크게 세 가지 관점으로 나눌 수 있다. 사회문화적 환경 요인은 제품이나 서비스 사용자의 태도나 인식, 행동과 관련된 것이다. 예를 들어 핵가족화가 심해져 퇴근하고 집에 돌아와도 가족과 이야기 나눌 기회가 점점 줄어들거나, 인터넷상의 정체성과 친구 관계를 중요하게 생각하는 경향 속에서 소셜 네트워크 게임이 단순한 게임을 넘어 인간관계를 구축하는 중요한 사회적 도구로 작용하는 현상이다. 경제적 환경 요인은 자신의 경험을 위해 기꺼이 지불하는 금액에 미치는 영향이다. 예를 들어 전체 경기가 나빠져 세금이 오르고 금리가 낮아지면 지출을 줄이고자 하는 마음이 생기는데, 이러한 환경은 한푼이라도 더 저렴한 가격으로 원하는 제품이나 서비스를 구매하려는 욕구를 느끼게 하고, 공동구매나 쿠폰 활용을 적극적으로 유도하는 소셜 쇼핑이 인기를 얻는 데 중요한 요인이 될 수 있다. 기술적 환경 요인은 특정 제품이나 서비스와 관련된 기술의 성숙도와 향후 발전 가능성 등 기술과 관련된 제반 환경 요인을 모두 포함한다. 예를 들어 소셜 네트워크 게임에서 사용자 간의 관계를 엮어주는 새로운 알고리즘의 등장이 사람들의 경험에 영향을 미칠 수 있다.

세 번째는 제품이나 서비스의 특징이다. 1장에서 이야기했던 것처럼 모든 제품이나 서비스의 디자인은 크게 세 가지 측면을 가진다. 첫째는 구조적인 측면이다. 제품이나 서비스를 구성하고 있는 요소로는 어떤 것들이 있고, 그것이 어떤 관계로 조합되어 있는지를 통해 확인할 수 있다. 스마트폰이나 소셜 네크워크 서비스와 같은 디지털 제품이나 서비스에서는 5, 6, 7장에서 디자인 요소로 다룬 정보 구조가 대표적인 구조적 요소이다. 둘째는 행동적인 측면이다. 이는 제품이나 서비스가 사용자의 행동에 어떻게 반응하는지를 의미한다. 디지털 제품이나 서비스에서는 인터랙션 기능이 대표적인 행동적 측면의 디자인 요소로 꼽힌다. 셋째는 표현적인 측면이다. 제품이나 서비스가 사용자에게 어떻게 표현되는지를 의미한다. 디지털 제품이나 서비스에서는 인터페이스 디자인이 대표적인 표현적 측면의 디자인 요소이다.

네 번째는 사람의 경험 요소와 환경 요소 사이에서 찾는 균형점이다. 경험과 환경 사이에는 팽팽한 긴장이 존재한다. 즉 우리들이 처해 있는 환경의 여러 요인은 현재의 경험과 앞으로 하고 싶은 경험에 지대한 영향을 미친다. 따라서 환경의 특성도 중요하지만 환경이 사람의 경험에 미치는 영향도 이해해야 한다. 사회문화적, 기술적, 경제적 환경의 변화가 특정 제품이나 서비스를 사용하는 경험에 감각적, 판단적, 구성적으로 어떤 영향을 미치는지 이해하는 것이다. 동시에 사용자의 현재 경험과 앞으로 원하는 경험도 사회문화적, 기술적, 경제적 환경에 영향을 미친다. 사람의 경험은 환경에 영향을 받을 뿐 아니라 역으로 환경에 영향을 미치기 때문이다. 서로 영향을 주고받으면서 적절하게 균형을 이루는 점이 바로 3장에서 자세하게 설명하고 있는 경험의 균형점이다.

여기에 두 가지 더 강조할 것이 있다. 먼저, 얼핏 보면 앞서 이야기했던 세 가지 경험의 실타래와 세 가지 디자인 요소가 비슷해 보이기도 한다. 감각적 경험의 실타래는 인터페이스, 판단적 경험의 실타래는 인터랙션, 그리고 구성적 경험의 실타래는 정보 구조와 일대일로 대응하는 것으로 보이기 때문이다. 그러나 세 가지 경험의 실타래는 사람의 경험을 이야기하는 것이고, 세 가지 디자인 요소는 제품이나 서비스의 특성을 의미하는 것이다. 비록 인터페이스 디자인 요소가 사람의 감각적 경험에 큰 영향을 미치기는 하지만 인터랙션 기능이나 정보 구조도 감각적 경험에 중대한 영향을 미칠 수 있다. 따라서 사람의 경험과 제품이나 서비스의 디자인을 구분하여 이해하는 것이 필요하다.

또 하나 강조할 점은 우리가 일반적으로 사용자 경험을 디자인할 때 주로 미시적으로 현재 사용자가 어떤 경험을 하고 앞으로 어떤 경험을 원하는지 분석하는 것부터 차근차근 접근하는 경향이 있다는 것이다. 이 방법의 장점은 사용자를 중심으로 그들이 생각하고 원하는 것에 초점을 맞출 수 있다. 그러나 이 방법에는 단점도 있다. 사용자가 무언가를 원할 때 그것을 원하는 이유를 설명하기 어렵다는 점이다. 왜 특정 경험 요인이나 특정 디자인 요소가 현재의 환경에서 효과적인지 설명하기 어려운 경우가 종종 있다. 기존의 제품이나 서비스도 사람의 경험을 생각하지 않고 기술적 가능성이나 경제적 이유, 사회문화적 경향을 기반으로만 기획된 사례가 많다. 이때 미시적 접근은 어떤 제품이나 서비스가 상업적으로 성공할 가능성이 높은지 설명할 수 있다. 그러나 그렇게 디자인된 제품이나 서비스가 실제로 사용자에게 어떤 경험을 제공할 것인지, 사용자가 그 경험을 어떤 감정으로 수용할 것인지 명확하게 설명할 수는 없다. 따라서 사람의 경험을 위한 디자인은 그림 1처럼 미시적으로 사용자의 현재 경험을 이해하고 거시적으로 환경이 사용자의 경험에 미치는 영향을 이해함으로써 두 가지 관점 사이에서 균형점을 찾아 제품이나 서비스의 구조와 행동 및 표현 디자인으로 풀어내야 한다. 이 방법을 통해 진정한 경험을 제공할 수 있는 제품이나 서비스 디자인이 가능해진다.

큰 틀은 알겠는데 실제로는 어떻게 해야 하나

이 책은 경험을 위한 디자인 기술을 제시하지 않는다. 그보다는 사람의 경험이 어떻게 구성되어 있고 어떤 원리를 가지고 있으며, 각 경험에서 중요한 사용 경험 요인에는 어떤 것이 있고 각 경험 요인을 제공하기 위해 필요한 디자인 요소에는 어떤 것이 있는지를 설명했다. 그런 의미에서 이 책은 경험 디자인의 원리와 원칙을 다룬 책이라고 할 수 있다. 그렇다면 이런 원리와 원칙을 이용해서 제품이나 서비스를 사용하는 사람들의 경험을 위해 디자인하는 실제 과정은 어떨까?

지금까지 다룬 원리와 원칙을 실제 활용하는 방법을 현대 사회를 살아가는 우리 인생의 '동반자' 역할을 하는 웨어러블 디바이스, 즉 컴패니언 디바이스companion device를 디자인하는 가상 프로젝트로 예를 들어보겠다. 여기에서 실제 프로젝트가 아닌 가상 프로젝트로 설명하는 이유는 절차나 원리를 좀 더 충실하게 언급하기 위해서이다. 동반자는 항상 함께하며 가치를 공유하고 경험을 공유하는 대상을 의미한다. 대표적인 예로 오랜 결혼 생활을 함께하는 배우자나 어렸을 때부터 사귄 죽마고우, 최근 들어 폭발적으로 증가한 반려동물을 들곤 한다. 하지만 평균 수명이 길어지고, 가족의 범위가 줄어들고, 우리를 둘러싼 모든 사물이 각자의 인터넷 주소를 갖게 되는 사물인터넷 환경이 도래하면서 작고 가벼운 웨어러블 디바이스로 인생의 동반자를 만들려는 다양한 실험들이 시도되고 있다. 이 '동반자 경험'을 위한 가상의 프로젝트로 경험을 위한 디자인의 절차와 원리를 풀어가보자.

가상 프로젝트 1단계:
동반자 경험이란 과연 무엇일까

동반자 경험을 위한 디자인의 첫 번째 단계에서는 사람들이 현재 인생의 동반자와 함께 어떤 경험을 하고 있으며 앞으로 어떤 경험을 하길 바라는지 파악하는 것이 우선이다. 이를 위해 나이가 많은 중년이나 노년 부부를 대상으로 인터뷰를 진행한다. 인터뷰는 주로 부부가 함께 참여하겠지만, 최근에 배우자를 잃은 사람의 인터뷰도 추가로 진행한다. 항상 옆에 있던 배우자와 더 이상 함께하지 못하는 사람에게 어떤 아쉬움을 느끼는지 물어본다. 그와 동시에 한참 성장기에 있는 중고등학생을 대상으로도 인터뷰를 진행한다. 가장 친한 친구에게서 어떤 위안과 도움을 받고 있는지 물어본다. 더불어 대표적인 반려동물인 애완견을 기르는 사람들을 대상으로도 인터뷰를 진행한다. 애완견을 기르면서 어떤 점이 좋고 어떤 점이 불편한지와 주로 어떤 경험을 하는지 등을 묻는다. 특히 주인과 애완견이 함께 시간을 보내는 과정에 참여해 주인이 느끼고 생각하는 모든 것을 그때그때 물어보는 맥락 질문법contextual inquiry으로 인터뷰를 진행한다.

그와 동시에 인문학과 사회과학 분야에서 진행된 동반자에 대한 기존 연구를 탐색한다. 일단 가장 보편적으로 사용하는 개념을 찾는다. 예를 들어 동반자라는 개념은 사람들이 인생의 근본적인 만족이나 즐거움을 위해 여러 가지 경험를 함께하는 일종의 사회적 관계의 대상이라고 정의할 수 있다.[1] 이 같은 대표 개념을 탐색하는 이유는 불확실하고 모호한 개념을 명확하게 만들고 앞으로의 프로젝트를 위한 바탕으로 사용할 수 있기 때문이다. 동반자가 수단이 아니라 행동과 경험을 공유하며 관계를 맺는 대상이라고 정의함으로써 우리가 앞으로 개발하고자 하는 동반자 경험을 제공할 기기에 대한 전반적인 특징을 기술할 수 있다. 이와 함께 좀 더 세부적인 내용을 발견하기 위해 밀접하게 관련 있다고 예상되는 분야에서 문헌 조사를 실시한다. 예를 들어 결혼 생활과 배우자에 대한 연구를 주로 사회과학이나 심리학 분야에서 찾아본다.[2] 이러한 조사를 바탕으로 동반자의 역할을 파악할 수 있다. 동반자는 서로의 상황을 이해하고 사랑하고 함께 험난한 세상을 극복해나가는 것으로 이해될 것이다. 애완견에 대한 연구는 주로 동물행동학이나 심리학 분야에서 탐색한다.[3] 인생의 친구에 대한 연구는 주로 교육학이나 발달심리학 분야에서 진행할 수 있다.[4]

가상 프로젝트 2단계:
동반자 경험과 영향을 주고받는 환경 요인을 찾아보자

그렇다면 동반자 경험과 관련해 주목해야 할 환경 변화로는 무엇이 있을까? 최근 들어 1인 가구의 증가로 컴패니언 디바이스의 필요성도 함께 증가하고 있다. 직장을 가지고 웬만한 소득 수준을 유지하고 있을지라도 집에서 혼자 있는 시간이 늘수록 컴패니언 디바이스의 역할이 더욱 중요해질 것이다. 노년 인구의 증가도 컴패니언 디바이스의 증가를 부추긴다. 자녀들이 떠난 텅 빈 집을 지켜줄 동반자가 필요하기 때문이다. 실제 우리 동네에서는 나이가 지긋한 중년 부부가 아이 대신 반려동물을 데리고 다니는 것을 종종 볼 수 있다. 그뿐만 아니라 독거 노인이나 맞벌이 가정의 아이도 하루 중 많은 시간을 집에서 혼자 지낸다. 이에 따라 컴패니언 디바이스의 역할은 더욱더 중요해지고 있다.

요즘 길을 다니다 보면 새로운 애완동물 숍이 많이 생긴 것을 볼 수 있다. 이는 가처분 소득이 늘어남에 따라 생긴 현상이라고 할 수 있다. 경제적으로 가처분 소득이 늘어나면서 컴패니언 디바이스에 지출할 용의

가 있는 소비자의 수도 늘어났다. 더불어 소득의 증가는 좀 더 감정적으로 몰입된 욕구를 실현시킬 가능성을 높이므로 실재감을 높이는 기술이 발전할 수 있는 토대를 제공한다.

최근 들어 개발되고 있는 웨어러블 디바이스나 사물인터넷, 센싱 등의 기술은 컴패니언 디바이스를 기술적으로 가능하게 만든다. 특히 갈수록 경량화되고 있는 모터와 충전 기술이 장시간 사람 옆에서 함께 생활할 수 있는 기기를 개발하는 데 탄탄한 기반이 된다. 이러한 기술의 발전은 사람 대신 많은 양의 정보를 축적하고 계산해 스스로 웬만한 의사결정을 내리는 것을 가능하게 만들고, 이는 판단의 기인점을 좀 더 외재적인 위치로 가져갈 것이다. 특히 사물인터넷은 사용자가 주위에 있는 사물이나 타인과 언제 어디서든지 관계를 형성할 수 있도록 도와줄 것이기 때문에 구성적 경험의 밀도를 높일 가능성이 많다. 반면 컴패니언 디바이스 자체가 구조적 공백을 메우는 중심 기기 역할을 하면 사용자가 네트워크의 중심에서 벗어날 가능성도 높아지기 때문에 관계의 중심성은 오히려 낮아질 수 있다.

가상 프로젝트 3단계:
동반자 경험의 균형점은 어디에 있을까

그렇다면 컴패니언 디바이스를 사용하는 경험의 균형점은 어디에 있을까? 컴패니언 디바이스의 대표적인 예로 스마트폰을 들 수 있다. 현재 스마트폰은 여러 가지 용도로 사용되고 있지만 삶의 동반자라는 점을 강조해 마케팅하는 사례를 보면 컴패니언 디바이스로서의 가능성도 높다고 할 수 있다. 지금까지 스마트폰이 지속적으로 변해온 방향을 보면 기기가 커지고 기술이 고도화되면서 실재감은 더 높은 방향으로 진화되었다. 또 유희적 목적이나 기능적 목적을 모두 만족시키면서 점점 더 많은 부분을 자동화하며 발전되어왔기 때문에 외재적 기인점이 강해졌다. 마지막으로 관계의 응집도 측면에서는 스마트폰과 연결되는 애플리케이션이나 다른 기기들이 점점 많아지고 있다는 점에서 밀도가 높아졌지만, 스마트폰을 중심으로 다른 기기나 사람들이 서로 연결되어 있기 때문에 스마트폰을 사용하는 사용자의 중심성은 낮아진다.

이러한 경향을 바탕으로 컴패니언 디바이스 측면에서 스마트폰에 대한 부조화와 갈등이 상당히 높아진 추세이다. 스마트폰은 내·외재적 가치를 모두 제공하지만 가격이 지나치게 비싸졌고 기기의 크기는 너무 커졌기 때문이다. 따라서 현재 갈등의 크기만큼 지금까지 지속된 변화와 정반대 방향으로 급변할 가능성이 매우 높아졌다. 이 같은 상황에서 새로운 컴패니언 디바이스는 우리에게 어떤 경험을 주는 방향으로 나아갈지, 그 변화를 여섯 가지 경험 고리, 즉 5-7장에서 조절 요인에 영향을 주는 주요 속성을 중심으로 살펴본 경험 요인을 통해 예측해볼 수 있다. 그림 2는 경험을 위한 디자인의 여섯 가지 고리를 요약해 설명한다.

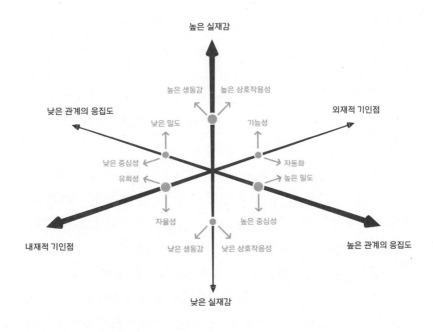

그림 2. 경험을 위한 디자인의 여섯 가지 경험 고리

감각적 경험의 조절 요인인 실재감에 영향을 주는 두 가지 경험의 속성은 바로 생동감이라는 지각적 경험 속성과 상호작용성이라는 행동적 경험 속성이다. 생동감은 특정 매체에서 사람들의 감각에 제공되는 자극이 얼마나 풍부하게 표현되었는지, 상호작용성은 어떤 대상을 사용자가 얼마나 많이 변형시킬 수 있는지를 의미한다. 이 두 가지 속성은 감각적 경험의 실재감에 상승 효과를 준다. 즉 생동감도 높고 상호작용성도 높으면 사람들이 경험하는 실재감이 매우 높을 것이고, 반면 둘 다 낮으면 실재감도 매우 낮을 것이다. 이는 5장에서 자세하게 설명하고 있다.

판단적 경험의 조절 요인인 기인점에 영향을 주는 경험 속성은 바로 경험의 결과적 속성을 가진 유희성과 기능성, 그리고 경험의 절차적 속성을 가진 자동화이다. 여기에서 기능적 가치는 어떤 목적을 달성하기 위한 수단으로 사용되는 것인 반면, 유희적 가치는 경험의 과정 자체가 즐겁고 재미있는 것을 의미한다. 자동화 수준은 사람들이 직접 수행하던 역할을 기계나 시스템이 대신 수행하는 수준을 의미한다. 이 속성들은 기인점에 상승 효과를 줄 가능성이 높다. 즉 경험의 목적이 유희에 있고 제품의 자동화 수준이 낮아 사용자 주도성이 높으면 사용자가 자신의 경험 가치를 내재화할 가능성이 높을 것이고, 반면 경험의 목적이 기능에 있고 제품의 절차에서 자동화 수준이 높으면 경험의 가치를 외재적으로 판단할 가능성이 높을 것이다. 이는 6장에서 자세하게 설명하고 있다.

구성적 경험의 조절 요인인 관계의 응집도에 영향을 주는 두 가지 경험 속성은 바로 경험 요소들 간의 개별적인 연관성을 대변하는 밀도와 전체 구성 요소들의 분포적인 특징을 대변하는 중심성이다. 밀도는 한 집단 내에 전체 구성원들이 서로 얼마나 많은 관계를 맺고 있는지로 판단한다. 중심성은 사용자가 다른 기기나 다른 사용자와 구성한 네트워크의 중심에 얼마나 가깝게 자리하고 있는지로 판단한다. 이 두 가지 요소는 관계의 응집도에 상승 효과를 줄 가능성이 높다. 즉 밀도도 높고 중심성도 높으면 사용자가 느끼는 경험의 응집도는 매우 높을 것이고, 반면 밀도도 낮고 중심성도 낮으면 경험의 응집도는 매우 낮을 것이다. 이는 7

장에서 자세하게 설명하고 있다.

이 단계에서 중요한 점은 각각의 경험에서 두 가지 속성으로 분류되는 경험 고리들이 상승작용을 일으킨다는 것이다. 이를 '경험 고리의 쌍끌이 작용'이라고도 한다. 경험의 실타래 한쪽 끝에 고리가 하나밖에 없으면 원하는 방향으로 끄는 것이 힘들다. 그 고리를 잡은 실이 미끄러질 우려가 있기 때문이다. 그러나 한쪽 끝이 양 갈래로 나뉘어 있고 이 둘이 서로 연결되어 있으면 미끄러질 염려가 줄어든다. 왜냐하면 양 갈래로 분산된 고리가 서로를 지탱하면서 상승작용을 일으키기 때문이다. 그래서 각 차원을 두 가지 속성을 가진 고리로 조정하는 것에 중요한 의미가 있다. 경험 고리의 쌍끌이 작용을 그림으로 표현하면 그림 3과 같다.

이 단계에서 또 하나 중요한 점은 각 경험 고리의 연관성을 점검하는 것이다. 예를 들어 판단적 경험에서 자동화가 높은 제품일수록 감각적 경험의 상호작용성을 낮추는 것이 좋을 수 있다. 반대로 구성적 경험에서 사용자의 중심성이 높을수록 판단적 경험의 자동화 수준을 줄이는 것이 좋을 수 있다. 이처럼 고리들 간의 연관성은 특정 제품이나 서비스의 성격에 따라 결정되는 것이기 때문에 선험적으로 정의할 수는 없다. 그러나 각 경험 고리의 성격이 정해지고 나면 고리들 간의 상호 모순은 없

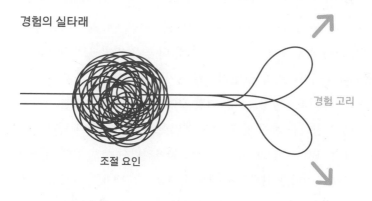

경험의 실타래

조절 요인

경험 고리

그림 3. 경험 고리의 쌍끌이 작용

는지 반드시 확인해야 하고, 이를 기반으로 목표하는 균형점을 달성할 방법을 찾아 경험이 가진 속성의 수준을 변경해야 한다. 예를 들어 기인점을 외재적으로 가져가기 위해 자동화 수준을 높이는 동시에 실재감을 위해 상호작용성 수준도 높여 이 둘 사이에 충돌이 발생했다고 가정해보자. 이때의 해결책으로 상호작용성을 조금 낮추더라도 대신 생동감을 높여 실재감을 키우거나, 아니면 자동화 수준을 조금 낮추더라도 기능적 가치를 올려 기인점을 외재적으로 가져가는 방법을 찾을 수 있다. 이와 같이 여섯 개의 고리들 간의 상관관계를 점검하는 것은 이 단계에서 반드시 수행해야 할 사항 가운데 하나이다.

다시 웨어러블 디바이스를 통한 동반자 경험의 사례로 돌아가자. 감각적 경험에서 생동감은 오히려 낮아질 가능성이 많다. 왜냐하면 지금까지 생동감을 높이는 방향으로 기기가 커지고 고급스러워졌지만 이제는 그 한계점에 다다라 지나치게 크고 비싸졌기 때문이다. 반면 상호작용성은 더 높아질 가능성이 크다. 사용자가 컴패니언 디바이스와 자신의 모든 생활을 공유하면서 자연스럽게 사용자와 기기의 상호작용이 증가하는 것은 물론, 타인과의 상호작용도 기기의 도움으로 증가해 좀 더 깊은 사회적 관계를 맺어갈 것이기 때문이다. 컴패니언 디바이스는 인생의 본질적 만족과 즐거움에 초점을 맞추고 있기 때문에 경험의 목적으로 유희를 주로 고려할 것이며, 가급적 많은 부분의 주도권을 시스템에 위임해 사용자는 그저 꼭 필요한 판단과 결정을 하는 것만으로 충분해질 것이다. 구성적 경험에서 관계의 밀도는 당연히 더 높은 방향으로 진화할 것이며, 컴패니언 디바이스가 중점 기기가 되기보다는 사용자가 다른 기기들과 연동해 사용하는 방향으로 발전할 것이기 때문에 사용자는 사용자 중심성이 높은 경험을 하게 될 것이다. 이러한 경험 고리들의 관계로 상호작용성이 높아지고 시스템의 주도권이 높아지면서 서로 간에 효과가 상충될 수도 있다. 이를 완화하기 위해서 사용자의 내재적 즐거움에 좀 더 초점을 맞춰 유희적 가치를 강화하는 방안을 모색할 수도 있다.

가상 프로젝트 4단계:
균형점을 이루기 위한 경험 요인은 무엇일까

앞에서 경험 고리들이 결정되면, 이를 바탕으로 해당 고리와 밀접한 관계에 있는 사용 경험 요인들을 선정한다. 실제 제품이나 서비스에서 구현할 수 있는 디자인 요소를 선택하기 위해 필요한 과정이다.

감각적 경험의 두 가지 중요한 경험 고리는 생동감과 상호작용성이었다. 그런데 이 두 요소는 매우 추상적인 특성을 가진다. 이를 디자인 요소들과 연결시키기 위해서는 경험 고리와 디자인 요소 사이에 구체적인 사용 경험 요인들이 있어야 한다. 생동감에 영향을 미치는 사용 경험 요인으로는 서사성, 구체성, 매체의 풍요성이 있다. 상호작용성에 영향을 미치는 사용 경험 요인으로는 제어성, 의미교환성, 동시성이 있다. 이는 이 책의 5장에서 자세하게 설명하고 있으며, 이를 요약하면 그림 4와 같다.

감각적 경험의 실타래

그림 4. 생동감과 상호작용성에 영향을 미치는 사용 경험 요인과 디자인 요소

판단적 경험의 경험 고리는 기능적 가치와 유희적 가치, 그리고 사용자 주도성과 시스템 주도성이었다. 유희적 가치를 높이는 사용 경험 요인으로는 뜻밖의 즐거움과 오락성이 있다. 기능적 가치를 높이는 사용 경험 요인으로는 호환성과 일관성이 있다. 사용자 주도성을 높이는 사용 경험 요인으로는 특화성과 도전성이 있다. 시스템 주도성을 높이는 사용 경험 요인으로는 에이전트 인지성과 적응성을 들 수 있다. 이는 6장에서 자세하게 설명하고 있으며, 이를 요약하면 그림 5와 같다.

구성적 경험의 두 가지 경험 고리는 밀도와 중심성이었다. 밀도도 높고 중심성도 높을 때 중요한 사용 경험 요인으로는 호혜성이 있다. 밀도는 높지만 중심성이 낮을 때 중요한 사용 경험 요인으로는 복잡성이 있다. 밀도는 낮은데 중심성이 높을 때 중요한 사용 경험 요인으로는 현저

판단적 경험의 실타래

그림 5. 기능적-유희적 가치와 사용자-시스템 주도성에 영향을 미치는 사용 경험 요인과 디자인 요소

성이 있다. 밀도도 낮고 중심성도 낮을 때 중요한 사용 경험 요인으로는 유사성이 있다. 이는 7장에서 자세하게 설명하고 있으며, 이를 요약하면 그림 6과 같다.

그렇다면 여섯 가지 경험 고리에 대한 분석을 기반으로 컴패니언 디바이스에서 중요한 사용 경험 요인을 찾아보자. 일단 구성적 경험에서 중점적인 사용 경험 요인인 호혜성을 고려해야 한다. 컴패니언 디바이스는 어느 정도 대등한 동반자 관계를 기본으로 하고 있기 때문에 사람과 기기 그리고 사람과 사람 간의 쌍방향 상호작용이 어느 한쪽으로 치우치지 않고 비슷한 수준으로 주거니 받거니 하는 경험을 가능하게 만드는 것이 중요하다. 판단적 경험 측면에서는 유희를 위한 오락성에 주목해야 할 필요가 있다. 사용자가 제품과 상호작용을 하면서 사소한 것에서도 즐거움과 재미를 느낄 수 있게 만들어야 한다. 기기의 주도성을 높여주는 사용 경험을 위해서는 에이전트를 인지하는 경험이 필요하다. 컴패니

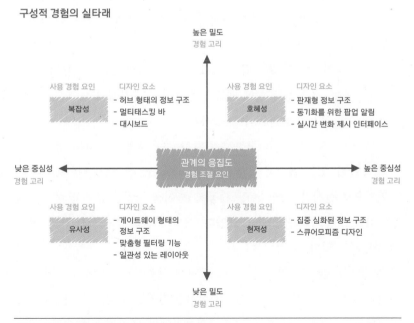

그림 6. 밀도와 중심성에 따른 사용 경험 요인과 디자인 요소

309

언 디바이스를 사용하는 사용자에게 누군가와 무엇인가를 공유하는 느낌을 주는 것이 중요하기 때문이다. 상호작용성을 높이기 위해서는 의미 교환이 원할한 경험이 필요하다. 사람과 컴패니언 디바이스 간의 유기적인 소통을 통해 새로운 의미를 만들어갈 수 있게 해야 한다. 또한 서사성을 높이는 방법도 효과적일 수 있다. 서사성은 인간이 시간의 흐름에 따라서 자신이 경험한 여러 가지 사건들 사이의 인과관계를 마음속에 구축하는 것이다. 서사성이 높은 경험은 사용자가 생생한 이야기의 형상을 마음속에서 자발적으로 구축하게 만들어 경험의 실재감을 높이기 때문에 컴패이언 디바이스의 실재감을 높이는 데에도 효과적이다.

가상 프로젝트 5단계:
핵심적인 경험을 제공하는 디자인 요소는 무엇일까

위와 같이 사용 경험 요인이 도출되고 나면 각각의 사용 경험 요인을 실제 제품을 통해 제공하기 위한 디자인 요소를 파악해야 한다. 다시 컴패니언 디바이스의 예로 돌아가보자. 사용자가 컴패니언 디바이스를 에이전트로 인지해 상호 호혜적인 관계를 구축하고, 서로 간의 원할한 의미 교환을 가능하게 하는 동시에 제품을 사용하는 과정에서 오락성도 높은 경험을 위한 디자인을 만들 수 있을까?

상호 호혜적인 관계를 구축하기 위해서는 언제 어디서든 정보를 직접 접촉할 수 있는 편재형 정보 구조를 구축하고, 관련된 구성 요소에 전방위적으로 실시간 업데이트를 제공하고, 이를 팝업과 같은 방식을 통해 적극적으로 동기화해줄 필요가 있다. 이와 관련해서는 7장에서 자세하게 설명하고 있다.

오락성을 높이기 위해서는 직조작형 인터페이스를 차용해 사용자가 직접 대상을 조작하고 조작 결과가 실시간 다양한 양상으로 사용자에게 전달되도록 하는 것이 효과적이다. 사용자에게 에이전트를 순간적으로 명확하게 인지시키기 위해서는 사용자가 앞으로 취하고자 하는 행위나 목적을 예측하고 해당 상황에 맞게 상호작용 기능을 제공하는 것이 효과적이다. 좀 더 자세한 내용은 6장을 참고하면 된다.

또 원활한 의미 교환을 위해서는 사용자가 능동적으로 참여해 정보를 교환하는 참여형 인터페이스를 제공하는 것이 좋다. 사람들이 능동적 행위자로 참여할 수 있는 여러 가지 기능을 제공하는 것이다. 서사성은 심볼 디자인과 밀접한 관계가 있다. 그래서 메타포 기반의 인터페이스, 메타포 기반의 인터랙션, 서사를 이용한 정보 구조 같은 디자인 요소들이 서사성이 높은 경험을 유도하는 데 효과적이다. 서사성을 구현 하는 방법은 이 책의 5장을 참고하면 된다.

단 여기서 몇 가지 주의할 점이 있다. 가상 프로젝트에서 설명한 것처럼 경험을 위한 디자인이 마치 순차적인 단계를 거쳐 진행되는 것으로 보이지만, 실제로는 여러 작업들이 동시에 병렬적으로 진행된다. 이 책에서 순차적으로 서술한 것은 설명의 편의를 위한 것임을 짚고 넘어가겠다. 또한 모든 것이 한 번에 결정되는 것처럼 보이지만 이 과정은 점진적이고 반복적으로 이루어진다. 디자인 요소를 생각하다가 새로운 경험 요인을 발견할 수도 있고 경험 고리가 바뀔 수도 있기 때문이다. 그렇다면 이런 복잡하고 어려운 경험 디자인을 기업에서 효과적으로 수행하는 방법은 무엇일까? 그러기 위해서는 어떤 조직이 필요할까?

기업에서 경험을 위한 디자인을 잘하려면

인간의 경험은 주관적이며 역동적으로 변하기도 하고 맥락의 영향을 받기도 한다. 따라서 경험을 위한 디자인은 미시적인 인간의 경험과 거시적인 환경의 변화, 그리고 점진적 혁신과 파괴적 혁신을 함께 생각해야 하고, 이를 구체적인 경험 요인과 디자인 요소로 구현해야 한다. 그렇다면 기업이나 조직에서 경험 디자인을 효과적으로 실천하려면 사전에 어떻게 준비해야 할까?

첫째, 경험을 위한 디자인은 인문학과 사회과학 이론에 대한 깊은 이해가 필요하다. 경험은 사람이 하는 것이지 제품이나 서비스가 대신 해주는 것이 아니다. 따라서 경험에 대해 이해하기 위해서는 사람을 먼저 이해해야 한다. 인문학이나 사회과학은 결국 인간을 이해하기 위한 학문이다. 이것은 핵심이 되는 경험 요인을 탐색하는 과정에서 적절한 나침반이 되어준다. 예를 들면 오락성이라는 개념을 설명할 만한 대표적인 이론은 이미 인문학이나 사회과학에서 연구된 것이다. 수십 년 동안 인간이 하는 놀이와 그 과정에서 얻는 재미에 대한 연구들이 진행되어왔다.[5] 이러한 이론들을 살펴보면 인간이 오락성을 경험하기 위해 필요한 요인으로는 어떤 것이 있고, 오락성이라는 경험은 어떤 종류로 구성되어 있는지 알 수 있다. 더 나아가 기존 연구들을 통해 전통적인 놀이의 어떤 특징이 사용자에게 강한 오락성을 제공해주는지를 알아본다. 이는 제품이나 서비스의 구조적, 기능적, 표현적 디자인 요소로 치환할 수 있는 단서를 제공해준다.

그러나 일반 중소 기업에서 인문학이나 사회과학 이론까지 섭렵한 인재를 키우거나 조직을 운영하는 것은 현실적으로 어렵다. 이 점이 대학과 맺는 산학 협력이 절실하게 필요한 대목이다. 기존의 산학 협력에서는 학생들을 동원해 사용 경험에 대한 정성적인 사용자 조사를 하는 쪽으로 치중된 경향이 있었다. 이것이 잘못된 것은 아니지만 사용자 조사만을 통해 아무런 이론적 근거 없이 경험 요소를 도출하는 것은 비효율적이다. 인문학자나 사회과학자들이 각고의 노력을 기울여 만들어놓은 이론들을 반복해서 만드는 우를 범할 수 있기 때문이다. 따라서 사용자 경험에 대한 유의미한 산학 협력을 위해서 대학은 기존 이론을 검토하고 그중에 가장 밀접하게 연관된 개념들을 발굴해 경험 요소로 치환하는 작업에 힘을 실어야 한다. 더불어 기업은 다양한 사내 교육 프로그램을 통해 인간에 대한 이해를 높일 수 있는 인문·사회과학의 주요 이론을 전파하는 것도 한 방법이 될 수 있다.

둘째, 융·복합적 조직을 구성한다. 한동안 융·복합이라는 단어가 남용되면서 그 개념이 모호해진 점이 없지 않지만, 융·복합적 성격을 가진 조직을 기업 내부에 두는 것은 여러 가지 면에서 많은 장점이 있다. 연세대학교 HCI Lab은 20년 전 설립할 때부터 융·복합적 성격을 유지하기 위해 노력해왔다. 구성원 중 일정 비율은 전산이나 전기 전자와 같은 개발 역량을 가진 연구원들과 디자인이나 미술, 음악과 같은 미적 역량을 가진 연구원들을 함께 구성한다. 또 인문·사회 분야의 연구원들도 일정 비율 유지하고 있다. 이렇게 다양한 전공 분야를 가진 사람들로 이루어진 조직은 이종 분야의 결합을 통해 동일한 문제를 새로운 시각으로 바라볼 수 있는 경험을 할 수 있다.

예를 들어 혼자 살아가는 노인에게 필요한 동반자 역할을 할 수 있는 기기를 만든다고 했을 때, 인문·사회 분야 연구원들은 인간의 생활에서 나타나는 동반자 역할에 대한 연구를 통해 배우자의 역할이나 상호관계, 평생 친구가 만들어지고 유지되는 과정을 이해할 수 있다. 그리고 이러한 이해를 바탕으로 동반자 역할을 하는 컴패니언 디바이스가 가져야 할 특성을 도출할 수 있다. 디자인을 전공한 연구자들은 인문·사회 분야 연구자들이 도출한 추상적인 개념을 우리 눈으로 보고 손으로 만질 수 있는 구체적인 대상으로 치환한다. 이 과정에서 인문·사회과학자들이 미처 발견하지 못한 중요한 속성들을 창조해낼 수 있다. 개발 역량을 가진 연구원들은 앞서 만들어낸 개념과 디자인을 실제 시스템상에 구현하는 단계를 연구한다. 다만 여기서 기존의 인문·사회나 디자인 분야에서 정한 내용을 일방적으로 구현만 하는 것으로는 의미 있는 결과를 내는 데 부족할 수 있다. 개발 전공의 연구원들이 인문·사회나 디자인 연구원들이 미처 생각하지 못한 새로운 기능이나 정보 구조 또는 인터페이스를 제안할 수 있다. 기술적인 측면에서 보았을 때 기존의 방법들이 가지고 있는 문제점을 파악하고 이를 보완하거나 대체할 수 있는 새로운 방안을 만들어낼 수 있는 것이다.

기업에서 융·복합 조직을 운영하는 방안 가운데 하나로 기업의 상품

기획·전략 조직과 HCI/UX 조직을 함께 두는 것도 고민해볼 가치가 있다. 기업에서 새로운 제품이나 서비스를 기획하고 진행하기 위해서는 UX/UI 조직만으로도 어렵고 전략 조직만으로도 어렵다. 이 둘이 함께 머리를 맞대고 고민할 수 있는 환경이 갖춰져야 한다. 따라서 나는 UX를 담당하는 조직이 제품이나 서비스 기획을 담당하는 조직과 함께 편성되어야 한다고 주장하는 편이다. 이것의 가장 큰 효과는 거시적인 환경 변화와 미시적인 사용 경험 사이의 균형점을 좀 더 효과적으로 찾을 수 있다는 점이다. 앞서 3장에서 이야기한 바와 같이 경험의 균형점은 끊임없이 변하는 성격을 가지고 있다. 따라서 거시적인 환경의 변화와 미시적인 사용 경험의 변화, 그리고 이것을 기업의 전략적 목표와 계속해서 일치시켜 나갈 수 있는 장치가 필요하다. 기업에서 전략기획과 UX 부서를 같은 조직 내에서 운영하는 것은 이런 역동적인 균형점을 찾는 데 효과적인 장치가 될 수 있다.

셋째, 경험을 위한 디자인을 담당하는 기업 조직의 문화는 '양은 냄비' 같아야 한다. 양은 냄비는 주석과 니켈의 합금을 이용한 주방도구이다. 일반적으로 양은 냄비는 부정적인 어감으로 사용되었다. 그런데 모든 것이 급격하고 빠른 속도로 바뀌는 디지털 환경 속에서 양은 냄비의 특성이 오히려 사용 경험을 담당하는 조직이 가지고 있어야 할 덕목이 될 수도 있다.

양은 냄비의 첫 번째 특징은 '속도'이다. 열전도율이 높기 때문에 한 번 열을 받으면 금방 부글부글 끓는다. 하지만 불이 없어지면 단번에 식는다. 워낙 얇게 제작되기 때문에 열에너지를 보존하지 못하기 때문이다. 그래서 양은 냄비는 라면을 끓이는 데 제격이라고 한다. 빨리 끓기 때문에 인스턴트 제품인 라면을 준비하는 시간도 절약되고 빨리 식기 때문에 면발이 냄비 바닥에 들러붙을 가능성이 낮다. 이 같은 양은 냄비의 속성은 사용 경험을 담당하는 기업의 조직 문화에 적합할 수 있다. 속도는 새로운 경험을 점진적으로 만들어가는 데 가장 핵심적인 성공 요인이기 때문이다.

한 가지 예를 들어보자. 삼성전자의 패블릿phablet 제품인 갤럭시노트는 아이폰 4S가 시장에 출시되고 얼마 되지 않아 발표되었다. 처음 시장에 출시되었을 때에는 호불호가 명확하게 갈렸다. 화면이 크기 때문에 이동 중에 여러 가지 작업들을 수행할 수 있고, 특히 동영상을 감상하거나 인터넷을 탐색하는 데 기존 휴대폰보다 좋은 경험을 제공할 수 있었다. 반면 기기가 너무 커서 한 손으로 들기가 힘들었고 터치펜의 정확도나 필기감이 떨어졌다. 이런 상황에서 삼성전자는 갤럭시노트를 시장에 출시하고 나서 2012년 1월부터 2013년 2월까지 1년 동안 엄청나게 빠른 속도로 총 15회에 걸쳐 업그레이드를 실시했다. 그중에서 총 7회의 업그레이드는 사용 경험의 관점에서 큰 변화가 있었다. 보통은 신제품을 내놓고 일정 기간 별다른 변화 없이 초기 상품을 유지하는 것이 상례이다. 그런데 짧은 기간 동안 상당한 수준의 업그레이드를 강행했고, 그중 절반 이상이 사용자의 경험을 바꾸는 매우 이례적인 변화를 시도한 것이었다. 그 결과 처음에는 매우 낮은 시장 점유율을 보였던 갤럭시노트가 매번 업데이트를 진행할 때마다 괄목할 만한 성장을 보였고, 패블릿이라는 5인치 스마트폰 시장을 새로 개척하는 성과를 거둘 수 있었다. 바로 이것이 빨리 끓고 빨리 식는 양은 냄비 같은 조직이 필요한 이유이다.

양은 냄비의 두 번째 특징은 갈등이다. 양은 냄비는 일단 끓기 시작하면 정신없이 맹렬하게 끓어오른다. 그래서 면발의 탄력을 유지할 수 있는 것인데, 이러한 특성을 사용 경험을 다루는 조직에 적용할 수 있다. 점진적 혁신을 무조건 신속하게 추진한다고 해서 경험 디자인이 완성되는 것은 아니다. 점진적 혁신이 한쪽 방향으로 치우쳐 발전하면 사람들이 느끼는 인지 부조화는 더욱 커지기 때문이다. 갈등으로부터 인지 부조화를 느끼면, 근본적인 변화를 기대하는 개인과 인지 부조화를 시장 확보의 기회로 활용하려는 기업가의 정신이 만나 패러다임의 변화를 일으키는 새로운 지배적 디자인이 창출된다. 갈등의 정도가 심하다는 것은 다른 관점으로 보면 지배적 디자인을 더이상 견디지 못하고 심리적 부조화를 느끼는 사람들이 많아질 것이라는 의미이다. 점점 더 많은 사람들이 첨예한 심리적 부조화를 느낄수록 기업이 느끼는 갈망적 차이도 뚜렷해질 수밖에 없다. 따라서 새로운 패러다임의 제품이나 서비스의 소재가 될 수 있는 갈등이 첨예하게 나타나는 것이다. 사용 경험을 다루는 조직은 양은 냄비같이 첨예한 갈등을 느끼고 다룰 수 있어야 한다. 그래야 남들보다 먼저 파괴적 혁신의 기회를 감지할 수 있기 때문이다. 기업 내부에 있는 융·복합 조직은 바로 이런 갈등과 부조화를 실험적으로 만들어내는 역할을 한다. 서로 다른 전공의 직원들은 각자 더 중요하게 생각하는 가치와 경험 요소들이 있을 것이고, 그것을 관철하기 위해 다른 분야 연구원들과 갈등과 부조화를 만든다. 그래서 융·복합 조직이 말도 많고 탈도 많은 것이다. 그러나 이런 조직의 특성은 구성원들이 갈등과 부조화를 경험할 수 있는 중요한 기회를 준다. 이들 조직을 평가할 때에는 그 조직이 얼마나 일사분란하게 제품이나 서비스를 만들어내느냐로 평가해서는 안된다. 그보다는 조직 안에서 얼마나 첨예하게 갈등이나 부조화를 느꼈고, 그것을 어떻게 발전적으로 승화해 새로운 경험의 소재를 만들어내느냐로 평가해야 할 것이다.

세 번째 특징은 유연성이다. 양은 냄비는 워낙 저렴한 비용으로 제작되기 때문에 쉽게 구부러지고 찌그러진다. 이러한 유연성을 사용 경험을 다루는 조직에 적용해보자. 현재의 지배적 디자인이 사용자가 느끼는 인지 부조화를 더 이상 봉합할 수 없을 때에는 기존의 디자인에 대한 관성을 과감하게 끊어버리고 새로운 패러다임의 디자인을 채택할 수 있어야 한다. 물론 인지 부조화가 별로 높지 않은데 서둘러 지배적 디자인과 전혀 다른 새로운 디자인을 제시했다가 시장에서 실패하는 경우도 발생한다. 그러나 기존의 지배적 디자인에 너무 오래 매달려 있는 위험보다 빠른 변화를 시도하는 위험성이 훨씬 낮다. 지배적 디자인을 고집할 때 감수해야 할 희생이 처음에는 그다지 크지 않지만 결국 시간이 지날수록 위험 요소는 점점 커지기 때문이다. 우리는 그 과정을 노키아의 휴대폰, 소니의 TV, 코닥의 카메라 필름에서 이미 명확하게 목격했다.

마지막으로 꼭 짚고 넘어가야 할 것이 있다. 경험을 위한 디자인을 효과적으로 수행하기 위해서는 HCI나 UX 관련 학회와 연구회에 적극적으로 참여하는 것이 중요하다. 기업이 업무 외 활동에 적극적으로 참여함으로써 사회문화적, 경제적, 기술적 환경의 변화에 대한 촉각을 곤두세울 수 있고, 기업 전략을 고민하는 부서와 HCI/UX를 고민하는 부서의 구성원들과 함께 사람들에게 새로운 경험을 줄 수 있는 제품과 서비스를 생각해볼 수 있다.

대표적인 예로 한국HCI학회를 들 수 있다. 한국HCI학회는 여러 가지로 여타 학회들과 구분되는 특성을 가지고 있다. 우선 학회에 참석하는 구성원을 보면 전공 분야가 무척 다양하다. 어떤 사람은 새로운 인터페이스 기술을 들고 나와 전기전자적인 구현 기술을 발표한다. 또 어떤 사람은 사용자가 자동차 내비게이션을 어떻게 사용하는지에 대한 인류문화적인 연구 결과를 발표한다. 이렇게 다양한 분야의 사람들이 함께 모여서 의견을 나누는 것이 과연 가능한가 하는 생각이 들 정도이다. 또 한국HCI학회는 기업이나 산업체 등 현업에 종사하는 사람들과 대학이나 연구기관에 소속된 사람들이 비슷한 비율로 균형을 맞추고 있다. 기존 학회들은 주로 대학 교수나 학생들의 이론적인 이야기가 주를 이루고, 기존 기업체 행사들은 현업에 종사하는 사람들의 경험담이 주를 이뤘다면 한국HCI학회는 다양한 시각들이 함께 논의되고 서로가 서로에게 배울 수 있는 장을 마련한다.

한국HCI학회는 그 분위기가 참 자유롭고 재미있다. 매년 스키 시즌이 절정에 달하는 1월이나 2월에 주로 우리나라에서 가장 설질이 좋은 스키장에서 학회를 진행하곤 했다. 20여 년 전 학회에 처음 참가할 때 인상적이었던 점은 학회 기간 중에 이용할 수 있는 스키장 할인권을 제공해준다는 점이었다. 얼핏 생각하면 학회 행사에서 공부를 해야지 스키를 타면 되나 염려되겠지만, 낮에는 열심히 학회에 참여하고 밤이나 새벽을 이용해 스키를 즐길 수 있는 것도 좋은 경험을 할 수 있는 방식이 아닐까? 이런 여러 가지 이유 때문인지 모르겠지만 최근 몇 년 간 한국HCI학회는 매년 2,000명 가까운 유료 참가자가 2박 3일 동안 참여하는 메머드 학회로 성장했다. 혹자는 국내에서 가장 큰 전문 학회라고 이야기한다. 외국 HCI 전문가들도 한국에서 어떤 연구가 진행되는지 궁금해하며 한국HCI학회에 참석한다. 이제는 우리나라의 기업들이 만들어내는 제품이나 서비스를 전 세계 사람들이 사용하는 시대가 되었기 때문이다. 앞으로는 사람들이 제품이나 서비스를 사용하면서 얻게 될 경험을 위한 디자인이 더욱더 중요해질 것이다. 이를 위해서는 인문학과 사회과학의 원리를 이해하고 다양한 전공과 배경을 가진 사람들이 모여 양은 냄비처럼 신속하고 유연하게 첨예한 갈등을 느낄 수 있는 조직으로 구성되어야 할 것이다.

요약

1

우리 삶의 의미와 가치는 일상생활에서
얻는 경험에 따라 결정되는데, 현대인의
일상은 제품이나 서비스를 사용하는 경험으로
가득 차 있다.

- 사람의 경험은 감각적, 판단적,
  구성적 경험의 실타래로 뭉쳐 있다.
- 사회문화적, 경제적, 기술적 환경은
  우리가 경험하는 내용에 영향을 미치고,
  우리의 경험 또한 환경에 영향을 미친다.
- 제품이나 서비스는 구조적 특성,
  행동적 특성, 표현적 특성을 가지는데,
  이 세 가지 특성은 정보 구조, 인터랙션,
  인터페이스 기술로 구현된다.

2

경험 디자인은 사람의 경험과 환경적 특성
사이에서 도출된 균형점을 제품이나 서비스의
구조적, 행동적, 표현적 특성으로 구현하는
것이다.

3

경험 고리는 각 경험의 실타래별로 두 개씩
선정하며, 이 둘 사이에는 상승작용이 일어난다.

4

각각의 경험 고리별로 적절한 사용 경험
요인과 이를 효과적으로 구현하는 디자인 요소를
파악할 수 있다.

5

경험을 위한 디자인을 만드는 조직에는 인문학과
사회과학 이론에 대한 깊은 이해가 필요하다.

6

경험을 위한 디자인을 만드는 조직은 인문·사회,
기술·개발, 디자인·예술 등 다양한 분야의
융·복합이 필요하다.

7

경험을 위한 디자인을 전담하는 조직은 신속하고
유연하며 호들갑을 떨 수 있어야 한다.

생각해볼 주제

1

말은 쉽지만 실천하기 어려운 융·복합
조직이 경험 디자인에 정말 필요한 형태의
조직 구조일까?

2

주로 부정적 의미로 사용되는 갈등과
부조화의 개념을 경험 디자인에서 긍정적으로
활용할 수 있는 이유는 무엇인가?

3

주로 부정적 의미로 비유되는 양은 냄비 같은
특성을 가진 조직이 경험 디자인에 적합한
조직인 이유는 무엇인가?

주

1 진정한 경험

1. C. Christensen, *The Innovator's Dilemma: When New Technologies Cause Great Firms to Fail*, Harvard Business Review Press, 1997.

2. http://en.wikipedia.org/wiki/Weather_rock

3. J. A. Schumpeter, *Capitalism, Socialism and Democracy*, Routledge, 1942.

4. R. M. Hendersonand K. B. Clark, "Architectural Innovation: The Reconfiguration of Existing Product Technologies and the Failure of Established Firms" *Administrative Science Quarterly*, 1990, pp. 9-30.

5. E. M. Rogers, *Diffusion of Innovations* (fifth edition), The Free Press, New York, 2003.

6. S. K. Card, A. Newell and T. P. Moran, *The Psychology of Human-Computer Interaction*, Taylor & Francis, 1983.

7. M. Chae and J. Kim, "Do Size and Structure Matter to Mobile Users? An Empirical Study of the Effects of Screen Size, Information Structure, and Task Complexity on User Activities with Standard Web Phones" *Behaviour & Information Technology*, 23(3), 2004, pp. 165-181.

8. S. Kim, I. Lee, K. Lee, S. Jung, J. Park, Y. B. Kim and J. Kim, "Mobile Web 2.0 with Multi-Display Buttons" *Communications of the ACM*, 53(1), 2010, pp. 136-141.

9. P. Wright, J. Wallace and J. McCarthy, "Aesthetics and Experience-centered Design" *ACM Transactions on Computer-Human Interaction (TOCHI)*, 15(4), 2008, p. 18.

10. B. J. Pine and J. H. Gilmore, *The Experience Economy*, Harvard Business Press, 1988.

11. C. Li, "The Confucian Ideal of Harmony" *Philosophy East and West*, 2006, pp. 583-603.

12. G. Robert, *Bringing User Experience to Healthcare Improvement: The Concepts, Methods and Practices of Experience-Based Design*, Radcliffe Publishing, 2007.

13. H. Choi, M. Lee, K. S.Im and J. Kim, "Contribution to Quality of Life: A New Outcome Variable for Mobile Data Service", *Journal of the Association for Information Systems*, 8(12), 2007, p. 36.

14. J. Dewey, *The Quest for Certainty*, New York: Minton, Balch, 1929.

    J. Dewey, *Art as Experience*, New York: Minton, Balch, 1934.

    J. Dewey, *Education and Experience*, Macmillan, 1938.

15. F. J. Varela, E. Rosch and E. Thompson, *The Embodied Mind: Cognitive Science and Human Experience*, MIT Press, 1992.

16. J. Dewey, *Education and Experience*, Macmillan, 1938.

17. J. Walser, *Nagarjuna in Context: Mahayana Buddhism and Early Indian Culture*, Columbia University Press, 2013.

18. J. Dewey, *The Quest for Certainty*, New York: Minton, Balch, 1929.

19. J. Walser, *Nagarjuna in Context: Mahayana Buddhism and Early Indian Culture*, Columbia University Press, 2013.

20. W. James, *The Varieties of Religious Experience: A Study in Human Nature*, The Modern Library, 1902.

21. J. G. March, *The Ambiguity of Experience*, Cornell University Press, 2010.

22. R. S. Root-Bernstein and M. M. Root-Bernstein, *Sparks of Genius: The Thirteen Thinking Tools of the World's Most Creative People*, Mariner Books, 2001.

23. M. Heidegger, *Sein und Zeit*, Tübingen: Max Niemayer Verlag, 10, 1927, 167-170.

24. N. Oseland, *British Council for Offices guide to post-occupancy evaluation*. British Council for Offices, 2007.

25. J. Kim, J. Lee, K. Han and M. Lee, "Businesses as Buildings: Metrics for the Architectural Quality of Internetbusinesses" *Information Systems Research*, 13(3), 2002, pp. 239-254.

2 경험의 실타래

1. J. McCarthy and P. Wright, *Technology as Experience*, MIT Press, 2004.

2. D. A. Norman, *Emotional Design: Why We Love (or Hate) Everyday Things*, Basic Books, 2004.

3. J. Steuer, "Defining Virtual Reality: Dimensions Determining Telepresence" *Journal of Communication*, 42(4), 1992, pp. 73-93.

4. J. Dewey, *Art as Experience*, Perigee Trade, 1932.

5. M. Minsky, *The Society of Mind*, Simon & Schuster, 1980.

   F. Biocca, "The Cyborg's Dilemma: Progressive Embodiment in Virtual Environments" *Journal of Computer-Mediated Communication*, 3(2), 1997.

6. M. Minsky, *The Society of Mind*, Simon & Schuster, 1980.

7. K. M. Lee, "Presence, Explicated" *Communication Theory*, 14(1), 2004, pp. 27-50.

   M. Lombard and T. Ditton, "At the Heart of It All: The Concept of Presence" *Journal of Computer Mediated Communication*, 3(2), 1997, pp. 0-0.

8. W. A. IJsselsteijn, H. de Ridder, J. Freeman and S. E. Avons, "Presence: Concept, Determinants, and MeasurementIn Electronic Imaging", *International Society for Optics and Photonics*, June, 2000, pp. 520-529.

9. T. Kim and F. Biocca, "Telepresence Via Television: Two Dimensions of Telepresence May Have Different Connections to Memory and Persuasion" *Journal of Computer-Mediated Communication*, 3(2), 1997, pp. 0-0.

   M. Lombard and T. Ditton, "At the Heart of It All: The Concept of Presence" *Journal of Computer Mediated Communication*, 3(2), 1997, pp. 0-0

   M. Lombard, R. D. Reich, M. E. Grabe, C. C. Bracken and T. B. Ditton, "Presence and television" *Human Communication Research*, 26(1), 2000, pp. 75-98.

   R. Tamborini, M. S. Eastin, P. Skalski and K. Lachlan, "Violent Virtual Video Games and Hostile Thoughts" *J. Broad. & Elec. Media*, 48, 2004, p. 335.

10. I. Kant, *Kant: Anthropology from a Pragmatic Point of View*, Cambridge University Press, 2006.

11. R. Hartson, "Cognitive, Physical, Sensory, and Functional Affordances in Interaction Design" *Behaviour & Information Technology*, 22(5), 2003, pp. 315-338.

12. A. Mollen and H. Wilson, "Engagement, Telepresence and Interactivity in Online Consumer Experience: Reconciling Scholastic and Managerial Perspectives" *Journal of Business Research*, 63(9), 2010, pp. 919-925.

    A. McMahan, "Immersion, Engagement and Presence" *The Video Game Theory Reader*, 2003, pp. 67-86.

13. J. McCarthy and P. Wright, *Technology as Experience*, MIT Press, 2004.

14. M. Csikszentmihalyi and M. Csikzentmihaly, *Flow: The Psychology of Optimal Experience*, Vol. 41, New York: Harper Perennial, 1991.

15. J. Sweeney and G. Soutar, "Consumer Perceived Value: The Development of a Multiple Item Scale" *Journal of Retailing*, Vol. 77, No. 2, 2001, pp. 203-220.

    R. Woodruff, "Customer Value: The Next Source of Competitive Advantage" *Journal of the Academy of Marketing Science*, Vol. 25, No. 2, 1997, pp. 139-153.

16. F. D. Davis, "Perceived Usefulness, Perceived Ease of Use, and User Acceptance of Information Technology" *MIS Quarterly*, 13(3), 1989, pp. 319-340.

17. V. Venkatesh and F. D. Davis, "A Theoretical Extension of the Technology Acceptance Model: Four Longitudinal Field Studies" *Management Science*, 46(2), 2000, pp. 186-204.

18. J. B. Rotter, "Generalized Expectancies for Internal Versus External Control of Reinforcement" *Psychological Monographs*, 80, 1966, pp. 1-28.

19. M. J. Diamond and J. L. Shapiro, "Changes in Locus of Control as a Function of Encounter Group Experiences: A Study and Replication" *Journal of Abnormal Psychology*, 82(3), 1973, p. 514.

    C. Layton, "Note on the Stability of Rotter's IE Scale" *Psychological Reports*, 57(3), 1985, pp. 1165-1166.

20. K. J. Kolb and J. R. Aiello, "The Effects of Electronic Performance Monitoring on Stress: Locus of Control as a Moderator Variable" *Computers in Human Behavior*, 12(3), 1996, pp. 407-423.

21. N. Pettersen, "A Conceptual Difference between Internal-External Locus of Control and Causal Attribution" *Psychological Reports*, 1987.

    P. T. P. Wong and C. E. Sproule, "An Attributional Analysis of the Locus of Control Construct and the Trent Attribution p\Profile" *Research with the Locus of Control Construct*, 3, 1984, pp. 309-360.

22. D. Graybill and P. Sergeant, "Locus of Control: Perceived Contingency or Perceived Competence?" *Perceptual and Motor Skills*, 56(1), 1983, pp. 47-54.

    D. L. Palenzuela, "Critical Evaluation of Locus of Control: Towards a Reconceptualization of the Construct and Its Measurement (Monograph 1-V54)" *Psychological Reports*, 54(3), 1984, pp. 683-709.

23. F. Heider, "On Lewin's Method and Theory" *Journal of Social Issues*, 15(S13), 1959, 3-13.

    H. H. Kelley, *"Attribution Theory in Social Psychology"* In *Nebraska Symposium on Motivation*. University of Nebraska Press, 1967.

24. J. Dewey, *The Quest for Certainty*, New York: Minton, Balch, 1929.

25. P.Wright, J.Wallace and J. McCarthy, "Aesthetics and Experience-Centered Design" *ACM Transactions on Computer-Human Interaction (TOCHI)*, 15(4), 2008, p. 18.

26. V. S. Kwan, M. H. Bond and T. M. Singelis, "Pancultural Explanations for Life Satisfaction: Adding Relationship Harmony to Self-Esteem" *Journal of Personality and Social Psychology*, 73(5), 1997, p. 1038.

   C. Li, "The Confucian Ideal of Harmony" *Philosophy East & West*, 56, 2006, pp. 583-603.

27. J. Moody and D. R. White, "Structural Cohesion and Embeddedness: A Hierarchical Concept of Social Groups"*American Sociological Review*, 2003, pp. 103-127.

   N. E. Friedkin, "Social Cohesion"*Annual Review of Sociology*, 2004, pp. 409-425.

28. S. Wasserman, *Social Network Analysis: Methods and Applications* (Vol. 8), Cambridge University Press, 1994.

29. L. Festinger, "Informal Social Communication" *Psychological Review*, 57(5), 1950, p. 271.

30. S. Wasserman, *Social network analysis: Methods and applications* (Vol. 8), Cambridge University Press, 1994.

31. A. V. Carron and L. R. Brawley, "Cohesion Conceptual and Measurement Issues" *Small Group Research*, 31(1), 2000, pp. 89-106.

32. T. Yamagishi, M. R. Gillmore and K. S. Cook, "Network Connections and the Distribution of Power in Exchange Networks" *American Journal of Sociology*, 1988, pp. 833-851.

3 경험의 균형점

1. 시라카와 시즈카, 『사람의 마음을 움직여 세상을 바꾸리라-전혀 다른 공자 이야기』, 한길사, 2004.

2. 성백효 편역, 『대학중용집주』, 전통문화연구회, 2002.

3. 성백효 편역, 『대학중용집주』, 전통문화연구회, 2002.

4. J. G. March, "Exploration and Exploitation in Organizational Learning" *Organization Science*, 2(1), 1991, pp. 71-87.

5. Jennifer Law, "Managing Change and Innovation in Public Service Organisations" *Public Administration*, 83(3), 2006, p. 794.

   J.Cagan and C. Vogel, *Creating Breakthrough Products: Revealing the Secrets That Drive Global Innovation* (2nd edition), Upper Saddle River, New Jersey: FT Press, 2013.

6. G. Hofstede, "Culture and Organizations" *International Studies of Management & Organization*, 1980, pp. 15-41.

7. I. Lee, J. Kim, B. Choi and S. Hong, "Measurement Development for Cultural Characteristics of Mobile Internet Uers at the Individual Level" *Computers in Human Behavior*, 2010, pp. 1355-1368.

8. S. Ram and J. N. Sheth, "Consumer Resistance to Innovations: The Marketing Problem and Its Solutions" *Journal of Consumer Marketing*, 6(2), 1989, pp. 5-14.

9. E. Von Hippel, "Lead Users: A Source of Novel Product Concepts" *Management Science*, 32(7), 1986, pp. 791-805

10. C. Shirky, *Cognitive Surplus: Creativity and Generosity in a Connected Age*, Penguin Press HC, 2010.

11. A. V. Banerjee, "A Simple Model of Herd Behavior" *The Quarterly Journal of Economics*, 1992, pp. 797-817.

12. W. Abernathy and J. Utterback, "Patterns of Industrial Innovation" *Technology Review* June/July, 1978, pp. 41-47.

D. Sahal, "Alternative Conceptions of Technology" *Research Policy*, 10, 1981, pp. 2‑24.

J. Utterbackand F. Suarez, "Innovation, Competition, and Industry Structure" *Research Policy 22*, 1993, pp. 1‑21.

13. J. Utterbackand and F. Suarez, "Patterns of Industrial Evolution, Dominant Designs, and Firm's Survival" *Research on Technolgoical Innovation, Management and Policy*, Vol. 6, Greenwich, Connecticut: JAI Press, 1993.

14. R. N. Langlois and P. L. Robertson, *Firms, Markets and Economic Change: A Dynamic Theory of Business Institutions*, Routledge, 2002.

4 새로운 경험을 위한 혁신 전략

1. H. Greve and M‑D. Seidel, "Defend Your Research: Being Early Beats Being Better" *Harvard Business Review*, June, 2014, pp. 30‑31.

2. J. Hankins, "Cosimo de'Medici and the'Platonic Academy" *Journal of the Warburg and Courtauld Institutes*, 1990, pp. 144‑162.

3. M. Horkheimer and T. W. Adorno, "The Culture Industry: Enlightenment as Mass Deception" *Media and Cultural Studies: Keyworks*, 2001, pp. 41‑72.

4. T. S. Kuhn, *The Structure of Scientific Revolution*, Chicago: University of Chicago Press, 1962.

5. R. Buchanan, "Wicked Problems in Design Thinking" *Design Issues*, 8(2), 1992, pp. 5‑21.

6. T. Hobbes, *Leviathan, or the Matter, Forme and Power of a Commonwealth Ecclesiasticall and Civil*, Yale University Press, 1928.

7. G. W. Hegel, *The Phenomenology of Spirit (The Phenomenology of Mind)*. Digireads.com Publishing, 2004.

8. K. Marx, *Das capital*, DC Books, 2008.

9. T. S. Kuhn, *The Structure of Scientific Revolution*, Chicago: University of Chicago Press, 1962.

10. S. G. De Beer, *Charles Darwin: Evolution by Natural Selection*, London: Nelson, 1963, p. 166

11. L. Festinger, *A Theory of Cognitive Dissonance* (Vol. 2), Stanford University Press, 1962.

12. L. Festinger, K. W. Back and S. Schachter, *Social Pressures in Informal Groups: A Study of Human Factors in Housing (No. 3)*, Stanford University Press, 1950.

13. J. G. March, *Rediscovering Institutions*, Simon and Schuster, 2010.

14. R. M. Cyert and J. G. March, *A Behavioral Theoryofthe Firm*, Prentice‑Hall, 1963.

J. G. March and H. A. Simon, *Organizations*, Wiley, 1958.

15. G. Labianca, J. F. Fairbank, G. Andrevski and M. Parzen, "Striving toward the Future: Aspiration‑Performance Discrepancies and Planned Organizational Change" *Strategic Organization*, 7(4), 2009, pp. 433‑466.

16. C. M. Christensen, H. Baumann, R. Ruggles and T. M. Sadtler, "Disruptive Innovation for Social Change" *Harvard Business Review*, 84(12), 2006, p. 94.

17. H. Seo, J. Ahn and J. Yang, "Continued Usage of Hedonic Information System: Focused on UCC" *Asian Pacific Journal of Information Systems*, 17(3), 2007, pp. 25‑53.

18. S. Levy and B. Stone, "The New Wisdom of the Web" *Newsweek*, April 3, 2006.

19. S. Jung, K. Lee, I. Lee and Kim, "A Qualitative Study on the Facilitation of User Created Contents: Focused on Folklore Theories" *Asian Pacific Journal of Information Systems*, 19(2), 2009, pp. 43-72.

20. J. Kim, S. Yang, S. Lim and I. Lee, "An Empirical Study on Motivation Factors and Reward Structure for User's Createve Contents Generation: Focusing on the Mediating effect of Commitment" *Asian Pacific Journal of Information Systems*, 20(1), 2010, pp. 141-170.

21. D. A. Norman, *The design of everyday things*, Basic Books, 2013.

    D. A. Norman and R. Verganti, "Incremental and Radical Innovation: Design Research vs. Technology and Meaning Change" *Design Issues*, 30(1), 2014, pp. 78-96.

5 센스 있는 경험을 위한 디자인

1. R. B. Welch, T. T. Blackmon, A. Liu, B. A.Mellers and L. W. Stark, "The Effects of Pictorial Realism, Delay of Visual Feedback, and Observer Interactivity on the Subjective Sense of Presence" *Presence: Teleoperators and Virtual Environments*, 5(3), 1996, pp. 263-273.

2. S. Weghorst and M. Billinghurst, "Spatial Perception of Immersive Virtual Environments" *HIT Lab Technical Report*, University of Washington, 1993.

3. J. Steuer, "Defining Virtual Reality: Dimensions Determining Telepresence" *Journal of Communication*, 42(4), 1992, pp. 73-93.

    B. Laurel, *Computers as Theatre*, NY: Addison-Wesley, 1991.

    H. Rheingold, *Virtual Reality: Exploring the Brave New Technologies*, Simon & Schuster Adult Publishing Group, 1991.

4. J. Steuer, "Defining Virtual Reality: Dimensions Determining Telepresence" *Journal of Communication*, 42(4), 1992, pp. 73-93.

5. S. E. Taylor and S. C. Thompson, "Stalking the Elusive 'Vividness' Effect" *Psychological Review*, 89(2), 1982, p. 155.

6. R. Nisbett, R. Lee, *Human Inference: Strategies and Shortcomings of Social Judgment*, Englewood Cliffs, New Jersey: Prentice Hall,1985.

7. F. Biocca, "Communication within Virtual Reality: Creating a Space for Research" *Journal of Communication*, 42(4), 1992, pp. 5-22.

8. B. S. Gibson, "The Masking Account of Attentional Capture: A Reply to Yantis and Jonides" *Journal of Experimental Psychology: Human Perception and Performance*, Vol. 22(6), Dec 1996, pp. 1514-152.

9. D. Zeltzer, "Autonomy, Interaction, and Presence" *Presence: Teleoperators and Virtual Environments*, 1(1), (1992). pp. 127-132.

    S. Zhai, C. Morimoto and S. Ihde, "Manual and Gaze Input Cascaded (MAGIC) Pointing" *Proceedings of the SIGCHI Conference on Human Factors in Computing Systems*, May, ACM, 1999, pp. 246-253.

10. J. Short, E. Williams and B. Christie, *The Social Psychology of Telecommunications*, John Wiley & Sons Ltd, 1976.

11. C. Heeter, "Being There: The Subjective Experience of Presence" *Presence: Teleoperators and Virtual Environments*, 1(2), 1992, pp. 262-271.

12. A. C. Graesser, K. Hauft-Smith, A. D. Cohen and L. D. Pyles, "Advanced Outlines, Familiarity, and Text Genre on Retention of Prose" *The Journal of Experimental Educational*, 1980, pp. 281-290.

13. R. A. Mar and K. Oatley, "The Function of Fiction is the Abstraction and Simulation of Social Experience" *Perspectives on Psychological Science*, 3(3), 2008, pp. 173-192.

14. M. L. Ryan, "Beyond Myth and Metaphor: Narrative in Digital Media" *Poetics Today*, 23(4), 2002, 581-609.

15. S. E.Taylor and S. C. Thompson, "Stalking the Elusive 'Vividness' Effect" *Psychological Review*, 89(2), 1982, p. 155.

16. J. E. Escalas, "Imagine Yourself in the Product: Mental Simulation, Narrative Transportation, and Persuasion" *Journal of Advertising*, 33(2), 2004,37-48.

17. M. L. Ryan, "Beyond Myth and Metaphor: Narrative in Digital Media" *Poetics Today*, 23(4), 2002, pp. 581-609.

18. M. L. Ryan, "Beyond Myth and Metaphor: Narrative in Digital Media" *Poetics Today*, 23(4), 2002, pp. 581-609.

19. B. Laurel, "Interface Agents: Metaphors with Character" *Human Values and the design of Computer Technology*, 1997, pp. 207-219.

20. M. Carrozzino, A. Brogi, F. Tecchia and M. Bergamasco, "The 3D Interactive Visit to Piazza DeiMiracoli, Italy" *Proceedings of the 2005 ACM SIGCHI International Conference on Advances in computer entertainment technology*, ACM, June, 2005, pp. 192-195.

21. A. Paivio, J. C. Yuille and S. A. Madigan, "Concreteness, Imagery, and Meaningfulness Values for 925 Nouns" *Journal of Experimental Psychology*, 76(1), 1968. p. 2

22. R. Nisbett, R. Lee, *Human Inference: Strategies and Shortcomings of Social Judgment*, Englewood Cliffs, New Jersey: Prentice Hall, 1985.

23. B. Shneiderman, *Designing the User Interface: Strategies for Effective Human-Computer Interaction*, Masachusetts: Addison-Wesley Publishing Co., Reading, 1987.

24. H. R. Everett Jr. and J. M. Nieusma, *U.S. Patent No. 5,309,140*, Washington, DC: U.S. Patent and Trademark Office, 1994.

25. H. H. Clark and D. Wilkes-Gibbs, *Referring as a Collaborative Process*. Cognition, 22(1), 1986, pp. 1-39.

    H. H. Clark and E. F. Schaefer, "Collaborating on Contributions to Conversations" *Language and Cognitive Processes*, 2(1), 1987, 19-41.

    H. H. Clark and S. E. Brennan, "Grounding in Communication" *Perspectives on Socially Shared Cognition*, 13(1991), 1991, pp. 127-149.

26. J. D. Foley, *Fundamentals Of Interactive Computer Graphics (Systems Programming Series)*, Addison-Wes, 1982.

27. J. R. Carlson and R. W. Zmud, "Channel Expansion Theory and the Experiential Nature of Media Richness Perceptions" *Academy of Management Journal*, 42(2), 1999, pp. 153-170.

28. E. Schwitzgebel, "Why Did We Think We Dreamed in Black and White?" *Studies in History and Philosophy of Science Part A*, 33(4), 2002, pp. 649-660.

29. C. Cornoldi, R. de Beni, A. Cavedon and G. Mazzoni, "How Can a Vivid Image Be Described? Characteristics Influencing Vividness Judgments and the Relationship between Vividness and Memory" *Journal of Mental Imagery*, Vol .16(3-4), 1992.

    S. J. McKelvie, "The VVIQ and beyond: Vividness and Its Measurement" *Journal of Mental Imagery*, Vol. 19(3-4), 1995.

30. J. R. Coyle and E. Thorson, "The Effects of Progressive Levels of Interactivity and Vividness in Web Marketing Sites" *Journal of Advertising*, 30(3), 2001, pp. 65-77.

31. N. B. Sarter, "Multimodal Information Presentation: Design Guidance and Research Challenges" *International Journal of Industrial Ergonomics*, 36(5), 2006, pp. 439-445.

32. R. T. Azuma, "A Survey of Augmented Reality" *Presence*, 6(4), 1997, pp. 355-385.

33. M. Kesim and Y. Ozarslan, "Augmented Reality in Education: Current Technologies and the Potential for Education" *Procedia-Social and Behavioral Sciences*, 47, 2012, pp. 297-302.

34. K. Hinckley and H. Song, "Sensor Synaesthesia: Touch in Motion, and Motion in Touch" *In Proceedings of the SIGCHI Conference on Human Factors in Computing Systems*, ACM, May, 2011, pp. 801-810.

35. C. Benoît and B. Le Goff, "Audio-Visual Speech Synthesis from French Text: Eight Years of Models, Designs and Evaluation at the ICP" *Speech Communication*, 26(1), 1998, pp. 117-129.

   P. R. Cohen, M. Johnston, D. McGee, S. Oviatt, J. Pittman, I. Smith and J. Clow, "Quickset: Multimodal Interaction for Distributed Applications" *In Proceedings of the Fifth ACM International Conference on Multimedia*, ACM, November, 1997, pp. 31-40.

   A. Pentland, R. W. Picard and S. Sclaroff, "Photobook: Content-Based Manipulation of Image Databases" *International Journal of Computer Vision*, 18(3), 1996, pp. 233-254.

   D. G. Stork and M. E. Hennecke, *Speechreading by Humans and Machines*. New York: Springer, 1995.

   M. Turk and G. Robertson, "Perceptual User Interfaces (introduction)" *Communications of the ACM*, 43(3), 2000, pp. 32-34.

   M. T. Vo and C. Wood, "Building an Application Framework for Speech and Pen Input Integration in Multimodal Learning Interfaces" *In Acoustics, Speech, and Signal Processing, 1996. ICASSP-96. Conference Proceedings., 1996 IEEE International Conference on (Vol. 6)*, IEEE, May, 1996, pp. 3545-3548.

   J. Wang, "Integration of Eye-Gaze, Voice and Manual Response in Multimodal User Interface" *In Systems, Man and Cybernetics, 1995. Intelligent Systems for the 21st Century., IEEE International Conference on, 5*, IEEE, October, 1995, pp. 3938-3942.

   S. Zhai, C. Morimoto and S. Ihde, "Manual and Gaze Input Cascaded (MAGIC) Pointing" *In Proceedings of the SIGCHI Conference on Human Factors in Computing Systems*, ACM, May, 1999, pp. 246-253.

36. O. Quiring and W. Schweiger, "Interactivity: A Review of the Concept and a Framework for Analysis" *Communications*, 33(2), 2008, pp. 147-167.

   Y. Liu and L. J. Shrum, "What is Interactivity and is It Always Such a Good Thing? Implications of Definition, Person, and Situation for the Influence of Interactivity on Advertising Effectiveness" *Journal of Advertising*, 31(4), 2002, pp. 53-64.

37. L. Goertz, "WieinteraktivsindMedien?" na, 1995.

   L. Ha and E. L. James, "Interactivity Reexamined: A Baseline Analysis of Early Business Web Sites" *Journal of Broadcasting & Electronic Media*, 42(4), 1998, pp. 457-474.

   C. Heeter, "Implications of New Interactive Technologies for Conceptualizing Communication" *Media Use in the Information Age: Emerging Patterns of Adoption and Consumer use*, 1989, pp. 217-235.

38. J. R. Coyle and E. Thorson, "The Effects of Progressive Levels of Interactivity and Vividness in Web Marketing Sites" *Journal of Advertising*, 30(3), 2001, pp. 65-77.

   L. Goertz, "WieinteraktivsindMedien?" na, 1995.

   C. Heeter, "Implications of New Interactive Technologies for Conceptualizing Communication" *Media Use in the Information Age: Emerging Patterns of Adoption and Consumer use*, 1989, pp. 217-235.

   H. Jensen and B. Lockwood, "A Note on Discontinuous Value Functions and Strategies in Affine-Quadratic Differential Games" *Economics Letters*, 61(3), 1998, pp. 301-306.

M. Lombard and J. Snyder-Duch, "Interactive Advertising and Presence: A Framework" *Journal of Interactive Advertising*, 1(2), 2001, pp. 56-65.

39. J. T. Durlak, "A Typology for Interactive Media" *Communication Yearbook*, 10, 1987, pp. 743-757.

    S. Kiousis, "Interactivity: A Concept Explication" *New Media & Society*, 4(3), 2002, pp. 355-383.

    M. Lombard and T. Ditton, "At the Heart of It All: The Concept of Presence" *Journal of Computer-Mediated Communication*, 3(2), 1997, pp. 0-0.

    J. Steuer, "Defining Virtual Reality: Dimensions Determining Telepresence" *Journal of Communication*, 42(4), 1992, pp. 73-93.

40. S. Kiousis, "Interactivity: A Concept Explication" *New Media & Society*, 4(3), 2002, pp. 355-383.

41. O. Quiring and W. Schweiger, "Interactivity: A Review of the Concept and a Framework for Analysis" *Communications*, 33(2), 2008, pp. 147-167.

42. C. C. P. Chu, T. H. Dani and R. Gadh, "Multi-Sensory User Interface for a Virtual-Reality-Based Computeraided Design System" *Computer-Aided Design*, 29(10), 1997, pp. 709-725.

43. J. T. Durlak, "A Typology for Interactive Media" *Communication Yearbook*, 10, 1987, pp. 743-757.

    S. Kiousis, "Interactivity: A Concept Explication" *New Media & Society*, 4(3), 2002, pp. 355-383.

    M. Lombard and T. Ditton, "At the Heart of It All: The Concept of Presence" *Journal of Computer-Mediated Communication*, 3(2), 1997, pp. 0-0.

    O. Quiring and W. Schweiger, "Interactivity: A Review of the Concept and a Framework for Analysis" *Communications*, 33(2), 2008, pp. 147-167.

44. O. Quiring and W. Schweiger, "Interactivity: A Review of the Concept and a Framework for Analysis" *Communications*, 33(2), 2008, pp. 147-167.

45. O. Quiring and W. Schweiger, "Interactivity: A Review of the Concept and a Framework for Analysis" *Communications*, 33(2), 2008, pp. 147-167.

46. S. McMillan and E. Downes, "Interactivity" *Handbook of New Media: Social Shaping and Social Consequences*, London: Sage, 1998.

    E. J. Downes and S. J. McMillan, "Defining Interactivity a Qualitative Identification of Key Dimensions" *New Media & Society*, 2(2), 2000, pp. 157-179.

47. D. L. Hoffman and T. P. Novak, "Marketing in Hypermedia Computer-Mediated Environments: Conceptual Foundations" *The Journal of Marketing*, ISO 690, 1996, pp. 50-68.

48. P. Dalsgaard and L. K. Hansen, "Performing Perception-Staging Aesthetics of Interaction" *ACM Transactions on Computer-Human Interaction (TOCHI)*, 15(3), 2008, p. 13.

49. Y. Wang and Q. F. Zhu, "Error Control and Concealment for Video Communication: A Review" *Proceedings of the IEEE*, 86(5), 1998, pp. 974-997.

    Y. Rytsar, S. Voloshynovskiy, F. Ehrler and T. Pun, "Interactive Segmentation with Hidden Object-Based Annotations: Toward Smart Media" *In Electronic Imaging 2004*, International Society for Optics and Photonics, December, 2003, pp. 29-37.

50. P. Caplan, "Building a Digital Preservation Archive: Tales from the Front" *Vine*, 34(1), 2004, pp. 38-42.

51. Y. Liu and L. J. Shrum, "What is Interactivity and is It Always such a Good Thing? Implications of Definition, Person, and Situation for the Influence of Interactivity on Advertising Effectiveness" *Journal of Advertising*, 31(4), 2002, pp. 53-64.

52. D. Tam, K. E. MacLean, J. McGrenere and K. J. Kuchenbecker, "The Design and Field Observation of a Haptic Notification System for Timing Awareness during Oral Presentations" *In Proceedings of the SIGCHI Conference on Human Factors in Computing Systems*, ACM, April, 2013, pp. 1689-1698.

53. S. A. Brewster and A. King, "The Design and Evaluation of a Vibrotactile Progress Bar" *In Eurohaptics Conference, 2005 and Symposium on Haptic Interfaces for Virtual Environment and Teleoperator Systems, 2005. World Haptics 2005,First Joint, IEEE*, March, 2005, pp. 499-500.

6 가치 있는 경험을 위한 디자인

1. R. Batra and O. T. Ahtola, "Measuring the Hedonic and Utilitarian Sources of Consumer Attitudes" *Marketing Letters*, 2(2), 1991, pp. 159-170.

2. H. C. Boo and A. Mattila, "Effect of Hedonic and Utilitarian Goals in Similarity Judgment of a Hotel-Restaurant Brand Alliance" In The 3rd International Conference on Electronic Business Conference, National University of Singapore.

3. P. R. Pintrich, "Multiple goals, multiple pathways: The Role of Goal Orientation in Learning and Achievement" *Journal of Educational Psychology*, 92(3), 2000, p. 544.

   J. de la Fuente Arias, "Recent Perspectives in the Study of Motivation: Goal Orientation Theory" *Electronic Journal of Research in Educational Psychology*, 2, 2004, pp. 35-62.

4. M. Hassenzahl, A. Platz, M. Burmester and K. Lehner, "Hedonic and Ergonomic Quality Aspects Determine a Software's Appeal" *In Proceedings of the SIGCHI Conference on Human factors in Computing Systems*, ACM, April, 2000, pp. 201-208.

5. R. Parasuraman, T. B. Sheridan and C. D. Wickens, "A Model for Types and Levels of Human Interaction with Automation" *Systems, Man and Cybernetics, Part A: Systems and Humans, IEEE Transactions on*, 30(3), 2000, pp. 286-297.

6. M. A. Goodrich and A. C. Schultz, "Human-Robot Interaction: A Survey" *Foundations and Trends in Human-Computer Interaction*, 1(3), 2007, pp. 203-275.

7. R. M. Ryan and E. L. Deci, "Self-Determination Theory and the Facilitation of Intrinsic Motivation, Social Development, and Well-Being" *American Psychologist*, 55(1), 2000, p. 68.

8. J. L. G. Sánchez AndIranzo, R. M. G., Vela, F. L. G., "Enric hing Evaluation in Video Games" *Human-Computer Interaction—INTERACT*, Springer Berlin Heidelberg, 2011, pp. 519-522.

9. S. Erdelez, "Information Encountering: It's More Than Just Bumping into Information" *Bulletin of the American Society for Information Science and Technology*, 25(3), 1999, pp. 26-29.

10. P. André, J. Teevan and S. T. Dumais, "From X-Rays to Silly Putty via Uranus: Serendipity and Its Role in Web Search" *in Proceedings of the SIGCHI Conference on Human Factors in Computing Systems*, ACM, 2009, pp. 2033-2036.

    H. Lieberman, "Letizia: An Agent That Assists Web Browsing" *IJCAI* (1), 1995, pp. 924-929.

11. P. André, J. Teevan and S. T. Dumais, "From X-Rays to Silly Putty via Uranus: Serendipity and Its Role in Web Search" In Proceedings of the SIGCHI Conference on Human Factors in Computing Systems, ACM, 2009, pp. 2033-2036.

12. J. L. G. Sánchez, F. L. G. Vela, F. M. Simarro and N. Padilla-Zea, "Playability: Analysing User Experience in Video Games" *Behaviour & Information Technology*, 31(10), 2012, pp.1033-1054.

13. D. A. Norman, *Emotional Design: Why We Love (or hate) Everyday Things*, New York: Basic Books, 2004.

    M. Lazzaro, *Game Usability: Advice from the Experts for Advancing the Player Experience*, K. Isbister and N. Schaffer, eds., Morgan Kaufmann, 2008, pp.315–345.

14. H. Ishii and B. Ullmer, "Tangible Bits: Towards Seamless Interfaces between People, Bits and Atoms" *In Proceedings of the ACM SIGCHI Conference on Human factors in computing systems*, ACM, March, 1997, pp. 234-241.

    E. Hornecker, "A Design Theme for Tangible Interaction: Embodied Facilitation" *In ECSCW 2005*, Springer Netherlands, January, 2005, pp. 23-43.

15. L. Carter and F. Bélanger, "The Utilization of E-Government Services: Citizen Trust, Innovation and Acceptance Factors" *Information Systems Journal*, 15(1), 2005, pp. 5-25.

    E. Rogers, *Diffusion of Innovations*, New York, USA: The Free Press, 1995.

16. R. Agarwal and E. Karahanna, "On the Multi-Dimensional Nature of Compatibility Beliefs in Technology Acceptance" *In Proceedings of the 19th Annual International Conference on Information Systems*, September, 1998, pp. 13-16.

    J. H. Wu and S. C. Wang, "What Drives Mobile Commerce?: An Empirical Evaluation of the Revised Technology Acceptance Model" *Information & Management*, 42(5), 2005, pp. 719-729.

17. J. H. Wu and S. C. Wang, "What Drives Mobile Commerce?: An Empirical Evaluation of the Revised Technology Acceptance Model" *Information & Management*, 42(5), 2005, pp. 719-729.

18. R. Agarwal and E. Karahanna, "On the Multi-Dimensional Nature of Compatibility Beliefs in Technology Acceptance" *In Proceedings of the 19th Annual International Conference on Information Systems*, September, 1998, pp. 13-16.

19. K. Collins, "Mobile Phone Chargers to be Standardised under EU Law" Wired, December 19, 2013.

    http://www.wired.co.uk/news/archive/2013-12/19/universal-phone-charger

20. SIRI, "What Is Better? Mac or Windows?" Siri-Ism, April 15, 2014.

    http://www.siri-isms.com/better-mac-windows-2054

21. D. Alonso-Ríos, A. Vázquez-García, E. Mosqueira-Rey and V. Moret-Bonillo, "Usability: A Critical analysis and a Taxonomy" *International Journal of Human-Computer Interaction*, 26(1), 2009, pp. 53-74.

22. H. X. Lin, Y. Y. Choong and G. Salvendy, "A Proposed Index of Usability: A Method for Comparing the Relative Usability of Different Software Systems" *Behaviour & Information Technology*, 16(4-5), 1997, pp. 267-277.

23. A. Monk, "Noddy's Guide to Consistency" *Interfaces*, 45, 2000, pp. 4-7.

24. J. Neilsen, "Coordinating User Interfaces for Consistency" *Technical Report Department of Computer Science*, Technical University of Denmark, 1988.

25. B. H. Clark and D. B. Montgomery, "Deterrence, Reputations, and Competitive Cognition" *Management Science*, 44(1), 1998, pp. 62-82.

26. J. Lee, D. Lee, J. Moon and M. C. Park, "Factors Affecting the Perceived Usability of the Mobile Web Portal Services: Comparing Simplicity with Consistency" *Information Technology and Management*, 14(1), 2013, pp. 43-57.

27. S. R. Nidumolu and G. W. Knotts, "The Effects of Customizability and Reusability on Perceived Process and Competitive Performance of Software Firms" *MiS Quarterly*, 1998, pp. 105-137.

C. I. Teng, "Customization, Immersion Satisfaction, and Online Gamer Loyalty" *Computers in Human Behavior*, 26(6), 2010, pp. 1547-1554.

T. Orehovacki, "Proposal for a Set of Quality Attributes Relevant for Web 2.0 Application Success" *Information Technology Interfaces (ITI)*, 2010 32nd International Conference on, IEEE, June, 2010, pp. 319-326.

28. C. I. Teng, "Customization, Immersion Satisfaction, and Online Gamer Loyalty" *Computers in Human Behavior*, 26(6), 2010, pp. 1547-1554.

P. Nurkka, "Nobody Other than Me Knows What I Want: Customizing a Sports Watch" *Human-Computer Interaction*, INTERACT 2013, Springer Berlin Heidelberg, 2013, pp. 384-402.

29. S. R. Nidumolu and G. W. Knotts, "The Effects of Customizability and Reusability on Perceived Process and Competitive Performance of Software Firms" *MiS Quarterly*, 1998, pp. 105-137.

P. Nurkka, "Nobody Other than Me Knows What I Want: Customizing a Sports Watch" *Human-Computer Interaction*, INTERACT 2013, Springer Berlin Heidelberg, 2013, pp. 384-402.

30. The Sims Wiki, "Create a Sim" *The Sims Wiki*, August 16, Retrieved August 28, 2014.

http://sims.wikia.com/wiki/Create_a_Sim

31. Wikipedia, "Windows Task Manager" *Wikipedia, The Free Encyclopedia*, June 6, Retrieved August 28, 2014.

http://en.wikipedia.org/wiki/Windows_Task_Manager

32. H. Y. Wang and Y. S. Wang, "Gender Differences in the Perception and Acceptance of Online Games" *British Journal of Educational Technology*, 39(5), 2008, pp. 787-806.

J. Chung and F. B. Tan, "Antecedents of Perceived Playfulness: An Exploratory Study on User Acceptance of General Information-Searching Websites" *Information & Management*, 41(7), 2004, pp. 869-881.

K. Kiili, "Digital Game-Based Learning: Towards an Experiential Gaming Model" *The Internet and Higher Education*, 8(1), 2005, pp. 13-24.

33. M. Csikszentmihalyi and M. Csikszentmihaly, *Flow: The Psychology of Optimal Experience*, Vol. 41, New York: Harper Perennial, 1991.

34. K. W. Wong, C. C. Fung, A. Depickere and S. Rai, "Static and Dynamic Difficulty Level Design for Edutainment Game Using Artificial Neural Networks" *Technologies for E-Learning and Digital Entertainment*, Springer Berlin Heidelberg, 2006, pp.463-472.

35. C. Yun, P. Trevino, W. Holtkamp and Z. Deng, "PADS: Enhancing Gaming Experience Using Profile-Based Adaptive Difficulty System" *Proceedings of the 5th ACM SIGGRAPH Symposium on Video Games*, ACM, July, 2010, pp. 31-36.

36. M. Wooldridge and N. Jennings, "Intelligent Agents: Theory and Practice" *The Knowledge Engineering Review*, 10(2), 1995, pp.115-152.

37. M. A. Neerincx, J. Lindenberg, J. Rypkema and S. Van Besouw, "A Practical Cognitive Theory of Web-Navigation: Explaining Age-Related Performance Differences" in Position Paper CHI 2000 Workshop Basic Research Symposium, 2000.

38. A. M. Fore and G. L. Sculli, "A Concept Analysis of Situational Awareness in Nursing" *Journal of Advanced Nursing*, 69(12), 2013, pp. 2613-2621.

39. Y. Y. Huang, J. Moll, E. L. Sallnäs and Y. Sundblad, "Auditory Feedback in Haptic Collaborative Interfaces" *International Journal of Human-Computer Studies*, 70(4), 2012, pp. 257-270.

P. M. Merikle, D. Smilek and J. D. Eastwood,"Perception without awareness: perspectives from cognitive psychology" *The Cognitive Neuroscience of Consciousness*, 2001.

A. M. Fore and G. L. Sculli, "A Concept Analysis of Situational Awareness in Nursing" *Journal of Advanced Nursing*, 69(12), 2013, pp. 2613-2621.

40. M. T. Dishaw and D. M. Strong, "Extending the Technology Acceptance Model with Task-Technology Fit Constructs" *Information & Management*, 36(1), 1999, pp. 9-21.

A. Serenko, "A Model of User Adoption of Interface Agents for Email Notification" *Interacting with Computers*, 20(4), 2008, pp. 461-472.

41. M. Heerink, B. Kröse, V. Evers and B. Wielinga, "Assessing Acceptance of Assistive Social Agent Technology by Older Adults: The Almere Model" *International Journal of Social Robotics*, 2(4), 2010, pp. 361-375.

42. L. Rothrock, R. Koubek, F. Fuchs, M. Haas and G. Salvendy, "Review and Reappraisal of Adaptive Interfaces: Toward Biologically Inspired Paradigms" *Theoretical Issues in Ergonomics Science*, 3(1), 2002, pp. 47-84.

43. L. Rothrock, R. Koubek, F. Fuchs, M. Haas and G. Salvendy, "Review and Reappraisal of Adaptive Interfaces: Toward Biologically Inspired Paradigms" *Theoretical Issues in Ergonomics Science*, 3(1), 2002, pp. 47-84.

44. L. Rothrock, R. Koubek, F. Fuchs, M. Haas and G. Salvendy, "Review and Reappraisal of Adaptive Interfaces: Toward Biologically Inspired Paradigms" *Theoretical Issues in Ergonomics Science*, 3(1), 2002, pp. 47-84.

45. B. Schilit, N. Adams and R. Want, "Context-Aware Computing Applications" *Workshop on Mobile Computing Systems and Applications*, IEEE, December1994, pp. 85-90.

7 조화로운 경험을 위한 디자인

1. N. E. Friedkin, "The Development of Structure in Random Networks: An Analysis of the Effects of Increasing Network Density on Five Measures of Structure" *Social Networks*, 3(1), 1981, pp. 41-52.

2. W. M. Kephart, "A Quantitative Analysis of Intragroup Relationships" *American Journal of Sociology*, 55(6), 1950, pp. 544–549.

3. S. Wasserman, *Social Network Analysis: Methods and Applications*, Vol. 8, Cambridge University Press, 1994.

4. N. E. Friedkin, "The Development of Structure in Random Networks: An Analysis of the Effects of Increasing Network Density on Five Measures of Structure" *Social Networks*, 3(1), 1981, pp. 41-52.

5. L. C. Freeman, "Centrality in Social Networks Conceptual Clarification" *Social Networks*, 1(3), 1979, pp. 215-239.

6. T. Opsahl and P. Panzarasa, "Clustering in Weighted Networks" *Social Networks*, 31(2), 2009, pp. 155-163.

7. R. S. Burt, *Structural Holes: The Social Structure of Competition*, Harvard University Press, 2009.

8. R. S. Burt, "Structural Holes Versus Network Closure as Social Capital" *Social Capital: Theory and Research*, 2001, pp. 31-56.

9. P. Blau, "Reciprocity and Imbalance" *Exchange and Power in Social life*, 1964, p. 352.

A. Falk and U. Fischbacher, "A Theory of Reciprocity" *Games and Econonomic Behavior*, 54, 2006, pp. 293-315.

10. Y. Chen and S. X. Li, "Group Identity and Social Preferences" *The American Economic Review*, 2009, pp. 431-457.

   M. A. Whatley, J. M. Webster, R. H. Smith and A. Rhodes, "The Effect of a Favor on Public and Private Compliance: How Internalized is the Norm of Reciprocity?" *Basic and Applied Social Psychology*, 21(3), 1999, pp. 251-259.

11. Y. Chen and S. X. Li, "Group Identity and Social Preferences" *The American Economic Review*, 2009, pp. 431-457.

12. R. J. Bootsma, L. Fernandez and D. Mottet, "Behind Fitts' Law: Kinematic Patterns in Goal-Directed Movements" *International Journal of Human-Computer Studies*, 61(6), 2004, pp. 811-821.

   J. Kimmerle, U. Cress and F. W. Hesse, "An Interactional Perspective on Group Awareness: Alleviating the Information-Exchange Dilemma (For Everybody?)" *International Journal of Human-Computer Studies*, 65(11), 2007, pp. 899-910.

13. B. Fogg and C. Nass, "How Users Reciprocate to Computers: An Experiment That Demonstrates Behavior Change" *CHI '97 extended abstracts on Human factors in Computing Systems*, 1997.

   C. Nass and Y. Moon, "Machines and Mindlessness: Social Responses to Computers" *Journal of Social Issues*, 56(1), 2000, pp. 81-103.

14. M. Adkins, J. Kruse and R. Younger, "Ubiquitous Computing: Omnipresent Technology in Support of Network Centric Warfare" *Paper Presented at the System Sciences, 2002. HICSS. Proceedings of the 35th Annual Hawaii International Conference on*, 2002.

   V. Jones and J. H. Jo, "Ubiquitous Learning Environment: An Adaptive Teaching System Using Ubiquitous Technology" *Beyond the Comfort Zone: Proceedings of the 21st ASCILITE Conference*, s 468, 2004, p. 474.

15. S. Monaghan, "Responsible Gambling Strategies for Internet Gambling: The Theoretical and Empirical Base of Using Pop-Up Messages to Encourage Self-Awareness" *Computers in Human Behavior*, 25(1), 2009, pp. 202-207.

16. H. Kopetz, *Real-Time Systems: Design Principles for Distributed Embedded Applications*, Springer, 2011.

17. D. J. Campbell, "Task Complexity: A Review and Analysis" Academy of Management Review, 13(1), 1988, pp. 40-52.

   P. C. Earley, "Influence of Information, Choice and Task Complexity Upon Goal Acceptance, Performance, and Personal goals" *Journal of Applied Psychology*, 70(3), 1985, p. 481.

   D. Te'eni, "Determinants and Consequences of Perceived Complexity in Human-Computer Interaction" *Decision Sciences*, 20(1), 1989, pp. 166-181.

   R. E. Wood, "Task Complexity: Definition of the Construct" *Organizational Behavior and Human Decision Processes*, 37(1), 1986, pp. 60-82.

18. S. Nadkarni and R. Gupta, "A Task-Based Model of Perceived Website Complexity" *Mis Quarterly*, 2007, pp. 501-524.

   R. E. Wood, "Task complexity: Definition of the Construct" *Organizational Behavior and Human Decision Processes*, 37(1), 1986, pp. 60-82.

19. M. Chae and J. Kim, "Do Size and Structure Matter to Mobile Users? An Empirical Study of the Effects of Screen Size, Information Structure, and Task Complexity on User Activities with Standard Web Phones" *Behaviour & Information Technology*, 23(3), 2004, pp. 165-181.

   S. Nadkarni and R. Gupta, "A Task-Based Model of Perceived Website Complexity" *Mis Quarterly*, 2007, pp. 501-524.

A. N. Tuch and J. A. Bargas-Avila, K. Opwis and F. H. Wilhelm, "Visual Complexity of Websites: Effects on Users' Experience, Physiology, Performance, and Memory" *International Journal of Human-Computer Studies*, 67(9), 2009, pp. 703-715.

20. J. H. Choi and H. J. Lee, "Facets of Simplicity for the Smartphone Interface: A Structural Model" *International Journal of Human-Computer Studies*, 70(2), 2012, pp. 129-142.

21. M. J. Kuby and R. G. Gray, "The Hub Network Design Problem with Stopovers and Feeders: The Case of Federal Express" *Transportation Research Part A: Policy and Practice*, 27(1), 1993, pp. 1-12.

    M. E. O'Kelly and H. J. Miller, "The Hub Network Design Problem: A Review and Synthesis" *Journal of Transport Geography*, 2(1), 1994, pp. 31-40.

22. Q. Wang and H. Chang, "Multitasking Bar: Prototype and Evaluation of Introducing the Task Concept into a Browser" *CHI'10 Proceedings of the SIGCHI Conference on Human Factors in Computing Systems*, 2010.

23. S. Few, *Information Dashboard Design*, O'Reilly, 2006.

24. D. L. Medin, R. L. Goldstone and D. Gentner, "Respects for Similarity" *Psychological review*, 100(2), 1993, p. 254.

    D. J. Navarro and M. D. Lee, "Common and Distinctive Features in Stimulus Similarity: A Modified Version of the Contrast Model" *Psychonomic Bulletin & Review*, 11(6), 2004, pp. 961-974.

25. Z. Estes, "A Tale of Two Similarities: Comparison and Integration in Conceptual Combination" *Cognitive Science, 27*(6), 2003, pp. 911-921.

26. D. B. Yoffie, *Competing in the Age of Digital Convergence*, Harvard Business Press, 1997.

27. C. W. Park, S. Milberg and R. Lawson, "Evaluation of Brand Extensions: The Role of Product Feature Similarity and Brand Concept Consistency" *Journal of Consumer Research*, 1991, pp. 185-193.

28. D. V. Thompson, R. W. Hamilton and R. T. Rust, "Feature Fatigue: When Product Capabilities Become too much of a Good Thing" *Journal of marketing research*, 42(4), 2005, pp. 431-442.

29. J. W. Alba and A. Chattopadhyay, "Salience Effects in Brand Recall" *Journal of marketing research*, 1986, pp. 363-369.

30. A. Ehrenberg, N. Barnard and J. Scriven, "Differentiation or Salience" *Journal of Advertising Research*, 37, 1997, pp. 7-14.

    A. Gruber, "Top-of-Mind Awareness and Share of Families: An Observation" *Journal of Marketing Research*, 1969, pp. 227-231.

    J. G. Lynch Jr. and T. K. Srull, "Memory and Attentional Factors in Consumer Choice: Concepts and Research Methods" *Journal of Consumer Research*, 1982, pp. 18-37.

31. A. Gruber, "Top-of-Mind Awareness and Share of Families: An Observation" *Journal of Marketing Research*, 1969, pp. 227-231.

32. J. Romaniuk and B. Sharp, "Conceptualizing and Measuring Brand Salience" *Marketing Theory*, 4(4), 2004, pp. 327-342.

    J. Vieceli and R. N. Shaw, "Brand Salience for Fast-Moving Consumer Goods: An Empirically based model" *Journal of marketing management*, 26(13-14), 2010, pp. 1218-1238.

33. K. C. Hou and C. H. Ho, "A Preliminary Study on Aesthetic of Apps Icon Design" *IASDR 2013*, 2013.

8 우리들의 경험을 위한 디자인

1. K. S. Rook, "Social Support Versus Companionship: Effects on Life Stress, Loneliness, and Evaluations by Others" *Journal of Personality and Social Psychology*, 52(6), 1987, p. 1132.

2. K. Altergott, "Behavioral Companionship in Marriage: A Cross-National Analysis" *Journal of Comparative Family Studies*, 1981, pp. 171-185.

   S. Edgell, "Marriage and the Concept Companionship" *British Journal of Sociology*, 1972, pp. 452-461.

   S. N. Haynes, F. J. Floyd, C. Lemsky, E. Rogers, D. Winemiller, N. Heilman and L. Cardone, "The Marital Satisfaction Questionnaire for Older Persons" *Psychological Assessment*, 4(4), 1992, p. 473.

3. R. L. Zasloff, "Measuring Attachment to Companion Animals: A Dog is Not a Cat Is Not a Bird" *Applied Animal Behaviour Science*, 47(1), 1996, pp. 43-48.

   A. H. Kidd and R. M. Kidd, "Personality Characteristics and Preferences in Pet Ownership" *Psychological Reports*, 46(3), 1980, pp. 939-949.

   A. H. Kidd and B. M. Feldmann, "Pet Ownership and Self-Perceptions of Older People" *Psychological Reports*, 48(3), 1981, pp. 867-875.

4. D. Buhrmester and W. Furman, "The Development of Companionship and Intimacy" *Child Development*, 1987, pp. 1101-1113.

   S. M. Epstein, "The Stability of Victimisation in Elementary School Children" *Florida Atlantic University*, 1990.

5. J. Huizinga, *Homo Ludens*, Amsterdam University Press, 1938.

마치며

연세대학교 HCI Lab을 시작한 지도 햇수로 20년이 넘었다. 지난 시간 동안 우리를 둘러싼 환경은 엄청나게 바뀌었다. 20년 전 당시 막 국내에 도입되었던 인터넷은 오늘날 우리 삶에 없어서는 안 될 공기와 같은 존재가 되었고, 그보다 한참 뒤에 나온 스마트폰도 우리에게 컴퓨터보다 더 중요한 도구로 자리하고 있다. 아마 앞으로의 20년도 지금보다 결코 느리지 않은 속도와 적지 않은 규모로 변해갈 것이다. 그동안 연세대학교 HCI Lab도 숨 가쁘게 달려왔고, 지금도 열심히 나아가고 있다. 지금까지 여러 가지 국가 연구 프로젝트에 참여했고, 기업 임직원들과 우리나라 기업이 가지고 있는 문제를 해결하기 위해 함께 고민해왔다. 학생들도 HCI의 중요성과 매력을 인식하고 관련 수업에 많은 관심을 보여 더욱더 의욕적으로 수업을 진행할 수 있었다. 교육과 프로젝트의 결과를 논문으로 정리하는 일도 열심히 했다.

그러나 가끔 왠지 모를 허망함을 느꼈다. 아무리 좋은 논문을 쓴들 몇 년이 지나면 구식이 되어버렸다. 특히 요즘처럼 기술이 빠르게 발전하는 상황에서 IT 기술을 기반으로 한 HCI 논문은 그 유효기간이 정말로 짧다. 심지어 저널의 심사 기간을 거치고 나온 논문은 그 순간 도태된다는 이야기가 나올 정도이니 말이다. 그래서 좀 더 장기적인 관점에서 5년, 10년이 지나도 적용할 수 있는 원리와 절차를 찾기 위해서 본질적인 이유를 알아야 할 것 같은 생각이 들었다. '어떻게' 하느냐보다 '왜' 그렇게 해야 하는지를 알고 싶었다. 그래서 처음에는 경험에 대해 일상적인 생각들을 정리하자는 지극히 소박한 마음으로 이 책을 시작했다.

그러던 중에 우리나라 HCI 분야의 대표적인 학회인 한국HCI학회 학회장으로 2년 동안 직분을 수행하면서 우리 나라 HCI 분야의 우수성을 세계에 널리 알려야겠다는 생각이 들어 어깨에 힘이 들어가기 시작했다. 그리고 2015년 우리나라에서 열리는 국제HCI학술대회의 조직위원장을 맡으면서 이제는 등에도 힘이 들어갔다. 더 많은 사람들에게 우리나라 HCI를 알려야겠다는 생각이 들었기 때문이다. 거기에 더해 때맞춰 연세대학교 학술정보원장이라는 직책도 맡게 되었다. 그 때문에 책을 쓸 엄두도 내지 못했지만 학문이 깊은 선배들의 글을 접하면서 '나도 저런 글을 써봐야겠다'는 욕심이 하늘을 찔렀다. 그러나 이런 욕심과 감투가 오히려 글을 쓰고 책을 만드는 과정을 즐겁지 않게 만들었다. 마음만 앞서다 보니 책을 쓰는 과정에서 내가 겪는 경험이 어떠한지에 대해 생각할 겨를이 없었던 것이다. 그러다 보니 힘이 들어 중간에 몇 번이나 포기할까도 생각했다.

책의 원고가 거의 마무리되는 시점에 퇴계 이황의 도산서원을 방문할 기회가 생겼다. 퇴계 이황은 천 원권 지폐에 그려진 인물인 만큼 우리나라 유학의 주춧돌 역할을 했다. 이황이 생을 마감하기 전에 마지막으로 쓴 한시가 바로 「자명自銘」이라는 시이다. 이 시를 읽으면서 내가 얼마나 얼토당토않은 일을 시작했는지 깨달았다. 당대의 석학이 작고하는 날까지 학문은 구할수록 아득해진다고 말하고 있는데, 고작 20년 연구한 것을 가지고 정리하겠다고 나선 나의 치졸함이 부끄러워졌다. 그래서 생각을 고쳐먹었다. 내가 경험한 내용을 솔직 담백하게 쓰자. 그리고 무엇인가를 집대성해서 만들어내겠다는 생각은 하지 말자. 앞으로 더 공부하고 연구하겠다는 생각으로 다시 시작하자.

"평상복으로 갈아 입고 춤을 추니 헐뜯음은 멀어지고 단출해졌다"는 퇴계의 말씀처럼, 여러 거창한 이유를 정리하고 나니 생각이 단출해지고 간단해진다. "자연을 따라 다하는데 다시 또 무엇을 구하리"라는 퇴계의 말씀대로, 보고 듣고 느낀 것을 있는 그대로 쓰는데 거기에서 또 무슨 이유를 대겠는가?

이 책은 이렇게 만들어졌다. 경험 디자인이 우리들의 경험에 대해 앞으로 생각해보는 시작점이 되기를 기원하면서, 어느 순간 이 모든 노력이 모여 사람들에게 진정한 경험을 제공하는 학문으로 자리 잡기를 기원하면서 말이다. 마지막으로 이 책을 마무리할 수 있는 용기를 준 퇴계 이황 선생의 「자명」을 되새겨본다.

자명 自銘   퇴계 이황

생이대치(生而大癡)   태어나선 매우 우둔했고,
장이다질(壯而多疾)   장성해선 병이 많았네.
중하기학(中何嗜學)   중년에는 어쩌다가 학문을 즐겨했고
만하도작(晩何叨爵)   말년에는 어찌하여 벼슬에 올랐던가.
학구유막(學求猶邈)   학문은 구할수록 아득하고
작사유영(爵辭愈嬰)   관직은 사양해도 얽혀 있어
진행지겁(進行之跲)   나아가 행하니 넘어졌는데
퇴장지정(退藏之貞)   물러나 숨으니 바로 서는구나.

심참국은(深慙國恩)   나라의 은혜 심히 부끄러웠고
단외성언(亶畏聖言)   성현의 말씀 정말 두려웠네.
유산억억(有山巍巍)   산은 높고도 높은데
유수원원(有水源源)   물은 흐르고 흐르네.

파사초복(婆娑初服)   평상복이 홀가분해 춤을 추니
탈략중산(脫略衆訕)   헐뜯음은 멀어져서 단출하고
아회이조(我懷伊阻)   내 속 그대 몰라주는데
아패수완(我佩誰玩)   내 것 누가 즐기겠는가?

아사고인(我思古人)   옛 사람 그리워하니
실획아심(實獲我心)   내 마음 붙잡는구나.
녕지래세(寧知來世)   내세를 어떻게 짐작하오?
불획금혜(不獲今兮)   지금도 알지를 못하는데

우중유악(憂中有樂)   근심 속에 낙이 있고
악중유우(樂中有憂)   즐김 안에 근심 있어
승화귀진(乘化歸盡)   자연 따라 다하는데
부하구혜(復何求兮)   다시 무엇 구하리오.

감사의 글

이 책은 참으로 많은 분의 도움으로 만들어졌다. 이 지면을 빌려 그 분들에게 감사의 말을 전한다. 먼저 이 책은 연세대학교 HCI Lab의 전체 구성원이 모두 함께 연구하며 진행되었다. 길게는 지난 20년 동안의 연구가 직간접적으로 연결되어 있고, 짧게는 지난 2년 동안 그간의 자료를 정리한 것인데, 우리 연구실의 모든 구성원이 애썼기에 가능했던 일이다. 감각적 경험을 연구한 이유진, 박상후, 이범호, 서하양 연구원에게 감사한다. 그들의 노력이 이 책의 실재감을 높였다. 판단적 경험을 연구한 장진규, 신현식, 엄하정, 김민지 연구원에게 감사한다. 그들 덕분에 독자들에게 유용한 내용을 전달할 수 있게 되었다. 구성적 경험을 연구한 이선화, 신영수, 임채린, 백한나 연구원에게 감사한다. 그들의 노력 덕분에 이 책은 독자들과의 관계에서 조화로울 수 있을 것이다. 경험의 전략적 측면을 연구한 천영준, 김연주, 김태동 연구원에게 감사한다. 그들의 노력 덕분에 이 책이 전략적 시사점을 갖게 되었다. 그리고 미국에서 오랜만에 귀국해 열심히 책을 검토해준 제자 정은기에게도 감사한다.

그리고 이 책의 출판을 결심해준 안그라픽스에 감사한다. 자기 책밖에 모르는 저자에게 싫은 소리 한 번 안 하고 대한민국에서 가장 좋은 책을 만들어주었다. 안상수 파주타이포그라피학교 교장님, 김옥철 사장님, 문지숙 주간님, 강지은 편집자, 그리고 안마노 디자이너에게 감사한다. 이분들과 함께 책의 처음과 끝을 함께하며 진행을 도와준 백한나 연구원에게도 감사한다.

이 책은 영문판의 출간 준비도 진행하고 있다. 영문판 출간을 위해 번역을 도와준 차상윤Michael Cha과 박예진Jaimie Park에게 감사한다. 이 책은 일상적인 경험을 이야기하고 있지만 인문학과 공학 기술도 함께 다루고 있어 이 두 분야를 두루 섭렵한 두 사람의 도움이 절대적이었다. 앞으로 그들의 인생에 이 책을 통해 얻은 경험이 도움이 되기를 기원한다.

이 책의 발단이기도 한 삼성전자 DMC연구소 소장 김창용 부사장님, 차세대 인터랙션 분과위원 오윤제 상무님, 김준우 수석님과 장병탁 교수님, 추현승 교수님, 김대식 교수님, 그리고 김현석 교수님께 감사한다.

2년이 넘도록 거의 매달 만나서 허심탄회한 이야기를 나눈 것이 이 책의 시작이 되었고, DMC에서의 마지막 발표가 이 책의 끝을 장식했다. 아울러 오랜 인연을 통해 나약한 나를 북돋아준 장동훈 박사님, 김미정 교수님, 정지홍 박사님께도 감사한다. 아무 준비 없이 방문했던 안동 퇴계학당에도 감사한다. 무작정 찾아가도 언제나 만나주신 은혜 덕분에 이 책을 마무리할 수 있었다.

이 책을 준비하면서 연세대학교 내에 많은 분들께 큰 신세를 졌다. 최준호 교수님, 전수진 교수님, 이상원 교수님, 이지연 교수님, 이현진 교수님께도 감사한다. 이외에 연세대학교 YES_HCI 교수님들께 다양한 시각을 공유해주신 큰 은혜에 감사한다. 그분들의 도움이 있어서 이 책의 경험이 생명을 얻었다.

이 책을 만들어가는 도중에 여러 가지 의견을 들어볼 수 있는 기회를 제공해준 분들께도 감사한다. LG전자의 안승권 사장님, 홍사윤 상무님, 이철배 상무님, 최진해 실장님 덕분에 세 가지 경험의 실타래에 대한 업계의 의견을 들을 수 있었다. 네이버의 김효정 실장님 덕분에 인터넷 포털의 의견도 들을 수 있었다. 다음커뮤니케이션의 최세훈 대표님과 이사회 멤버들 덕분에 기업의 혁신에 대한 큰 통찰력을 얻었다. SBS의 윤석민 부회장님과 SBS의 콘텐트허브 홍성철 대표님과 이상규 대표님, 그리고 이사회 구성원들 덕분에 미디어에서의 경험을 실감할 수 있었다. SK플래닛의 서진우 사장님과 SK텔레콤의 전략 수립 TFT 구성원들 덕분에 모바일 혁명을 체험할 수 있었다. 현대엠엔소프트의 유영수 사장님과 김형구 이사님, 김은수 TDX 팀장님께도 감사한다. 덕분에 자동차 분야의 운전자 경험에 대해 깊게 생각해볼 수 있었다. 오세정 교수님과 미래기술연구회 구성원들 덕분에 세상과 주파수를 맞추는 방법을 경험했다.

한국HCI학회의 우운택 회장님, 윤주현 부회장님, 김진아 국장님, 이기혁 교수님, 이환용 교수님, 조광수 교수님, 이현진 교수님께 감사한다. 국제HCI학회ACM SIGCHI의 보 비골Bo Begole, 게리트 반데비르Gerrit van der Veer, 스쿠터 모리스Scooter Morris, 코리 잉켄 퀸Kori Inkpen Quinn에게 감사한다. 한국HCI학회와 국제HCI학회가 보내준 관심 덕분에 이 책을 마무리할 수 있었다.

마지막으로 이번에도 역시 주말마다 책을 쓴다고 골방에 틀어박혀 있는 남편에게 싫은 소리 한 번 없이 여러 가지로 자문해준 최미경 변호사와 긴 여름방학 동안 함께 놀아주지 못한 태형이와 태윤이에게 감사한다. 이런 가족의 '희생'을 지고서 이 책을 마무리한다.